21 世纪全国高等院校财经管理系列实用规划教材

成本会计学

主　编　李桂梅
副主编　常　美　张双兰　梁　雯　岳世忠
柳春岩　奚　园　黄　英

北京大学出版社
PEKING UNIVERSITY PRESS

内 容 简 介

本书结合现代教育的特点和教学要求，以《企业会计准则》及财会〔2013〕17号《企业产品成本核算制度（试行）》和相关法律法规为基础编写而成，以制造业成本会计工作为主线，以应用为主旨，同时结合社会某些行业，进行部分行业的成本核算讲解。书中还涉及成本预测、决策等成本会计的相关内容。全书共分10章，编者在编写过程中注重理论结合实践，案例丰富，流程图表多，目的是使复杂的成本计算、流程结转简洁明了，易于为学习者所接受。

本书主要面向高等院校会计学、财务管理、审计学等本科专业及自学考试的相关专业，非本科会计专业学生和非会计专业的财经类专业师生在使用本书时，可以根据自己的教学目标、教学大纲选择内容教学。本书也可以供企业经济管理人员、会计人员培训使用。

图书在版编目(CIP)数据

成本会计学/李桂梅主编. —北京：北京大学出版社，2018.4
（21世纪全国高等院校财经管理系列实用规划教材）
ISBN 978-7-301-29211-2

Ⅰ.①成…　Ⅱ.①李…　Ⅲ.①成本会计—高等学校—教材　Ⅳ.①F234.2

中国版本图书馆CIP数据核字（2018）第026271号

书　　名　成本会计学
CHENGBEN KUAIJIXUE
著作责任者　李桂梅　主编
策 划 编 辑　王显超
责 任 编 辑　翟　源
标 准 书 号　ISBN 978-7-301-29211-2
出 版 发 行　北京大学出版社
地　　址　北京市海淀区成府路205号　100871
网　　址　http://www.pup.cn　新浪微博：@北京大学出版社
电 子 信 箱　pup_6@163.com
电　　话　邮购部62752015　发行部62750672　编辑部62750667
印 刷 者　河北滦县鑫华书刊印刷厂
经 销 者　新华书店
787毫米×1092毫米　16开本　13.75印张　321千字
2018年4月第1版　2018年4月第1次印刷
定　　价　33.00元

前　言

本书依据我国财政部颁布的《企业会计准则》及财会〔2013〕17 号《企业产品成本核算制度(试行)》和相关法律法规编写而成。本书尽可能地吸收本学科的最新研究成果，在论述过程中注重理论性、前瞻性和知识的层次性；针对财会专业应用性强的特点，在讲解过程中，力求做到深入浅出，通过多举案例以增强成本实务的可操作性，培养学生的基本技能，使得他们具有较强的工作适应能力。每章均提出本章的学习目标和学习重点与难点，使学生在学习时有的放矢；章后列有小结，并配有该章的思考与练习题。这样，既有总体的学习指导，又给学生留有足够的练习空间。

本书以制造业为主，重点讲述了制造业成本会计的基本理论、基本方法和基本技能，同时结合当前社会中某些行业的发展情况，也对这些行业的成本核算进行了阐述。

本书主要面向高等财经院校会计学、财务管理、审计学等本科专业及自学考试的相关专业教学，非本科会计专业学生和非会计专业的财经类专业师生在使用本书时，可以根据自己的教学目标、教学大纲选择内容教学。本书也可以供企业经济管理人员、会计人员培训使用。在编写过程中，全书突出案例及分析，对于成本计算的基本方法中同一例题采用不同的方法计算，尤其突出难点之一的分步法。对于难点内容，多举实例以做到深入浅出；对于重点内容，多举案例详细讲解以使学生达到学而不忘的目的；对于只需了解的内容进行略讲，以达到让学生了解的程度即可。本书在第 3 章～第 10 章中的每一节理论内容中都配有相应的案例计算及分析。全书内容实用性强，成本计算有一定的技巧性。在成本计算的开始章节(第 2 章)中附有整个制造业产品成本计算的流程程序图，在后面章节的讲解中按照该程序图的流程进行操作，以便读者对进行产品成本计算过程有一个清楚的计算程序思路。

本书由李桂梅(兰州工业学院)担任主编；由常美(兰州工业学院)、张双兰(兰州工业学院)、梁雯(兰州工业学院)、奚园(兰州工业学院)、柳春岩(兰州理工大学)、岳世忠(甘肃政法大学)、黄英(兰州现代职业学院)担任副主编。具体编写分工为：第 1 章、第 2 章、第 6 章的 6.1 节和 6.3 节由李桂梅编写；第 6 章的 6.2 节由黄英编写；第 4 章、第 5 章由张双兰编写；第 3 章由奚园编写；第 7 章、第 9 章由常美编写；第 8 章由梁雯编写；第 10 章由岳世忠编写；第 6 章 6.1 节和 6.3 节的练习由柳春岩编写；全书由李桂梅统稿，张双兰审核。

由于编者水平所限，书中难免有疏漏之处，敬请读者批评指正。

编　者

2018 年 1 月

目　　录

第1章

总　　论

成本会计是针对制造业的生产环节进行会计核算，是财务会计供应、销售核算的补充，它和财务会计共同完成了制造业的供、产、销这个完整的生产流程全过程的会计核算过程。

学习目标

本章介绍成本的基本概念和基本理论。通过本章的学习，学生应理解成本会计的对象、作用和发展简史，认识到做好成本会计工作对于加强企业生产经营管理的重要意义，掌握成本会计的职能，了解组织和做好成本会计工作的基础事项，充分发挥成本会计应有的作用。

学习重点与难点

学习重点	学习难点
成本的概念、成本的作用、成本的对象、成本会计的对象	对成本概念、成本会计概念的历史性理解

通过本章的学习，学生应了解成本及成本会计的概念，了解成本会计学科领域的发展情况，了解成本会计在生产实践中所起的作用及其重要性。

1.1 成本的内涵和作用

1.1.1 成本的内涵

成本是一个价值范畴，是商品价值的组成部分，它随着产品交换而产生。成本从理论上可以概括为：在生产经营过程中所耗费的生产资料转移的价值和劳动者为自己的劳动所创造的价值的货币表现，也就是企业在生产经营中所耗费的资金总和。

在实际工作中，成本的计算需要注意以下问题。

(1) 成本的开支范围是由国家通过相关法规界定的。为了促使企业加强经济核算、节约资源耗费、减少产品损失，在实际工作中，对劳动者为社会创造的某些价值及不形成产品价值的损失(如废品损失、停工损失等)允许计入产品成本。此外，对于难以按产品归集的某些属于已消耗的生产资料转移的价值 C 或劳动者为自己的劳动所创造的价值 V 的耗费，为了简化成本核算工作，作为期间费用直接计入当期损益，而不计入产品成本，如属于期间费用的管理费用、销售费用和财务费用。由此可以看出，实际成本与理论成本是有差异的。但是，无论实际成本的范围是扩大还是缩小，都必须对这种背离加以严格限制，否则成本计算就缺乏理论依据。

(2) 理论成本的概念主要是针对商品成本而言的，但是随着商品经济的不断发展，在实际工作中，成本概念已多样化，诸如机会成本、固定成本、变动成本、可控成本、不可控成本，相关成本、不相关成本，劳务成本、工程成本等。但它们有的已经超出商品产品成本的范围，必须加以廓清，如可控成本、不可控成本、机会成本等。

1.1.2 成本的作用

成本的经济内涵决定了成本在经济管理工作中具有重要的作用，具体如下所述。

1. 成本是补偿生产耗费的重要尺度

在商品经济条件下，企业为了再生产过程的顺利进行，它在生产中的耗费，要从企业自己的销售收入中得到补偿，而成本就是衡量这一补偿份额大小的尺度。只有这样，企业才能按原有规模维持资金周转。如果企业不能按照成本来补偿生产耗费，生产就发生损失，生产资金就会短缺，再生产就不能顺利进行。成本也是划分生产经营耗费和企业纯收入的依据，在一定的销售收入中，成本越低，企业纯收入就越多。可见，成本起着衡量生产耗费尺度的作用，对经济发展有着重要的影响。

2. 成本是评价企业工作质量的重要经济指标

成本作为一项综合性的经济指标，能够直接或间接地集中反映企业经营管理的业绩。例如，产品外形设计的情况、生产工艺流程的情况、设备及建筑物的利用情况、原料消耗节约与浪费情况、劳动生产率的高低、产品质量的好坏、产品产量的增减等，都可以通过成本直接或间接地反映出来。因此，我们可以通过产品成本指标的对比分析来评价企业工作的质量，总结经验，找出薄弱环节，采取措施，挖掘潜力，合理使用人力、物力和财力，从而降低成本、提高经济效益。

3. 成本是制定产品价格的重要依据

在商品经济社会中，价格是价值的货币表现，但价格必须遵循价值规律。无论是国家还是企业，在制定产品价格时，固然要考虑市场需求、消费水平等多种因素，但同时必须考虑产品的成本水平。目前，人们只能通过产品成本的计算，间接、相对地反映产品在生产过程中劳动耗费量的多少，大体上掌握产品的价值量，并以此作为制定产品价格的重要因素。因此，成本成为制定产品价格的依据之一。

4. 成本是企业进行经济决策的重要依据

汰弱留强是市场的法则，而企业要在市场竞争中取胜，首先必须做出正确的生产经济决策。进行生产经营决策需要考虑的因素很多，如产量、质量、品种规格和成本等，成本是其中的主要因素之一。这是因为在价格一定的条件下，成本的高低直接影响着企业盈利和产品的市场竞争力。较低的成本可以提高企业的经济效益，增强企业的竞争力。

1.2 成本会计的发展及概念、对象和职能

1.2.1 成本会计的发展及概念

成本会计随商品经济的产生而产生，随商品经济的发展而发展，其经历了如下几个阶段。

1. 成本会计的发展

(1) 原始成本会计阶段(1880—1920)。

原始的成本会计起源于英国，当时认为成本会计就是汇集生产成本的一种制度，主要用来计算和确定产品的生产成本和销售成本。在这期间，英国会计学家已经设计出订单成本计算和分步成本计算的方法(当时应用的范围只限于制造业)，后来传往美国及其他国家。

(2) 近代成本会计阶段(1921—1945)。

近代成本会计主要采用标准成本制度和成本预测，为生产过程的成本控制提供条件。19 世纪末 20 世纪初，在制造业中发展起来的以泰勒为代表的科学管理对成本会计的发展产生了深刻的影响。美国会计学家提出了标准成本会计制度，即在原有的成本积聚的基础上增加了“管理上的成本控制与分析”的新职能。标准成本会计制度的出现使成本计算方法和成本管理方法发生了巨变，成本会计由计算和确定产品的生产成本和销售成本扩大到事先制定成本标准，并据以进行日常的成本控制与定期的成本分析。这一时期，由于成本会计增加了管理职能，于是应用的范围也由制造业扩大到商业企业、公用事业及其他服务性行业。从此，成本会计进入了一个新的发展阶段。

(3) 现代成本会计阶段(1945—1980)。

从 20 世纪 50 年代起，西方国家的社会经济进入了新的发展时期。随着管理的现代化，运筹学、系统工程和电子计算机等各种科学技术成就在成本会计中得到了广泛应用，成本会计发展的重点已由如何对成本进行事中控制、事后计算和分析转移到如何预测、决策和规划成本，形成了新型的以管理为主的现代成本会计。

(4) 战略成本会计阶段(1981—至今)。

20 世纪 80 年代以来，随着计算机技术的进步、生产方式的改变、产品生命周期的缩短及全球性竞争的加剧，大大改变了产品成本结构与市场竞争模式。成本管理已具有一定的战略性，即由单纯的生产经营过程的管理和重股东之财富，扩展到与顾客需求及利益直接相关的、包括产品设计和产品使用环节的产品生命周期管理。

2. 成本会计的概念

根据成本会计的发展，对其概念的归纳有狭义和广义之分。狭义的成本会计仅指成本核算；广义的成本会计包括成本预测、决策、计划、控制、核算、分析及考评。一般情况下，我们所说的成本会计是狭义的，即运用货币计量尺度并按照会计准则和制度，通过记账、算账和报账等工作，提供企业有关费用和成本信息的一种会计，也称为实际成本会计。

1.2.2 成本会计的对象

成本会计的对象就是成本会计核算和监督的内容。明确成本会计的对象，对于确定成本会计的任务，研究和运用成本会计的方法，更好地发挥成本会计在经济管理中的作用有着十分重要的意义。

从理论上讲，成本所包括的内容就是成本会计核算和监督的内容。为了详细了解成本会计的对象，熟悉成本会计的内容，我们以制造业为例，利用制造业的具体生产经营过程和现行企业会计制度的规定对成本会计对象进行说明。

制造业的基本生产经营过程是生产和销售产品。在产品的生产过程中，即从原材料投入生产到制成完工产品的过程中，一方面要制造出产品，另一方面也要发生各种各样的生产耗费。这一过程中的生产耗费包括劳动资料、劳动对象等物化劳动耗费和活劳动耗费两大部分。其中，房屋、机器设备等作为固定资产的劳动资料在生产过程中长期发挥作用，直至报废而不改变其实物形态，但其价值则会随着固定资产的磨损，通过计提折旧的方式，逐渐部分地转移到其所制造的产品中去，构成产品成本的组成部分；原材料等劳动对象在生产过程中被一次性消耗掉，其实物形态发生了改变，价值随之一次性地全部转移到所生产的产品中去，也构成了产品成本的组成部分；生产过程是企业劳动者借助于劳动工具对劳动对象进行加工、制造产品的过程，劳动者通过对劳动对象的加工，既改变了原有劳动对象的使用价值，也创造出新的价值。其中，劳动者为自己劳动所创造的那部分价值是以工资的形式表现出来的，这部分工资费用也构成了产品成本的组成部分。简而言之，在产品制造过程中发生的各种生产耗费，主要包括原料及主要材料、辅助材料、燃料等，生产单位(分厂、车间)的固定资产折旧，生产一线的生产工人及生产单位管理人员工资等汇集在一起，就构成了企业在产品制造过程中的生产费用，各种生产费用的总和就构成了产品的生产成本。上述产品制造过程中发生的各种生产费用及形成的产品的生产成本，就是成本会计核算和监督的主要内容。

在产品销售过程中，企业为销售产品也会发生各种各样的费用，如销售产品过程中发生的运输费、包装费、保险费、展览费和广告费，以及为销售本企业产品而专设的销售机构的职工薪酬、业务费等销售费用。销售费用也是企业在生产经营过程中发生的费用，它的支出与归集也是成本会计核算和监督的内容。

企业的行政管理部门为组织和管理生产经营活动也会发生各种各样的费用，如企业的董事会和行政管理部门在企业的经营管理中发生的、应当由企业统一负担的公司经费，如行政管理部门的职工薪酬、修理费、物料消耗、低值易耗品摊销、办公费用和差旅费、工会经费、待业保险费、劳动保险费、业务招待费、房产税、车船使用税、土地使用税、印花税及技术转让费等，这些费用统称为管理费用。管理费用也是企业在生产经营过程中发生的费用，它的支出与归集也是成本会计核算和监督的内容。

此外，企业为筹集生产经营活动所需资金等而发生的一些费用，如利息支出、汇兑损失以及相关的手续费等，统称为财务费用。财务费用也是企业在生产经营过程中发生的费用，它的支出和归集也是成本会计核算和监督的内容。

上述销售费用、管理费用和财务费用与产品生产没有直接关系，而是按照其发生的期间归集的，直接计入当期损益，它们构成了企业的期间费用。因此，可以把制造业成本会计的对象概括为：企业在产品制造过程中所发生的产品生产成本和期间费用。其中产品生产成本，在财政部财会〔2013〕17 号关于印发《企业产品成本核算制度(试行)》的通知中称的产品成本，是指企业在生产产品过程中所发生的材料费用、职工薪酬等，以及不能直接计入而按一定标准分配计入的各种间接费用。

下面再来看一下其他行业的成本会计对象：施工企业的基本经济活动是进行建筑工程的施工，工程施工要发生工程成本、经营管理成本；商品流通企业的基本经济活动是购销活动，商品流通企业要发生购销成本、经营管理成本；土地、房屋建设的基本经济活动是开发土地、房屋等不动产，土地、房屋建设要发生开发成本、经营管理成本；交通运输业的基本经济活动是进行货运，要发生货运成本、经营管理成本；物流业的基本经济活动是运输、装卸、包装、配送要发生的成本、经营管理成本；等等。这些企业的生产经营虽然各有其特点，但他们在生产经营中所发生的各种费用，同样是一部分形成生产经营业务成本，一部分作为期间费用计入当期损益。本书限于篇幅对其他行业的成本会计仅讲解商品流通企业的和物流成本的核算。

因此，从企业会计制度的有关规定出发，可以把成本会计的对象概括为企业生产经营过程中发生的生产经营业务成本和有关的期间费用。这种按现行会计制度的有关规定所计算的成本可称为财务成本。

以上按照企业会计制度的有关规定对成本会计的对象进行了概述，但成本会计除了按照现行会计制度的有关规定为企业确定利润和进行成本管理提供可靠的生产经营业务成本和期间费用信息外，还要从企业经营管理的战略需要出发，提供多方面的信息。例如，为了进行短期的生产经营的预测和决策，应计算变动成本、固定成本、机会成本和差别成本等；为了加强企业内部的成本控制和考核，应计算可控成本和不可控成本。这种为企业内部经营管理的需要所计算的成本可称为管理成本。

综上所述，现代成本会计的对象应该包括各行业企业的财务成本和管理成本。

1.2.3 成本会计的职能

成本会计的职能是指成本会计所具有的客观功能。现代成本会计应当有成本核算、成本预测、成本决策、成本计划(预算)、成本控制、成本分析、成本考核这 7 项职能，其中最基本的职能是成本核算职能。

1. 成本核算

成本核算是根据产品成本的计算对象，采用相应的成本计算方法，按规定的成本项目，通过一系列的生产费用归集、分配，正确划分各种费用界限，计算出各种产品的实际总成本和实际单位成本，做出有关的账务处理，并编制成本报表，为成本管理提供客观、真实的成本资料。成本核算既是对产品的实际生产耗费进行真实核算的过程，也是对各种生产费用实际支出的控制、监督过程。

2. 成本预测

成本预测是根据前期相关的资料，采用科学、专门的方法，对未来的成本水平及成本可能的发展变化趋势做出科学的测算，以便为成本决策、成本计划和成本控制提供及时、有效的信息和依据，减少生产经营管理的主观性、盲目性和片面性。

3. 成本决策

成本决策是运用定量和定性的方法，在成本预测的基础上，对降低成本的各个方案进行选择，从而确定一个能提高企业经济效益、降低成本的最优方案来确定目标成本的行为。成本决策是经营管理决策的一个重要组成部分，它贯穿于成本管理中的各个环节。例如，目标成本的确定，新产品设计、老产品改造中产品成本的决策，合理下料方案的决策，自制和外购零部件的决策，生产批量的决策，不同生产工艺方案的决策，产品质量成本决策，定额变动决策，其他降低成本方案的决策和一些投资决策等。

4. 成本计划(预算)

成本计划是根据成本决策所确定的成本目标与降低成本的预测资料。它通过一定的程序，运用一定的方法，编制成本计划、成本费用的控制标准、责任预算等，并提出降低成本和保证计划实施的主要措施方案。成本计划(预算)的编制过程实际上是进一步挖掘企业内部潜力的过程。成本计划(预算)是进行成本控制、成本分析和成本考核的依据。

5. 成本控制

成本控制是根据成本计划(即预定的目标)来制定各项消耗定额、费用定额、标准成本等，对各项实际发生和将要发生的成本费用进行审核，及时揭示执行过程中的差异，采取措施将成本费用尽最大努力控制在计划、预算之内。通过成本控制可以确保成本目标的实现。成本控制包括事前控制、事中控制和事后控制。例如，在制造业中，成本控制包括产品的产前控制、生产过程控制和产后控制。成本的产前控制是从新产品设计、研制、老产品改造，直到产品正式投产前所进行的一系列降低产品成本的活动。产前控制是整个成本控制活动中最重要的环节，它直接影响以后产品制造成本和使用成本的高低。产品生产过程中的成本控制包括从安排生产计划、采购原材料、生产准备、生产，直到产品完工入库的整个过程，具体包括原材料耗费的控制、人工耗费的控制、劳动工具耗费和其他费用支出的控制等方面。产后成本控制是指从产品完工入库起，直到售出这一商品流通环节的成本控制，其控制内容主要包括产品库存费用、资金占用利息、运输包装费用、广告费用、销售机构及有关费用等。

6. *成本分析*

成本分析是在成本核算及其他相关资料的基础上，运用一定的方法，分析成本水平与构成的变动情况、影响成本费用升降的各种因素及其影响程度、成本超支节约的责任或原因。通过成本分析可以寻求降低成本的途径，并提出积极的建议，以采取有效措施。成本分析的内容主要包括全部产品成本计划完成情况的分析、可比产品成本计划完成情况分析、单位产品成本分析、生产费用预算执行情况分析、主要经济技术指标变动对成本影响的分析、国内外同类产品成本的对比分析等。

7. *成本考核*

成本考核是定期对成本计划及其有关指标的实际完成情况或执行结果进行总结和评价，明确责任。成本考核的形式可以是国家对企业进行考核，也可以是企业内部对车间、部门及班组进行考核。成本考核的指标主要有全部商品产品实际成本比计划成本降低率、可比产品成本降低率、各种主要商品产品单位成本降低率、成本差异率及相关的技术经济指标等。

在成本会计的各项职能中，成本核算是基础，其他各项职能是在成本核算的基础上，随着商品经济的发展、管理科学的进步和企业经营管理要求的提高逐步发展而成的。它们互相联系、相辅相成，并贯穿于企业生产经营的全过程，构成了现代成本会计的职能，形成了一个有机的整体。

1.3 成本会计的组织工作

为了更好地完成成本会计的核算、预测、决策、计划、控制、成本分析与成本考核等职能工作，充分发挥成本会计的作用，企业必须科学地组织成本会计工作。成本会计工作的组织主要包括设置成本会计机构，配备必要的成本会计人员，制定科学、合理的成本会计制度等。

1.3.1 设置成本会计机构

成本会计机构是处理成本会计工作的职能单位，它根据企业的规模大小和成本管理要求来组织成本会计工作。在专设的会计机构中可以单独设置成本会计科、室或组，还可以在会计部门配备专职或兼职成本核算人员，专门处理成本会计工作。

企业内部各级成本会计机构之间的组织分工有集中工作方式和分散工作方式两种。

所谓集中工作方式，是指企业的成本会计职能工作，主要由厂部成本会计机构集中进行，车间等其他单位的成本会计机构或人员只负责原始记录和原始凭证的填制，并对它们进行初步的审核、整理和汇总，为厂部成本会计机构统一核算成本提供基础资料。这种工作方式的优点是：便于厂部成本会计机构及时掌握整个企业与成本有关的信息，便于集中使用计算机进行成本数据处理，减少成本会计机构的层次和成本会计工作人员的数量；但这种工作方式不便于车间、班组等基层单位和职工及时掌握本单位的成本信息，从而不便于成本的及时控制和责任成本制的落实。

分散工作方式也称为非集中处理方式，是指成本会计工作中的部分职能工作，如成本计划、成本控制、成本核算和成本分析等职能由车间等其他基层单位的成本会计机构或人员分别进行。成本考核工作由上一级成本会计机构对下一级成本会计机构逐级进行。厂部成本会计机构除对全厂成本进行综合的成本计划、成本控制、成本分析和成本考核及汇总核算外，还应负责对各下级成本会计机构或人员进行业务上的指导，负责成本数据的汇总工作。成本的预测和决策工作一般仍由厂部成本会计机构集中进行。分散工作方式的优、缺点与集中工作方式的优、缺点正好相反。

集中工作方式和分散工作方式的适用范围为：一般在规模比较大、组织结构复杂、会计人员数量比较多的大中型企业采用分散工作方式；在规模较小、组织结构简单、会计人员数量比较少的小型企业采用集中工作方式。

1.3.2 配备必要的成本会计人员

在企业会计机构的成本核算岗位上，配备职业道德高尚、业务素质强的会计人员是保证成本会计工作质量的前提。就职业道德而言，要求成本会计人员要有爱岗敬业、实事求是、坚持原则、保守秘密的工作作风；就业务素质而言，要求成本会计人员不仅要有较为全面的会计知识、相关的法律知识、计算机操作能力，还要有一定的生产技术和经营管理等方面的知识。

为了充分调动会计人员的工作积极性，保护会计人员的安全，支持会计人员坚持原则工作，国家在相关的会计法规中对会计人员的职责、权限、任免、奖惩及技术职称等做出了明确的规定。

企业应赋予成本会计人员相应的权限，成本会计人员应履行好自己的职责。这些权限主要有：成本会计人员有权要求企业有关部门和人员严格遵守国家的有关法规、制度和财经纪律，并且督促检查他们对成本计划和有关法规、制度、财经纪律的执行情况；认真执行成本计划，有权参与企业生产经营计划和各项定额的制订。

在企业总会计师和会计主管人员的领导下，成本会计机构和成本会计人员应以高标准的职业道德观履行自己的职责，仔细认真地完成成本会计的预测、决策、计划、控制、核算、分析及考评等各项任务，深入生产，了解生产经营的实际情况，及时发现成本管理中出现的问题，从降低成本、提高企业经济效益的角度出发，提出改进成本管理的意见和合理建议，参与制定企业的生产经营决策，当好企业负责人的参谋。

成本会计人员要当好企业负责人的参谋，首先要刻苦学习、钻研业务，了解国内国际经济发展状况，不断充实、更新自己的专业知识，提高自己的专业素质，以适应新形势的要求，适应市场经济的发展。

1.3.3 制定科学、合理的成本会计制度

制度是规范、约束、指导工作的，成本会计制度是进行成本会计工作的规范要求，是会计法规和制度的重要组成部分。企业应遵循国家有关法律、法规，如《中华人民共和国会计法》《企业财务通则》《企业会计准则》《企业产品成本核算制度(试行)》及企业内部会计制度等的有关规定，制定自己的企业内部成本会计制度，作为企业进行成本会计工作具体和直接的依据。现代企业的成本会计制度内容包括对成本预测、决策、计划、控制、计算、分析和考核等所做出的有关规定，指导成本会计工作的全过程，这也称作广义的成本会计制度。

各行业企业由于生产经营的特点和管理的要求不同，所制定的成本会计制度也有所不同。就制造业来说，成本会计制度一般应包括以下几个方面的内容：

(1) 关于成本预测、决策的制度。

(2) 关于成本定额的制度和成本计划编制的制度。

(3) 关于成本控制的制度。

(4) 关于成本核算制度，其中包括成本计算对象和成本计算方法的确定，成本核算账户和成本项目的设置，各项费用的分配方法，生产费用归集程序和计算的方法，生产费用在完工产品和产品之间的分配方法等。

(5) 关于成本分析的制度。

(6) 关于企业内部结算价格和内部结算办法的制度。

(7) 关于成本报表的制度。

(8) 关于成本考核的制度。

(9) 关于成本会计的有关其他制度。

企业成本会计制度一经制定，就应认真贯彻执行。随着市场经济的发展，成本制度应根据其变化进行修订和补充，以保证成本会计制度的科学性、完善性和先进性。

本章小结

企业生产产品所消耗的物化劳动和活劳动构成了产品的价值，它表现为实际成本和理论成本。从理论上说，产品成本由($C+V$)构成，是消耗的资金代价。理论成本的概念主要是针对商品产品成本而言的，实际工作中所涉及和应用的成本概念则取决于成本核算制度的规定，与理论成本有一定的差异。我国成本开支的范围是由国家通过有关法规制度界定的。通常所说的成本在实际工作中指的是产品成本，即制造成本，不是指产品所消耗的全部成本。

成本会计具有核算、预测、决策、计划、控制、分析和考核的功能。

企业应根据生产经营的特点、生产规模的大小和成本管理的需要来确定成本会计核算工作的组织机构，进行成本会计工作的分工，划分成本控制的责任范围，制定各项成本会计制度。

思考与练习

(1) 什么是成本？成本的作用是什么？

(2) 成本会计的对象是什么？试分组进行讨论。

(3) 成本核算有哪些基础工作？

第2章

制造业成本核算的基本要求和一般程序

成本核算过程要注重费用的划分、成本项目的构成。不同的管理手段需要的成本项目构成不一样，常规的传统的成本仅研究生产过程中的成本项目构成，不研究成本的习性，这是人们普遍认同的。

学习目标

通过本章的学习，学生应掌握费用的不同分类，掌握要素费用的成本核算和5个费用的划分界限，掌握成本核算应设置和应用的主要会计账户，理解成本核算的一般程序。

学习重点与难点

学习重点	学习难点
成本核算的费用要素、应划分的费用界限；费用的分类；成本核算的一般程序及主要科目："基本生产成本"科目、"辅助生产成本"科目、"制造费用"科目	费用要素和成本项目的区别，理解成本核算的一般程序

通过第 1 章成本及成本会计概念的学习，大家了解到对于成本会计的研究，实际上主要是对企业生产经营过程中的花费进行研究。而将这些花费梳理清楚是本章要研究的重点。

2.1 成本核算的基本要求

为了充分发挥成本核算的作用，在成本核算工作中应遵循以下各项要求。

2.1.1 算管结合，算为管用

“算”是指成本核算，“管”是指企业经营管理。“算管结合，算为管用”也就是指把成本核算与加强企业经营管理相结合，以提供的成本信息来满足企业经营管理和决策的需要。为此，成本核算不仅要对各项费用支出进行事后的核算，提供事后的成本信息，而且必须以国家有关的法规、制度和企业成本计划及相应的消耗定额为依据，加强对各项费用支出的事前、事中的审核和控制，并及时进行信息反馈。

2.1.2 正确划分各种费用的界限

成本会计工作的核心问题是产品成本核算。产品成本核算在企业成本管理、成本控制等工作中起着非常重要的作用。产品的生产过程既是产品的形成过程，又是费用的消耗过程。因此，要正确地进行产品成本核算，首先应从费用入手，正确划分 5 个费用界限，然后弄清楚费用和产品成本的区别，这样才能保证产品成本核算的正确性。

1. 正确划分计入生产经营费用和非生产经营费用的界限

正确划分计入生产经营费用和非生产费用的界限即划分计入产品成本与不计入产品成本的界限。

前面讲过，费用就是企业在一定时期内因生产经营活动而发生的各项耗费。这里企业在一定时期内经营活动的各项耗费往往是指企业日常经营活动的各项耗费，它包括生产经营费用(生产费用)和非生产经营费用(期间费用)。用于产品生产和销售、用于组织和管理生产经营活动，以及为筹集生产经营资金所发生的各种支出属于企业日常生产经营管理活动，应计入生产经营费用或者非生产经营费用。而企业购建固定资产、购买无形资产、对外投资等经济活动不属于企业日常的生产经营活动，不能计入生产经营费用或者非生产经营费用，而应予以资本化。总之，企业应按照国家成本开支范围的有关规定，正确地核算生产经营费用和非生产经营费用。

2. 正确划分生产经营费用和非生产经营费用界限

对于费用，按照国家关于成本开支范围的相关规定，应该计入生产经营费用和非生产经营费用，而生产经营费用(即生产费用)计入产品成本，非生产经营费用(即期间费用，包括管理费用、销售费用、财务费用、资产减值损失等几种)不计入产品成本而直接计入当期损益。因此，必须正确划分产品生产费用与期间费用的界限，以便正确地计算成本和利润，从而真实地反映企业的成本和利润。

3. 正确划分各个会计期间的费用界限

要正确计算各个会计期间的损益，必须建立在权责发生制的基础上。凡属于本期的收入，不论其款项是否收到，均应作为本期收入处理；凡属于本期的费用，不论其款项是否付出，均应作为本期费用处理。反之，凡不属于本期的收入，即使在本期收到，也不能作为本期收入处理；凡不属于本期的费用，即使在本期付出，也不作为本期费用处理。这与收付实现制是不一样的。

4. 正确划分各种产品的费用界限

为了考核各种产品的成本计划完成情况或成本定额的执行情况，企业还应分别正确计算各种产品的成本。凡属于某种产品单独发生、能够直接计入该种产品的费用，均应直接计入该种产品成本；凡属于几种产品共同发生、不能直接计入某种产品的费用，应根据受益原则分配：谁受益谁分摊，多受益多分摊，少受益少分摊，即应采用适当的分配方法，分配计入这几种产品的成本。只有正确计算各种产品的成本，才能为成本分析、考核、预测、决策提供有用的信息。

5. 正确划分完工产品与在产品的费用界限

在月末计算产品成本时，如果某种产品已全部完工，那么这种产品的各项生产费用之和就是这种产品的完工产品成本；如果某种产品均未完工，那么这种产品的各项生产费用之和就是这种产品的月末在产品成本；如果某种产品既有完工产品，又有在产品，则应将这种产品的各项生产费用采用适当的分配方法在完工产品与月末在产品之间进行分配，分别计算完工产品成本和月末在产品成本。若不能正确划分完工产品与在产品的费用界限，会使企业的损益计算与资产计价失真，也不利于对各期产品成本水平的分析、考核。

以上 5 个方面费用界限的划分均应贯彻受益原则，即何者受益何者负担费用，何时受益何时负担费用；而且，负担费用多少应与受益程度大小成正比。这 5 个方面界限的划分过程也是产品成本的计算过程。

2.1.3　正确确定财产物资的计价和价值结转方法

企业拥有的财产物资的价值随着生产经营过程的消耗而转移到产品成本和期间费用中。因此，这些财产物资的计价和价值结转方法的不同会导致计算的产品成本和期间费用不同。企业财产物资计价和价值结转方法主要有：材料成本的组成内容、材料按实际成本进行核算时发出材料单位成本的计算方法、材料按计划成本进行核算时材料成本差异率的种类(个别差异率、分类差异率还是综合差异率，本月差异率还是上月差异率)、采用分类差异时材料类距的大小；固定资产原值的计算方法、折旧方法、折旧率的种类和高低，固定资产与低值易耗品的划分标准等。为了正确计算成本，对于各种财产物资的计价和价值的结转，应采用既合理又简便的方法。国家有规定的，应严格按照国家统一规定的方法。各种方法一经确定，就不能随意更改，以便保持成本和费用的相对稳定，使成本和费用信息具有可比性。

2.1.4 做好各项基础工作

为了保证成本会计所提供的成本信息的质量，必须加强产品成本核算的基础工作。企业应在总经理、总会计师、总工程师的领导下，组织各职能部门认真做好成本会计的基础工作。

1. 做好定额的制定和修订工作

定额是企业对生产过程中消耗的人力、物力和财力所规定的应达到的数量标准。企业对各种原材料、燃料、动力、工时消耗及设备利用、物质储备、资金占用、费用开支等都要根据企业已经达到的水平，制定先进合理的定额，实行严格的定额管理制度。先进合理可行的消耗定额既是编制成本计划、分析和考核成本水平的依据，也是审核和控制成本的标准；在实务中计算产品成本时往往要用产品的原材料定额消耗量(或定额费用)和工时的定额消耗量(或定额费用)作为分配实际成本(或费用)的标准。因此，为了加强生产管理、成本管理和成本核算，企业必须建立和健全定额管理制度，并随着生产的发展、技术的进步和劳动生产率的提高，不断修订消耗定额，以充分发挥定额管理的作用。

2. 完善材料物资的计量、收发、领退和盘存制度

为了进行成本管理，正确计算成本，必须建立和健全材料物资的计量、收发、领退和盘存制度。凡是材料物资的收发、领退，在产品、半成品的内部转移和产成品的入库等，均应填制相应的凭证，办理审批手续，并严格进行计量、验收或交接。库存的各种材料物资、在产品、产成品等应按规定进行清查盘点，防止丢失、积压、损坏变质，以保护企业财产的安全完整，保证账实相符、成本计算正确、利润真实。

3. 建立健全原始记录工作

原始记录是企业最初记载各项业务实际情况的书面凭证，是进行成本预算、编制成本计划、进行成本核算、分析消耗定额和成本计划执行情况的依据。企业不仅要有原始凭证，而且要有原始记录的审核和合理的传递流程。因此，制造业对生产过程中材料的领用、动力与工时的耗费、费用的开支、废品的发生、在产品及半成品的内部转移、产品质量检验及产成品入库等，都要有真实的原始记录，以便正确、及时地为成本管理成本核算提供可靠的信息。

4. 制定适合企业内部的结算价格

企业内部的结算价格也称内部转移价格、厂内价格。它是指企业内部各职能部门之间相互提供产品、材料、劳务等所采用的计价标准。在制定厂内价格时也可以采用计划价格，用计划价格计算的成本称为计划成本，月末再调整为实际成本。这些计价标准便于分清企业内部各单位的经济责任，便于分析和考核内部各单位成本计划的完成情况。厂内价格应该尽可能接近实际并相对稳定，年度内一般不做变更。这样既可以加速和简化核算工作，又能正确评价企业内部各职能单位的经济责任。

2.1.5　按照生产特点和管理要求选择适当的成本计算方法

1. 按照生产特点选择成本计算方法

制造业的生产特点包括生产工艺特点和生产组织特点两个方面。

制造业生产按其工艺过程不同，可分为单步骤生产和多步骤生产。单步骤生产就是从原材料投入开始到产成品完工的整个生产过程，其生产工艺不能间断的生产(如发电、供水、煤气等)。多步骤生产是指在生产工艺上可以间断的由若干个生产步骤组成的生产。多步骤生产按劳动对象的加工程序可以分为连续加工式生产(如纺织、冶金等)和平行加工式生产(又称装配式生产，如汽车、手表等)。连续加工式生产是指原材料投入后逐步经过若干步骤的连续加工制成产成品的生产。这种生产直到最后步骤才生产出完工产品，中间步骤完工的自制半成品通常是后续步骤的加工对象。平行加工式生产是指各种原材料投入后分别加工制成各种零部件，再将零部件装配成产成品的生产。

制造业生产按其组织形式不同，可以分为单件生产(如造船、大型组装仪表等)、成批生产(如服装、印刷等)、大量生产(如纺织、冶金、啤酒等)。成批生产按其批量的大小又可以分为小批生产和大批生产，小批生产类似于单件生产，大批生产类似于大量生产。

2. 按照管理要求选择成本计算方法

成本管理要求是指对企业成本核算的体制和成本指标的要求。企业成本核算体制通常有厂部一级成本核算体制和厂部、车间多级成本核算体制两种形式。成本指标通常有产成品成本和能够给企业实现经济意义的半成品成本。

在产品生产过程中，对于不同的生产工艺过程和生产组织以及不同的管理要求，就会采用不同的成本计算方法。在同一个企业里，可以采用一种成本计算方法，也可以采用多种成本计算方法，即多种成本计算方法结合使用。成本计算方法一经确定，一般不得随意变更。正确、及时地计算产品成本，为企业成本管理提供有用的、可靠的成本信息。

2.2　费用的分类和产品成本项目

制造业在生产经营过程中会发生各种各样的耗费，企业在一定时期内因生产经营活动而发生的各项耗费称为费用。为了对各项费用分类归集，正确计算产品成本和期间费用，加强成本管理，可以对种类繁多的费用按不同的标准进行合理的分类，其中最基本的是按费用的经济内容和经济用途分类。

2.2.1　费用按经济内容分类

企业的生产经营过程也是物化劳动(劳动对象和劳动手段)和活劳动的耗费过程，而物化劳动为劳动对象和劳动手段，所以生产经营过程中发生的费用按其经济内容分类，可分为劳动对象方面的费用、劳动手段方面的费用和活劳动方面的费用三大类。按照这些费用的构成和耗费水平来反映，可将费用进一步分为 9 个费用要素。

(1) 外购材料。它是指企业为进行生产经营而耗用的一切从外部单位购进的原料及主要材料、半成品、辅助材料、包装物、修理用备件和低值易耗品等。

(2) 外购燃料。它是指企业为进行生产经营而耗用的一切从外部单位购进的各种燃料。

(3) 外购动力。它是指企业为进行生产经营而耗用的一切从外单位购进的各种动力。

(4) 工资。它是指企业应计入产品成本和期间费用的职工薪酬。

(5) 折旧费。它是指企业按照规定的固定资产折旧方法计算提取的折旧费用。

(6) 修理费。企业发生的应计入生产经营费用的固定资产的修理费用。

(7) 利息支出。它是指企业应计入财务费用的借入款项的利息支出减利息收入后的净额。

(8) 税金。它是指应计入企业管理费用的各种税金，如房产税、车船使用税、土地使用税、印花税等。

(9) 其他支出。它是指不属于以上各要素但应计入产品成本或期间费用的费用支出，如差旅费、租赁费、外部加工费及保险费等。

按照以上费用要素反映的费用称为要素费用。将费用划分为若干要素分类核算的作用是可以反映企业一定时期内在生产经营中发生了哪些费用，金额各是多少，据以分析企业各个时期各种费用的构成和水平。可以考核费用计划的执行情况，但是这种分类不能说明各项费用的用途，因而不便于分析各种费用的支出是否节约、合理。

2.2.2 费用按经济用途分类

对于制造业在生产经营中发生的费用，首先可以分为计入产品成本的生产费用和直接计入当期损益的期间费用两类。

1. 生产费用按经济用途分类

计入产品成本的生产费用按经济用途所做的分类称为产品生产成本项目，简称成本项目。制造业生产费用按经济用途分类，一般应设置以下 5 个成本项目：

(1) 原材料。也称直接材料，是指直接用于产品生产、构成产品实体的原料、主要材料以及有助于产品形成的辅助材料费用。

(2) 燃料及动力。也称直接燃料及动力，是指直接用于产品生产的各种燃料和动力费用。

(3) 工资薪酬。也称直接人工，是指直接参加产品生产的工人的工资薪酬。

(4) 废品损失。是指生产中发生的废品的损失，包括可修复废品的修复费用和不可修复废品的净损失。在废品较多或废品损失在产品成本中所占比重较大、需要单独加以核算的企业，可以设此项目。

(5) 制造费用。是指企业生产车间(部门)为生产产品和提供劳务而发生的各项间接费用。

上述 5 个成本项目中，企业对于“燃料及动力”“废品损失”可以直接归属于有关产品的费用时，若金额较大或管理上需要单独反映、控制和考核的，可设该科目；若金额较小，可以不设“燃料及动力”“废品损失”科目，而是把“燃料及动力”和“废品损失”并入到“制造费用”科目中。

生产费用按经济用途分类有利于反映产品生产成本的具体构成，便于进行成本分析和挖掘降低成本的潜力。

2. 期间费用按经济用途分类

制造业的期间费用按照经济用途可分为销售费用、管理费用、财务费用、资产减值损失等。

(1) 销售费用。

“销售费用”科目核算企业销售商品和材料、提供劳务的过程中发生的各种费用，包括保险费、包装费、展览费和广告费、商品维修费、预计产品质量保证损失、运输费、装卸费等，以及为销售本企业商品而专设的销售机构(含销售网点、售后服务网点等)的职工薪酬、业务费、折旧费等销售费用。企业发生的与专设销售机构相关的固定资产修理费用等后续支出也在本科目核算。本科目可按费用项目进行明细核算。

销售费用的主要账务处理有以下两方面：

① 企业在销售商品过程中发生的包装费、保险费、展览费和广告费、运输费、装卸费等费用，借记本科目，贷记“库存现金”“银行存款”等科目。

② 发生的为销售本企业商品而专设的销售机构的职工薪酬、业务费等销售费用，借记本科目，贷记“应付职工薪酬”“银行存款”“累计折旧”等科目。期末，应将本账户余额转入“本年利润”科目，结转后本科目无余额。

(2) 管理费用。

“管理费用”科目核算企业为组织和管理企业生产经营所发生的管理费用，包括企业在筹建期间内发生的开办费、董事会和行政管理部门在企业的经营管理中发生的或者应由企业统一负担的公司经费(包括行政管理部门职工的工资薪酬、物料消耗、办公费和差旅费等)、工会经费、董事会费(包括董事会成员津贴、会议费和差旅费等)、聘请中介机构费、咨询费(含顾问费)、诉讼费、业务招待费、房产税、车船使用税、土地使用税、印花税、技术转让费、矿产资源补偿费、研究费用、排污费等。企业(商品流通)管理费用不多的，可以不设置本科目，本科目的核算内容可并入“销售费用”科目核算。企业生产车间(部门)和行政管理部门等发生的固定资产修理费用等后续支出也在本科目核算。本科目可按费用项目进行明细核算。

管理费用的主要账务处理有以下几方面：

① 企业在筹建期间内发生的开办费，包括人员工资、办公费、培训费、差旅费、印刷费、注册登记费及不计入固定资产成本的借款费用等在实际发生时，借记本科目(开办费)，贷记“银行存款”等科目。

② 行政管理部门人员的职工薪酬，借记本科目，贷记“应付职工薪酬”科目。

③ 行政管理部门计提的固定资产折旧，借记本科目，贷记“累计折旧”科目。发生的办公费、水电费、业务招待费、聘请中介机构费、咨询费、诉讼费、技术转让费、研究费用，借记本科目，贷记“银行存款”“研发支出”等科目。按规定计算确定的应交矿产资源补偿费、房产税、车船使用税、土地使用税、印花税，借记本科目，贷记“应交税费”科目。期末，应将本科目的余额转入“本年利润”科目，结转后本科目无余额。

(3) 财务费用。

“财务费用”科目核算企业为筹集生产经营所需资金等而发生的筹资费用，包括利息支出(减利息收入)、汇兑损益及相关的手续费、企业发生的现金折扣或收到的现金折扣等。为购建或生产满足资本化条件的资产发生的应予资本化的借款费用，“在建工程”“制造费用”等科目核算。本科目可按费用项目进行明细核算。企业发生的财务费用，借记本科目，贷记“银行存款”“未确认融资费用”等科目。发生的应冲减财务费用的利息收入、汇兑损益、现金折扣，借记“银行存款”“应付账款”等科目，贷记本科目。期末，应将本科目的余额转入“本年利润”科目，结转后本科目无余额。

(4) 资产减值损失。

科目核算企业计提各项资产减值准备所形成的损失。本科目可按资产减值损失的项目进行明细核算。企业的应收款项、存货、长期股权投资、持有至到期投资、固定资产、在建工程、工程物资、无形资产、商誉等发生减值确认的减值损失。企业应根据确认的减值损失，借记本科目，贷记“坏账准备”“存货跌价准备”“长期股权投资减值准备”“持有至到期投资减值准备”“固定资产减值准备”“在建工程——减值准备”“工程物资——减值准备”“无形资产减值准备”“商誉减值准备”等科目。

按照我国会计准则规定，企业计提坏账准备、存货跌价准备、持有至到期投资减值准备等后，相关资产的价值又得以恢复，应在原已计提的减值准备金额内，按恢复增加的金额，借记“坏账准备”“存货跌价准备”“持有至到期投资减值准备”等科目，贷记“资产减值损失”科目。企业计提的长期股权投资减值准备、固定资产减值准备、在建工程减值准备、工程物资减值准备、无形资产减值准备、商誉减值准备，一经计提，不得转回。

2.2.3 直接生产费用和间接生产费用

在构成产品成本的各项生产费用中，能分清何种产品所耗用的，可直接计入某种产品成本的费用，称为直接生产费用(直接费用)；不能分清何种产品所耗用的，难以直接计入某种产品成本的，必须按一定的标准分配计入有关产品成本的费用，称为间接生产费用(间接费用)。

直接生产费用大多是直接计入费用，间接生产费用大多是间接计入费用。但也并非全都如此。例如，机器设备折旧费是直接生产费用，但按月计提的折旧费在生产几种产品的情况下属于间接计入费用。又如，在只生产一种产品的企业或车间中，直接生产费用和间接生产费用都可直接计入该种产品成本，都是直接计入费用。再如，在使用同一种原材料同时生产出几种产品时，直接生产费用和间接生产费用都需要按照一定的标准分配计入有关的各种产品成本，因而都是间接计入费用。所以，直接生产费用与直接计入费用、间接生产费用与间接计入费用不能等同。

2.3 成本核算的一般程序及主要账户设置

2.3.1 产品成本核算的一般程序

产品成本的计算方法很多，无论采用何种计算方法，不同生产工艺和不同管理要求下的企业产品成本核算都共同遵守着一个基本程序，即确定成本计算对象、设立成本计算单、确定成本项目、确定成本计算期、审核和控制各项生产费用要素、进行生产费用的归集和分配、计算完工产品成本和月末在产品成本。根据前述的成本核算的基本要求和生产费用、期间费用的分类，可将成本核算的一般程序归纳如下。

1. 确定成本计算对象

成本计算对象是生产费用的归集对象和生产耗费的承担者。它是设置产品成本计算单和计算产品成本的前提。由于企业的生产特点和管理要求不同，企业成本计算对象也不相同。例如，在制造业中，产品成本计算对象有产品品种、产品批别和产品的生产步骤等。若以产品品种为成本计算对象，那么该产品品种就是生产耗费的承担者；若以产品批别为成本计算对象，那么该产品批别就是生产耗费的承担者；若以产品的生产步骤为成本计算对象，那么该产品的生产步骤就是生产耗费的承担者。

2. 设立成本计算单

成本计算单即生产成本明细分类账，是根据产品成本计算对象设立的。

3. 确定成本项目

在成本计算单即生产成本明细账中，根据企业的生产特点和管理要求的不同来确定成本项目。一般的制造业在成本计算单中确定的成本项目有直接材料、直接人工、制造费用 3 项。

4. 确定成本计算期

成本计算期是指成本计算的间隔期，即多长时间计算一次产品成本。它主要取决于企业的生产组织特点和管理要求。一般来说，在大批量生产的情况下，产品成本计算期与日历月份一致，即与会计计算期一致；在单件小批量生产的情况下，产品成本计算期与产品的生产周期一致，与会计计算期不一致。

5. 审核和控制各项生产费用要素

审核和控制各项生产费用要素的内容是确定各项费用要素是否应该开支，开支后的各项费用要素是否按照国家的相关规定计入或不计入产品成本中。

6. 进行生产费用的归集和分配

将应该计入本期产品成本的各项费用要素在成本计算对象中按照成本项目进行归集和分配，从而计算出本期产品的生产费用。

7. 计算完工产品成本和月末在产品成本

将本期产品的生产费用采用适当的方法在完工产品和未完工产品(月末在产品)之间进行分配，计算出完工产品和月末在产品的成本。产品生产成本核算的基本程序如图 2.1 所示。

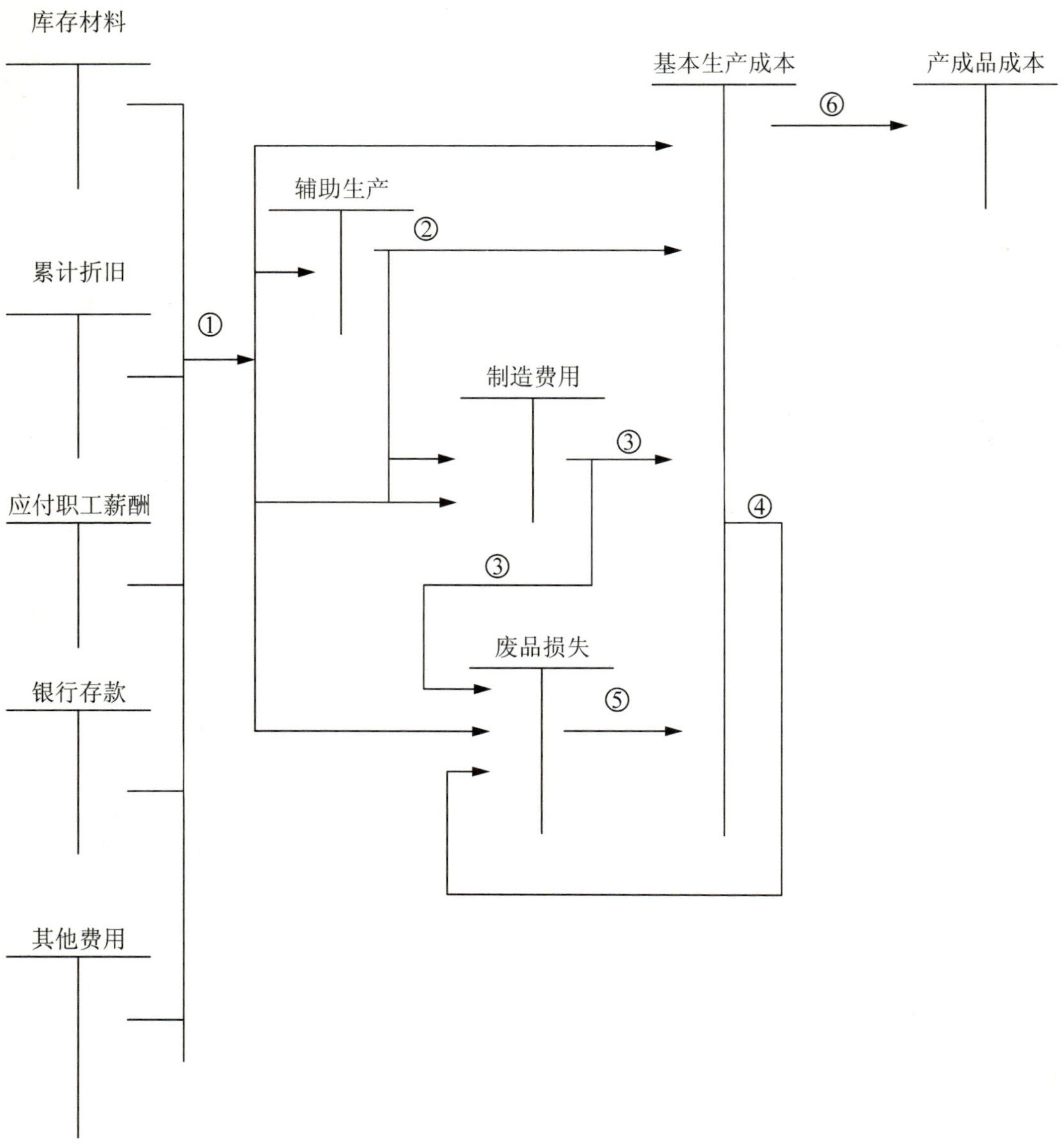

图 2.1　产品成本核算账务处理程序图

注：① 各项要素费用的分配，在第 3 章中讲解。
② 分配辅助生产费用，在第 3 章中讲解。
③ 分配制造费用，在第 3 章中讲解。
④ 结转不可修复废品损失，在第 3 章中讲解。
⑤ 分配废品损失，在第 3 章中讲解。
⑥ 结转完工产品成本，在第 6 章和第 7 章中讲解。

2.3.2　成本核算的主要会计账户设置

为了进行成本核算，企业一般应设置的账户有以下几种。

1. 生产成本账户

“生产成本”科目核算企业进行工业性生产发生的各项生产成本，包括生产各种产品(产成品、自制半成品等)、自制材料、自制工具、自制设备等。本科目可按基本生产成本和辅助生产成本进行明细核算，即“生产成本——基本生产成本”“生产成本——辅助生产成本”科目，可简化为“基本生产成本”“辅助生产成本”科目，也可简化为“基本生产”“辅助生产”两个科目。基本生产成本应当分别按照基本生产车间和成本核算对象(产品的品种、类别、订单、批别、生产阶段等)设置明细账(或成本计算单，下同)，并按照规定的成本项目设置专栏。

生产成本的主要账务处理有：企业发生的各项直接生产成本，借记本科目(基本生产成本、辅助生产成本)，贷记“原材料”“库存现金”“银行存款”“应付职工薪酬”等科目。各生产车间应负担的制造费用，借记本科目(基本生产成本、辅助生产成本)，贷记“制造费用”科目。辅助生产车间为基本生产车间、企业管理部门和其他部门提供的劳务和产品，期(月)末按照一定的分配标准分配给各受益对象，借记本科目(基本生产成本)、“管理费用”“销售费用”“其他业务成本”“在建工程”等科目，贷记本科目(辅助生产成本)。企业已经生产完成并已验收入库的产成品及入库的自制半成品，应于期(月)末，借记“库存商品”等科目，贷记本科目(基本生产成本)。本科目期末借方余额，反映企业尚未加工完成的在产品成本。

2. 制造费用账户

“制造费用”科目核算企业生产车间(部门)为生产产品和提供劳务而发生的各项间接费用。企业行政管理部门为组织和管理生产经营活动而发生的管理费用，在“管理费用”科目核算。本科目可按不同的生产车间、部门和费用项目进行明细核算，制造费用的主要账务处理:①生产车间发生的机物料消耗，借记本账户，贷记“原材料”等科目；②发生的生产车间管理人员的工资等职工薪酬，借记本科目，贷记“应付职工薪酬”科目；③生产车间计提的固定资产折旧，借记本科目，贷记“累计折旧”科目；④生产车间支付的办公费、水电费等，借记本科目，贷记“银行存款”等科目；⑤发生季节性的停工损失，借记本科目，贷记“原材料”“应付职工薪酬”“银行存款”等科目；⑥将制造费用分配计入有关的成本核算对象，借记“生产成本(基本生产成本、辅助生产成本)”“劳务成本”等科目，贷记本科目。

如果需要单独核算废品损失和停工损失，还应设置“废品损失”和“停工损失”科目。

本章小结

为了充分发挥成本核算的作用，在成本核算工作中，应遵循“算管结合、算为管用；正确划分各种费用的界限；正确确定财产物资的计价和价值结转方法；做好各项基础工作；按照生产特点和管理要求、选择适当的成本计算方法”等要求。

正确进行费用分类是正确进行计算产品成本的重要前提。弄清楚费用的 9 个经济内容、5 个成本项目和 4 个期间费用等经济用途是正确计算产品成本的基本保证。

把本章的一般成本计算程序与后面第 3 章、第 4 章、第 6 章、第 7 章的内容结合起来学习，在计算产品成本时就会思路清晰、条理清楚地进行费用资料的归集和分配。进行费用资料的归集和分配是保证成本计算正确的重要环节。

思考与练习

(1) 正确计算产品成本时应该正确划分哪些费用的界限？应防止哪些错误的做法？
(2) 为了正确计算产品成本，应该做好哪些基础工作？
(3) 简述费用按经济内容的分类。
(4) 简述费用按经济用途的分类。
(5) 简述成本核算的一般程序。
(6) 什么是成本项目？为什么要设置成本项目？设置成本项目应遵循什么原则？

第3章 企业生产费用的归集和分配

学习目标

(1) 掌握原材料费用、燃料、动力费用的归集对象的确定和多种产品共同耗用两种材料费用的具体分配方法。

(2) 掌握应付职工薪酬的组成内容，明确职工薪酬中计时工资、计件工资的计算方法，能根据结算表和分配表进行会计处理。各种费用分类的作用。

(3) 掌握折旧费用、保险费、报刊费、利息费等相关费用分配表编制和记账凭证的填制以及成本明细账的登记方法。

(4) 掌握基本生产成本、辅助生产成本和制造费用等基本成本计算账户总账和明细账户的设置方法和结构。

学习重点与难点

学习重点	学习难点
(1) 原材料、燃料、动力费用的分配方法及会计分录； (2) 工资结算表、其他费用分配表的编制； (3) 辅助生产费用的归集和分配； (4) 制造费用的归集和分配	(1) 定额消耗量、定额比例法； (2) 记账凭证的填制和明细账的登记； (3) 核算程序先后过程的理解； (4) 成本账户明细账户的设置

3.1 各种费用要素的归集和分配

企业的生产过程不仅是产品成本的形成过程，而且是各种物料、人工、费用等的消耗过程。其中包括材料费用、外购动力费用、职工薪酬、折旧费、借款费用、税金及其他费用、辅助生产费用、制造费用、废品损失和停工损失等。对于费用的核算主要分为两个步骤：归集和分配。在消耗的费用分配时应当遵守“谁受益，谁承担”的原则。也就是说，对于直接用于产品的费用，需要直接计入产品成本；对于多种产品共同消耗的费用，能直接采用一定方法分配的，直接分配计入各产品成本，不能直接分配的，需要汇总后采用一定的方法分配计入产品成本，属于产品的间接成本；对于与产品生产没有关系的消耗费用，不应计入产品成本，而计入期间费用或者其他资产成本。

当企业发生各种要素费用时，总体上可以按照下面的要求进行归集和分配。

(1) 设置“基本生产成本”“辅助生产成本”和“制造费用”总账，按照车间或产品设置明细账，明细账按照成本项目设专栏登记。

(2) 企业发生的要素费用，视不同情况做不同的归集、分配。

① 凡是直接用于产品生产，专门设有成本项目，并能辨认为哪种产品所耗的费用，直接记入“基本生产成本”“辅助生产成本”总账及所属明细账。

② 凡是直接用于产品生产，专门设有成本项目，但为几种产品共同耗用的费用，需要采用一定标准分配记入“基本生产成本”“辅助生产成本”总账及其所属明细账。

③ 凡是直接用于产品生产，但没有专设成本项目，或是间接用于产品生产的费用，都先记入“制造费用”总账及其所属明细账，然后将“制造费用”及服务于基本生产车间的“辅助生产成本”通过一定程序、方法分配转入“基本生产成本”总账及其所属明细账。

④ 凡是用于行政部门管理、组织生产经营、筹集资金及销售所耗用的要素费用，不需分配计入产品成本，而是作为期间费用，即分别在“管理费用”“财务费用”“销售费用”科目中进行归集，直接计入当期损益。

分配计入费用的计算公式可概括为

$$费用分配率=\frac{待分配费用总额}{分配标准总和}$$

某产品或分配对象应负担的费用＝该产品或分配对象的分配标准×费用分配率

3.1.1 材料费用的核算与分配

材料是指企业通过采购或其他方式取得的，用于制造产品并构成产品主要实体的原料及主要材料，以及取得的供生产使用但不构成产品实体的辅助材料、修理用备件、燃料和外购半成品等。

1. 材料费用分配对象的确定

材料费用一般按照用途、部门和受益对象来分配的，遵循谁受益谁承担的原则。具体如下：基本生产产品负担计入“基本生产成本”总账和相关明细账的“直接材料”成本项目；辅助车间由产品或劳务承担的计入“辅助生产成本”总账及明细账；用于维护设备等发生的计入“制造费用”，最后分配计入成本账户；销售或管理等部门领用的计入“销售费用”“管理费用”等科目。

2. 计入成本的方法

(1) 材料费用直接计入产品成本的核算。

材料费用被一种产品耗用的，根据领退料凭证登记《原材料发出汇总表》，根据此表登记有关成本计算单的生产成本及其所属的明细账中的“直接材料”科目。

(2) 材料费用间接计入产品成本的核算。

几种产品共同耗用的材料，需要分配计入“直接材料”科目。

① 分配标准。

一般可以按照产品的重量、体积等进行分配(如铸铁件、木器等)。当分配标准的资料不宜取得时，或消耗定额的资料比较准确，可以选用以下两种分配标准：定额消耗量比例法和定额费用(成本)比例法。

② 方法。

A．定额消耗量比例法。

消耗定额是指单位产品可以消耗的数量限额。定额消耗量是指在一定产量下按照消耗定额计算的可以消耗的数量(费用定额或定额费用则是消耗定额或定额消耗量的货币表现)。相关计算公式如下：

$$\text{某种产品材料定额消耗量}=\text{该种产品的实际产量}\times\text{单位产品材料消耗定额}$$

$$\text{原材料定额消耗总量}=\sum(\text{某种产品产量}\times\text{单位消耗定额})$$

$$\text{原材料费用的分配率}=\frac{\text{应分配的原材料费用}}{\text{原材料定额消耗总量}}$$

某种产品应分配的原材料费用$=a\times c$

【例 3-1】 某厂生产甲、乙、丙三种产品，产量分别为 400 件、600 件、200 件，共同耗用 A 材料费用 46 400 元，三种产品的单位消耗定额分别为 20 千克、15 千克、60 千克，据此分配 A 材料费用如下：

原材料定额消耗总量＝400×20＋600×15＋200×60

＝29 000(千克)

原材料费用分配率＝46 400÷29 000＝1.6(元/千克)

各种产品的费用：

甲＝400×20×1.6＝12 800(元)

乙＝600×15×1.6＝14 400(元)

丙＝200×60×1.6＝19 200(元)

B．定额成本比例法。

定额成本比例法是指以原材料的定额成本作为分配标准分配材料费用的方法。相关计算公式如下：

某种产品某种材料定额费用

＝该种产品的实际产量×单位产品该种材料费用定额

＝该种产品的实际产量×单位该种材料消耗定额×该种材料计划单价

$$原材料定额成本总额=\sum 各种产品各种材料定额费用$$

$$材料费用分配率=\frac{应分配的原材料费用}{b}$$

$$\begin{aligned}&某种产品应分配的原材料费用\\&=该产品各种原材料费用之和\times c\end{aligned}$$

【例 3-2】 如例 3-1 所示每千克材料计划单价为 1.28 元/千克，则

b=400×20×1.28+600×15×1.28+200×60×1.28

=37 120(元)

c=46 400÷37 120=1.25(元/千克)

各种产品应分配的原材料费用：

400×20×1.28×1.25=12 800(元)

600×15×1.28×1.25=14 400(元)

200×60×1.28×1.25=19 200(元)

定额消耗量比例法和定额消耗量比例法两种方法的计算分配结果一致，其区别为前一种用数量做标准，后一种用价值做标准。

3. 账务处理

根据前面的分配方法，根据材料发出汇总表可以编制《材料费用分配表》，并做出相关的账务处理。汇总表与分配表的做法如下：

(1) 材料核算员(一般是库管员)登记材料明细账，成本核算员登记成本明细账，会计登记材料、成本总账。

(2) 材料核算员作汇总表登记材料明细账，成本核算员根据领退料单编制分配表，登记成本明细账。

(3) 材料核算员与成本核算员根据各自手中的领退料单，分别编制汇总表和分配表，核对后，分别进行材料明细账和成本明细账核算。

分录：

借：基本生产成本

　　辅助生产成本

　　制造费用

　　管理费用、销售费用(其他业务支出、在建工程、研发支出等)

　　贷：原材料

管理部门、销售部门领用材料计入当期损益，即“管理费用”“销售费用”等科目。

3.1.2 外购动力费用核算与分配

企业耗用的向外单位购买的电力、煤气等外购动力费，其核算是按照发生地点和用途进行汇总和分配。外购动力主要用于：①生产工艺过程所耗用，这是直接用于产品生产的；②组织管理生产耗用，如车间照明、行政管理部门照明用电等。对于生产工艺过程耗用的动力费用，为加强能源核算和控制，可单独设立成本项目“燃料及动力”，若不单独设立，则该燃料、动力费用并入“制造费用”成本项目。动力费用按照仪器、仪表测量记录确定，

各部门、产品耗用的外购动力费用分配计算如下：

$$实际数量\times动力单价=应负担的费用$$

其中，

$$外购单价=\frac{实际支付的费用总额}{各产品部门耗用总量}$$

分配时的账务处理如下：

借：生产成本——基本生产成本(甲、乙)

　　生产成本——辅助生产成本

　　制造费用——车间

　　　　　　——二车间等

　　管理费用

　　贷：应付账款(外购动力)

生产工艺中耗用的动力，若不能直接测定，则按照一定标准进行分配：

$$\times\times分配率=\frac{各种产品共同耗用动力总量}{各种产品机器工时(马力工时)总数}$$

$$\times\times某中产品应负担数=该产品的机器工时(马力工时)\times分配率\times单价$$

【例 3-3】 甲、乙共同耗用动力 28 240 度，单价 0.4 元，机器工时分别为 3 000 小时、2 000 小时，则

分配率＝28 240÷(2 000＋3 000)＝5.648(元/小时)

××甲负担的费用＝3 000×5.648×0.4＝6 777.60(元)

××乙负担的费用＝2 000×5.648×0.4＝4 518.40(元)

3.1.3　职工薪酬的分配

1. 职工薪酬的概念

职工薪酬是指企业为了获得职工提供的服务而给予各种形式的报酬及其相关的支出，也包括企业为职工在职期间和离职后提供的全部货币性薪酬和非货币性福利，还包括提供给职工配偶、子女或其他被赡养人的福利等。

2. 职工薪酬的归集与分配

职工薪酬的归集通过《工资结算汇总表》完成。应付工资为工资总额，工资总额包括六个组成部分：计时工资、计件工资、奖金、津贴和补贴、加班加点工资、特殊情况下支付的工资。其中：①奖金是指支付给职工的超额劳动报酬和增收节支的劳动报酬；②津贴、补贴是指为补偿职工特殊或额外的劳动消耗和因其他特殊原因支付给职工的津贴及物价补贴；③特殊情况下支付的工资是指因病、工伤、产假、婚丧假、探亲假、定期休假、停工学习等原因按照国家规定支付的工资。

$$实发金额=应付工资+代发款项-待扣款项$$

职工薪酬的分配通过编制《工资费用分配表》核算。其主要分为两级核算，其中一级核算由财会部门直接编制；二级核算先由车间编制人员分配表，后由财会部门编制《工资费用分配表》。

1. 计件工资制

生产工人的计件工资直接计入“基本(辅助)生产成本”，工人其他工资(间接)分配计入“基本生产成本”等。其计算方法如下：

$$应付职工或班组计件工资=\sum[(合格品数量+料废数量)\times 计件单价]$$

每一职工或班组月内可能从事多种产品生产，计件单价不同，就需逐一计算相加，而计算出班组的计件工资，还需要按一定标准分配到班组职工个人。

【例 3-4】 某企业一小组共有职工 4 人，本月份共生产甲产品 800 件，每件产品的计价单价为 60 元，生产乙产品 500 件，每件产品的计价单价为 100 元；4 名职工的工作天数分别为：甲职工 25 天，乙职工 24 天，丙职工 28 天，丁职工 21 天。要求：根据上述资料，计算该小组应得的计件工资，实际工作天数计算每位职工应得的计件工资，并将计算结果填入表 3-1。

应付班组计件工资＝800×60＋500×100＝98 000(元)

$$计件工资分配率=\frac{班组计件工资}{分配标准总计}=\frac{98\ 000}{25+24+28+21}=1\ 000(元/天)$$

表 3-1 计件工资分配表

工人姓名	实际工作天数	计件工资分配率(元/天)	应付计件工资/元
甲	25		25 000
乙	24		24 000
丙	28		28 000
丁	21		21 000
合　计		1 000	98 000

2. 计时工资制

计时工资是按规定的计时工资标准和考勤记录登记的工作时间计算的工资。可采用月薪制和日薪制。

(1) 按月薪制计算。

月薪制是按职工固定的月标准工资扣除缺勤工资计算其工资的一种方法。其按出勤日计算方法如下：

$$应付月工资=出勤日数\times 日工资率$$

按月标准工资扣除缺勤计算方法如下：

$$应付工资=月标准工资-缺勤工资$$

$$缺勤工资=缺勤日数\times 日工资率$$

日工资率的计算有以下两种方法：

① 每月按 30 天计算。不论大月小月一律按固定日数 30 天计算，每月的法定休息日、节假为出勤，照付工资，但缺勤期间的休息日也扣工资。日工资率的计算公式为：

$$日工资率=\frac{月标准工资}{30}$$

此方法的优点是比较简便，只要职工的月标准工资不调整，就不需要每月计算职工的日工资。但是由于星期天和节假日计算工资，在星期天和节假日缺勤也扣工资，不便于向职工解释，所以在实际工作中采用的不多。

② 每月按 20.92 天计算。计算日工资率不论大月小月一律按 20.92 天计算，每月的法定和法定节假日不付工资，缺勤期间的节假日，也不扣工资。日工资率的计算公式为：

$$日工资率=\frac{月工资标准}{20.92}$$

此方法的优点是计算方法简单，不用每月都计算日工资率，休息日和节假日不计算工资，能够体现出按劳分配的原则。比较容易理解，这种方法在实际工作中得到了广泛的运用。

【例 3-5】 某企业某工人的月工资标准为 840 元。8 月份 31 天，其中，事假 4 天，2 天病假，星期休假 10 天，出勤 15 天。根据该工人的工龄，其病假工资按工资标准的 90%计算。该工人病假和事假期间没有节假日。试计算该工人本月应得工资。

解：① 按 30 天计算日工资率：

日工资率＝840÷30＝28(元)

按月标准工资扣除缺勤天数应扣工资额计算(减法)：

某职工本月应得工资＝该职工月标准工资－(事假天数×日标准工资)－(病假天数×日标准工资×病假扣款率)
＝840－4×28－2×28×(1－90%)
＝840－112－5.6＝722.4(元)

按出勤天数直接计算(加法)：

某职工本月应得工资＝该职工本月出勤天数×日标准工资＋病假天数×日标准工资×(1－病假扣款率)
＝(15＋10)×28＋2×28×90%
＝700＋50.4＝750.4(元)

② 按 20.92 天计算日工资标准：

日工资标准＝840÷20.92＝40.15(元)

按月标准工资扣除缺勤天数应扣工资额计算(减法)：

某职工本月应得工资＝840－4×40.15－2×40.15×10%＝671.37(元)

按出勤天数直接计算(加法)：

某职工本月应得工资＝15×40.15＋2×40.15×90%＝674.52(元)

(2) 按日薪制计算。

在日薪制，按职工出勤天数和日标准工资计算应付计时工资。按日薪，职工每月的全勤月工资不固定，月份大小不同，全勤的月工资额也不同。对于非工作时间的工资，也应按上述有关规定计算。

(3) 分配时的账务处理。

借：基本生产成本(或辅助生产成本)
　　制造费用

管理费用(或销售费用、在建工程、研发支出等)
贷：应付职工薪酬——短期薪酬(工资)

3. 职工福利费的分配

职工薪酬是指企业职工从事生产经营活动除了获取劳动报酬外，还享受一定的福利补助，如职工困难补助、医疗费、丧葬补助费、独生子女保健费等。分配时的账务处理如下。

(1) 计提时。

借：基本生产成本
辅助生产成本
制造费用
管理费用(含福利人员的福利费用)
销售费用
研发支出
贷：应付职工薪酬——短期薪酬(职工福利)

(2) 支付时。

借：应付职工薪酬——职工福利
贷：库存现金

3.1.4 折旧费用的分配

折旧费用是定期地计入成本费用中的固定资产的转移价值。固定资产经过使用后，其价值会因为固定资产磨损而逐步用于生产。计算折旧的方法是多种多样，采用不同方法，如使用年限法、工作量法及加速折旧法等，可能出现计算的某一会计期间的折旧费用不相同，这部分在财务会计中已做详细介绍。分配时的账务处理如下。

借：制造费用
管理费用(含福利人员的福利费用)
销售费用
研发支出
贷：累计折旧

3.1.5 借款费用、税金及其他费用的分配

1. 借款费用的分配

生产费用要素中的利息费用是不能计入产品成本中去的，应计入当期的损益，属于期间费用。

(1) 短期借款的利息费用分配。

短期借款的利息一般是按季结算支付的。按照权责发生制的要求，采用预提利息费用的办法分月按计划预提计入财务费用，季末实际支付时冲减应付利息，实际支付的利息费用与预提利息费用的差额，调整计入季末月份的财务费用。

① 每月预提利息费用时。

借：财务费用

　　贷：应付利息

② 季末实际支付利息费用时。

借：应付利息

　　贷：银行存款

(2) 长期借款的利息费用分配。

长期借款的利息费用一般是每年计算一次应付利息，到期一次还本付息。长期借款的利息费用可采取两种处理方法：一是发生时直接计入当期费用，二是予以资本化。

① 长期借款利息的费用化账务处理。

借：财务费用

　　贷：应付利息

② 长期借款利息的资本化账务处理。

借：在建工程

　　贷：应付利息

2. 税金的分配

生产费用要素中的税金是指印花税、房产税、车船使用税和土地使用税，这些税金也不能计入产品成本，属于期间费用中的管理费用。

(1) 印花税的核算。

① 如果购买印花税金额较小，购买时的会计分录如下。

借：管理费用

　　贷：库存现金(银行存款)

② 如果印花税票是一次购买，分期使用，且购买金额较大，购买时的会计分录如下。

借：长期待摊费用

　　贷：银行存款

③ 分期摊销时。

借：管理费用

　　贷：长期待摊费用

(2) 房产税、车船使用税等的核算。

① 需要预先计算应交金额时。

借：管理费用

　　贷：应交税费——应交×××税

② 实际缴纳税金时。

借：应交税费——应交×××税

　　贷：银行存款

3. 其他费用的分配

其他费用主要是指上述各项费用以外的其他费用支出，包括修理费、差旅费、邮电费、保险费、劳动保护费、运输费、办公费、水电费、技术研发费、业务招待费等。

这些费用发生时，应该按照生产费用的用途进行归类，分别计入“制造费用”“销售费用”“管理费用”等科目。

借：制造费用

　　销售费用

　　管理费用

　　贷：银行存款等

3.2 辅助生产费用的归集和分配

辅助生产为工业企业为基本生产和企业管理部门提供劳务或产品的生产。其类型分为劳务性的辅助生产和产品性辅助生产。劳务性辅助生产有供电、供水、供汽、机修、运输等，产品性辅助生产有如工具、模具等。

辅助生产费用的归集是通过辅助生产成本总账及明细账进行。一般按车间及产品和劳务设立明细账。辅助生产的分配应通过辅助生产费用分配表进行。辅助生产费用的分配方法很多，通常采用直接分配法、交互分配法、计划成本分配法、代数分配法和顺序分配法等。

3.2.1 直接分配法

直接分配法的特点是不考虑各辅助生产车间之间相互提供劳务或产品的情况，而是将各种辅助生产费用直接分配给辅助生产以外的各受益单位。其计算公式如下：

$$\text{某辅助生产车间费用分配率}=\frac{\text{该辅助生产车间直接发生费用}}{\text{辅助生产车间以外受益单位耗用劳务量}}$$

$$\text{某受益单位应负担该辅助生产费用}=\text{该受益单位耗用劳务量}\times\text{分配率}$$

分配率公式中“直接发生费用”指辅助生产未交互分配前归集的费用，下同。

【例 3-6】 假设中星工厂设有供电、供水两个辅助生产车间，主要为基本生产车间和厂部行政管理部门服务。根据辅助生产成本明细账，供水车间本月发生费用为 7 380 元，供电车间本月发生费用为 10 519.2 元。该企业辅助生产车间的制造费用不通过“制造费用”科目核算。根据劳务供应部门的耗用通知单，各车间、部门耗用劳务情况见表 3-2。

表 3-2 辅助生产车间劳务供应通知单

受益单位	用水数量/吨	用电度数/度
辅助生产车间		
——供水车间		2 922
——供电车间	559	
基本生产车间		
——甲产品		12 000
——乙产品		8 000
一般耗用	5 100	2 000
厂部行政管理部门耗用	1 050	4 298
合　　计	6 709	29 220

要求：根据上述资料，采用直接分配法分配辅助生产费用，并做相应的账务处理。

根据以上资料，用直接分配法编制《辅助生产费用分配表》，见表 3-3。

表 3-3 辅助生产费用分配表

受益单位	供水车间			供电车间			金额合计/元
	供应量/吨	分配率	金额/元	供应量/吨	分配率	金额/元	
基本生产车间：							
——甲产品				12 000		4 800	4 800
——乙产品				8 000		3 200	3 200
制造费用	5 100		6 120	2 000		800	6 920
管理费用	1 050		1 260	4 298		1 719.2	2 979.2
合计	6 150	1.2	7 380	26 298	0.4	10 519.2	17 899.2

表 3-3 中各辅助生产车间的费用分配率计算如下：

$$供水车间费用分配率=\frac{7\ 380}{6\ 150}=1.2$$

$$供电车间费用分配率=\frac{10\ 519.2}{26\ 298}=0.4$$

根据《辅助生产费用分配表》，编制会计分录，登记有关账户。

借：基本生产成本——甲车间　　4 800

　　基本生产成本——乙车间　　3 200

　　制造费用　　6 920

　　管理费用　　2 979.20

　　贷：辅助生产成本——供电车间　　10 519.20

　　　　辅助生产成本——供水车间　　7 380

采用直接分配法，各辅助生产费用只进行对外分配，分配一次，计算简单，但分配结果不够准确。适用于辅助生产内部相互提供产品和劳务不多、不进行费用的交互分配、对辅助生产成本和企业产品成本影响不大的情况。

3.2.2 交互分配法

交互分配法的特点是辅助生产费用通过两次分配完成，首先将辅助生产明细账上的合计数根据各辅助生产车间、部门相互提供的劳务数量计算分配率，在辅助生产车间进行交互分配；然后将各辅助生产车间交互分配后的实际费用(即交互前的费用加上交互分配转入的费用，减去交互分配转出的费用)，再按提供的劳务量在辅助生产车间以外的各收益单位之间进行分配。其计算公式如下：

$$某辅助生产车间费用交互分配率=\frac{该辅助生产车间直接发生费用}{该辅助生产车间提供的劳务总量}$$

其他辅助车间应负担该辅助生产费用＝该受益单位耗用劳务量×交互分配率

$$某辅助生产车间费用对外分配率=\frac{直接发生费用+交互分配分来的费用-交互分配分出的费用}{辅助生产车间以外的受益部门耗用劳务量之和}$$

某受益部门应负担该辅助生产费用＝该受益部门耗用劳务量×对外分配率

【例 3-7】 仍沿用例 3-6 资料，采用交互分配法编制《辅助生产费用分配表》，见表 3-4。

表 3-4 辅助生产费用分配表

项目	直接发生费用/元	对外分配费用/元	分配数量/吨	分配率	应借科目											
					辅助生产成本				基本生产成本				制造费用		管理费用	
					供电		供水		甲产品		乙产品					
					耗用量/度	金额/元	耗用量/吨	金额/元	耗用量/吨	金额/元	耗用量/吨	金额/元	耗用量/吨	金额/元	耗用量/吨	金额/元
交互分配																
供水车间	7 380		6 709	1.1	559	614.9										
供电车间	10 519.2		29 220	0.36			2 922	1 051.92								
金额小计						614.9		1 051.92								
对外分配																
供水车间		7 817.02	6 150	1.27									5 100	6 477	1 050	1 340.02
供电车间		10 082.18	26 298	0.38					12 000	4 560	8 000	3 040	2 000	760	4 298	1 722.18
合计	17 899.2					614.9		1 051.92		4 560		3 040		7 237		3 062.2

表 3-4 中交互分配率及对外分配率计算如下：

$$供水费用交互分配率=\frac{7\ 380}{6\ 709}=1.1$$

$$供电费用交互分配率=\frac{10\ 519.2}{29\ 220}=0.36$$

$$供水费用对外分配率=\frac{7\ 380+1\ 051.92-614.9}{6\ 150}=1.27$$

$$供电费用对外分配率=\frac{10519.2+614.9-1051.92}{26\ 298}=0.38$$

根据《辅助生产费用分配表》，编制会计分录，登记有关账户。

交互分配分录(可不编制会计分录直接在明细账中登记)如下。

借：辅助生产成本——供水　　1 051.92

　　辅助生产成本——供电　　614.9

　　贷：辅助生产成本——供电　　1 051.92

　　　　辅助生产成本——供水　　614.9

这种分配方法的优点是提高了分配的正确性，但同时加大了分配的工作量。

3.2.3 计划成本分配法

计划成本分配法的特点是辅助生产为各受益单位提供的劳务，都按劳务的计划单位成本进行分配，辅助生产车间实际发生的费用(包括辅助生产内部交互分配转入的费用。不需要减转出的费用，即只加不减)与按计划单位成本分配转出的费用之间的差额采用简化计算方法全部计入管理费用。

【例 3-8】 沿用例 3-7 资料，假定每吨水的计划单位成本为 1.2 元，每度电为 0.38 元，差额全部计入“管理费用”科目。

根据上述资料，采用计划成本分配法编制《辅助生产费用分配表》，见表 3-5。

表 3-5　辅助生产费用分配表

项目	直接发生费用/元	分配数量/吨	分配率	应借科目												合计/元
				辅助生产成本				基本生产成本				制造费用		管理费用		
				供电		供水		甲产品		乙产品						
				耗用量/吨	金额/元	耗用量/吨	金额/元	耗用量/吨	金额/元	耗用量/吨	金额/元	耗用量/吨	金额/元	耗用量/吨	金额/元	
计划成本分配																
供水车间	7 380	6 709	1.2	559	670.8							5 100	6 120	1 050	1 260	8 050.8
供电车间	10 519.2	29 220	0.38			2 922	1 110.36	12 000	4 560	8 000	3 040	2 000	760	4 298	1 633.24	11 103.6
金额小计					670.8		1 110.362						6 880		2 893.24	19 154.4

(1) 按照计划成本分配。

借：辅助生产成本——供电　670.8
　　辅助生产成本——供水　1 110.36
　　基本生产成本——甲产品　4 560
　　基本生产成本——乙产品　3 040
　　制造费用　6 880
　　管理费用　2 893.24
　　贷：辅助生产成本——供电　11 103.6
　　　　辅助生产成本——供水　8 050.8

(2) 为了简化工作量，一般情况下，辅助生产分配的借、贷之差记入“管理费用”账户。

供水车间的借方发生额 8 490.36 元，大于贷方分配转出额 8 050.80 元，产生了超支差异 439.56 元。应记入“管理费用”科目。供电车间的借方发生额 11 190 元，大于贷方分配转出额 11 103.6 元，产生了超支差异 86.4 元。应记入“管理费用”科目。

借：管理费用　525.96
　　贷：辅助生产成本——供水　439.56
　　　　辅助生产成本——供电　86.40

计划成本分配法按事先制定的计划单位成本进行分配，既能简化计算工作，又能弥补一次交互分配法不够及时的不足，加快分配速度，同时还利于划清各车间部门的经济责任，便于成本考核分析。但是，其分配结果受计划成本准确与否的影响，因此，该方法适用于计划成本资料比较健全准确、成本核算基础工作较好的企业。

3.2.4　代数分配法

代数分配法是运用初等数学中多元一次联立方程组求解的原理，计算出各辅助生产车间劳务的单位成本，再根据受益单位实际耗用量分配辅助生产费用的方法。其基本程序如下：

(1) 设未知数，即辅助生产车间劳务的单位成本，并根据辅助生产车间之间相互提供劳务的关系建立多元一次联立方程组。

(2) 解联立方程，求出各辅助生产车间劳务的单位成本。

(3) 以(2)求出的单位成本和受益单位的耗用量分配辅助生产费用。

【例 3-9】 沿用例 3-8 资料，设供电车间每小时的费用为 x，供水车间每吨水的费用为 y。

根据两个辅助生产车间相互提供服务的关系建立联立方程组为：

$7\,380+559x=6\,709y$

$10\,519.20+2\,992y=29\,220x$

解之得：

$x=0.48$　　　　$y=1.14$

供水车间应负担电费＝2 922×0.48＝1 402.56(元)

供电车间应负担水费＝559×1.14＝637.26(元)

甲产品应负担电费＝12 000×0.48＝5 760(元)

乙产品应负担水电费＝8 000×0.48＝3 840(元)

基本生产车间负担的水电费＝2 000×0.48＋5 100×1.14＝6 774(元)

管理部门负担水电费＝4 298×0.48＋1 050×1.14＝3 260.04(元)

此方法有关费用的分配结果最正确，但在辅助生产车间较多的情况下，未知数也较多，计算工作比较复杂，因此，此方法适用于已经实现电算化的企业。

3.2.5 顺序分配法

顺序分配法，是将各种辅助生产之间的费用分配按照辅助生产车间受益多少的顺序排列，受益少的排列在前，先将辅助生产费用分配出去；受益多的排列在后，后将费用分配出去。例如，供电、供水和供气 3 个辅助生产车间中，供电车间耗用水和气较少；供水车间耗用气虽较少，但耗用电较多；供气车间耗用电和水都较多。这样，就可以按照供电、供水和供气的顺序排列，顺序分配电、水、气的费用。

顺序分配法的特点及基本思路就是按顺序依次分配，排列在前的分配给排列在后的，而排列在后的不再分配给排列在前的，排列在后的进行分配时应在原归集的费用基础上加上排列在前的分配转入数。

【例 3-10】 沿用例 3-9 资料，供电车间耗用水较少，供水车间耗用电较多，因此，先分配供电车间的辅助生产费用，再分配供水车间的辅助生产费用。采用顺序分配法编制《辅助生产费用分配表》，见表 3-6。

表 3-6　辅助生产费用分配表

项目	直接发生费用/元	分配来费用/元	分配数量/吨	分配率	应借科目											
					辅助生产成本				基本生产成本				制造费用		管理费用	
					供电		供水		甲产品		乙产品					
					耗用量/吨	金额/元	耗用量/吨	金额/元	耗用量/吨	金额/元	耗用量/吨	金额/元	耗用量/吨	金额/元	耗用量/吨	金额/元
供电分配 供电车间	10 519.2		29 220	0.36			2 922	1 051.92	12 000	4 320	8 000	2 880	2 000	720	4 298	1 547.28
金额小计								1 051.92		4 320		2 880		720		1 547.28

续表

项目	直接发生费用/元	分配来费用/元	分配数量/吨	分配率	应借科目											
					辅助生产成本				基本生产成本				制造费用		管理费用	
					供电		供水		甲产品		乙产品					
					耗用量/吨	金额/元	耗用量/吨	金额/元	耗用量/吨	金额/元	耗用量/吨	金额/元	耗用量/吨	金额/元	耗用量/吨	金额/元
供水分配 供水车间	7 380	1 051.92	6 150	1.371									5 100	6 992.32	1 050	1 439.6
合计								1 051.92		4 320		2 880		7 712.32		2 986.88

表 3-6 中交互分配率及对外分配率计算如下：

$$供电车间分配率=\frac{10\,519.2}{29\,220}=0.36$$

$$供水车间分配率=\frac{7\,380+1\,051.92}{6\,150}=1.371$$

3.3　制造费用的归集和分配

3.3.1　制造费用的归集

制造费用的内容比较复杂，包括物料消耗，车间管理人员的薪酬，车间管理用房屋和设备的折旧费、修理费、租赁费和保险费，车间管理用具摊销，车间管理用的照明费、水费、取暖费、劳动保护费、设计制图费、试验检验费、差旅费、办公费，以及季节性及修理期间停工损失等。制造费用属于应计入产品成本但不专设成本项目的各项成本。制造费用应通过“制造费用”科目进行归集，月末按照一定的方法从贷方分配转入有关成本计算对象。

3.3.2　制造费用的分配

1. 实际分配率法

实际分配率法是在会计期末，根据“制造费用”本月归集的实际发生额。按一定分配计入产品成本的方法。通常采用生产工人工时比例法(或生产工时比例法)、生产工人工资比例法(或生产工资比例法)、机器工时比例法和按年度计划分配率分配法等。其基本计算公式为：

$$制造费用分配率=\frac{制造费用总额}{各产品分配标准之和}$$

$$某种产品应分配的制造费用=该种产品分配标准\times制造费用分配率$$

只生产一种产品的车间，制造费用是直接费用，不需要分配，直接计入；生产多种产品时，分配计入。其主要的分配方法有以下几种。

(1) 生产工时比例法。

$$分配率=\frac{制造费用总额}{各种产品生产工时总额}$$

某种产品应分配的数额＝该种产品生产工时×分配率

适用于生产工时比较均衡，机械化程度相差不多的企业。也可以在分配中用定额工时。

(2) 生产工人工资比例法。

$$分配率=\frac{制造费用总额}{各种产品生产工人工资总额}$$

某种产品分配额＝该种产品生产工人工资×分配率

一般适用于机械化程度相差不多的产品的企业。

(3) 机器工时比例法。

$$分配率=\frac{制造费用总额}{各种产品机器工时总额}$$

某种产品应分配的数额＝该种产品机器工时×分配率

【例 3-11】某企业 2015 年 3 月份，一车间的制造费用 10 000 元，二车间制造费用 8 040 元。假设一车间生产 C、D 两种产品，C 产品生产工人工时 5 500 小时，D 产品生产工人工时 4 500 小时；二车间只生产一种产品 E 产品。该企业采用生产工人工时比例法对制造费用进行分配。

计算制造费用分配率及应分配转出的制造费用。

一车间 C、D 产品

制造费用分配率＝10 000÷(5 500＋4 500)＝1(元/工时)

该月 C 产品应分配的制造费用＝5 500×1＝5 500(元)

该月 D 产品应分配的制造费用＝4 500×1＝4 500(元)

注意：二车间只生产 E 一种产品，其制造费用直接计入该产品的成本，无须分配。

2. 年度计划分配率法

年度计划分配率分配法是按照年度开始前确定的全年适用的计划分配率分配费用的方法。其计算公式如下：

$$年度计划分配率=\frac{年度制造费用计划总额}{年度各种产品计划产量的定额工时总额}$$

某月某产品制造费用＝该月该种产品实际产量的定额工时数×年度计划分配率

年度终了，制造费用全年实际发生数与分配数的差额，除其中属于为明年开工生产作准备的可留待明年分配外，其余都应当在本年内调整产品成本：发生数大于分配数的差额，借记“生产成本——基本生产成本”科目，贷记“制造费用”科目。实际发生数小于分配数的差额，用红字登记。

【例 3-12】 企业生产车间全年计划制造费用为 36 000 元，生产甲、乙两种产品，全年定额工时为 40 000 小时。12 月份甲产品实际产量的定额工时为 2 600 小时，乙产品实际产量的定额工时为 1 100 小时，年末核算时，该车间全年发生制造费用 46 200 元，1～11 月按计划分配率已分配制造费用甲为 24 460 元，乙为 10 710 元。

要求：按照计划成本法进行制造费用的分配。

(1) 计算制造费用年度计划分配率。

36 000÷40 000＝0.90(元/小时)

(2) 计算 12 月按计划分配率分配的制造费用。

甲产品应负担的制造费用：2 600×0.90＝2 340(元)

乙产品应负担的制造费用：1 100×0.90＝990(元)

合计按计划应分配的制造费用金额：2 340＋990＝3 330(元)

(3) 计算调整差异。

全年按计划已分配金额。

甲产品已分配：24 460＋2 340＝26 800(元)

乙产品已分配：10 710＋990＝11 700(元)

合计全年按计划已分配金额：26 800＋11 700＝38 500(元)

实际与计划差异调整率。

(46 200－38 500)÷38 500＝0.2

差异调整分配金额。

甲产品应负担的调整金额：0.2×26 800＝5 360(元)

乙产品应负担的调整金额：0.2×11 700＝2 340(元)

合计：5 360＋2 340＝7 700(元)

借：基本生产成本——甲产品　　5 360

　　　　　　　　——乙产品　　2 340

　　贷：制造费用　　7 700

借	制造费用　　　　贷
全年实际发生：46 200	1～11 月计划分配：35 170 12 月计划分配：3 330 年末差异调整：7 700
年末余额：0	

承例 3-12，假设该企业全年发生制造费用 30 800 元，其他条件不变。则

(1) 计算制造费用年度计划分配率。

36 000÷40 000＝0.90(元/小时)

(2) 计算 12 月按计划分配率分配的制造费用。

甲产品应负担的制造费用：2 600×0.90＝2 340(元)

乙产品应负担的制造费用：1 100×0.90＝990(元)

合计按计划应分配的制造费用金额：2 340＋990＝3 330(元)

(3) 计算调整差异。

全年按计划已分配金额。

甲产品已分配：24 460＋2 340＝26 800(元)

乙产品已分配：10 710＋990＝11 700(元)

合计全年按计划已分配金额：26 800＋11 700＝38 500(元)

实际与计划差异调整率：

(30 800－38 500)÷38 500＝－0.2

(4) 差异调整分配金额。

甲产品应负担的调整金额：－0.2×26 800＝－5 360(元)

乙产品应负担的调整金额：－0.2×11 700＝－2 340(元)

合计：－5 360＋(－2 340)＝－7 700(元)

借：基本生产成本——甲产品　　5 360

　　　　　　　　——乙产品　　2 340

　贷：制造费用　　7 700

借	制造费用　　贷
全年实际发生：30 800	1～11 月计划分配：35 170 12 月计划分配：3 330 年末差异调整：7 700
年末余额：0	

适用于季节性生产的车间，因为它不受淡季和旺季产量相差悬殊的影响，便于进行成本分析。采用这种分配方法，不论各月实际发生的制造费用是多少，每月各种产品成本中的制造费用都按年度计划确定的计划分配率分配。应及时调整计划分配率。采用这种分配方法时，要求计划工作水平较高，否则会影响产品成本计算的正确性。

3.4　废品损失和停工损失的核算

3.4.1　废品损失的核算

1. 废品与废品损失的概念

(1) 废品的概念。

废品是指不符合规定的技术标准，不能按照原定用途使用，或者需要加工修理才能使用的在产品、半成品或产成品。不论是在生产过程中发现的废品，还是在入库后发现的废品，都应包括在内。

废品分为可修复废品和不可修复废品两种。可修复废品，是指经过修理可以使用，而且所花费的修复费用在经济上合算的废品；不可修复废品，则指不能修复，或者所花费的修复费用在经济上不合算的废品。

(2) 废品损失的概念。

废品损失包括在生产过程中发现的和入库后发现的不可修复废品的生产成本，以及可修复废品的修复费用，扣除回收的废品残料价值和应由过失单位或个人赔款以后的损失。

需要指出：经过质量检验部门鉴定不需要返修、可以降价出售的不合格品，不应作为废品损失处理；产成品入库后，由于保管不善等原因而损坏变质的损失，也不作为废品损失处理；实行包退、包修、包换“三包”的企业，在产品出售后发现的废品所发生的一切损失，不包括在废品损失内。

质量检验部门发现废品时，应该填制废品通知单，列明废品的种类、数量、生产废品的原因和过失人等。成本会计人员应该会同检验人员对废品通知单所列废品生产的原因和过失人等项目加强审核。只有经过审核的废品通知单，才能作为废品损失核算的根据。

废品净损失的计算公式为

废品净损失＝可修复废品的修复费用＋不可修复废品的生产成本－收到过失人或单位的赔款－残料价值

2. 废品损失的核算方法

(1) 核算科目的设置。

为了单独核算废品损失，在会计科目中应增设“废品损失”科目；在成本项目中应增设“废品损失”科目。“废品损失”科目是为了归集和分配废品损失而设立的。该科目应按车间设立明细账，账内按产品品种分设专户，并按成本项目分设专栏或专行，进行明细核算。具体分为以下几种情况。

① 不可修复废品的生产成本，应根据不可修复废品计算表进行如下账务处理。

借：废品损失

　　贷：基本生产成本

② 可修复废品的修复费用，应根据各种费用分配表进行如下账务处理。

借：废品损失

　　贷：原材料

　　　　应付职工薪酬

　　　　制造费用

③ 废品残料的回收价值和应收的赔款，应从“废品损失”科目的贷方转出。

借：原材料(或其他应收款)

　　贷：废品损失

④“废品损失”科目上述借方发生额大于贷方发生额的差额，就是废品损失，分配转由本月同种产品的成本负担。

借：基本生产成本

　　贷：废品损失

通过上述归集和分配，“废品损失”科目月末没有余额。

(2) 不可修复废品损失的核算。

进行不可修复废品损失的核算，先应计算截至报废时已经发生的废品生产成本；然后扣除残值和应收赔款，算出废品损失。不可修复废品的生产成本，可按废品所耗实际费用计算，也可按废品所耗定额费用计算。

① 按废品所耗实际费用计算。

在采用按废品所耗实际费用计算的方法时，由于废品报废以前发生的各项费用是与合格产品一起计算的，所以要将废品报废以前与合格品计算在一起的各项费用，采用适当的分配方法，在合格品与废品之间进行分配，计算出废品的实际成本，从“基本生产成本”科目的贷方转入“废品损失”科目的借方。

【例 3-13】 某企业月末发现有不可修复废品 20 件，本月全部投产量为 350 件。原材料费用总额 77 000 元，原材料在生产开始时一次投入；本月全部生产工时 18 000 小时，其中废品耗用 120 小时，全部人工费用 27 000 元，全部制造费用 54 000 元，按照生产工时分配人工费和制造费用。废品报废时收回残料 460 元，应收责任人赔款 180 元，尚未收到。计算不可修复废品成本及相关会计分录如下。

A．计算不可修复废品的生产成本。

原材料费用＝77 000÷350×20＝4 400(元)

人工费用＝27 000÷18 000×120＝180(元)

制造费用＝54 000÷18 000×120＝360(元)

废品成本合计＝4 400＋180＋360＝4 940(元)

B．废品净损失＝4 940－460－180＝4 300(元)

C．相关会计分录。

a．结转废品成本

借：废品损失　　4 940

　　贷：基本生产成本　　4 940

b．收回残值

借：原材料　　460

　　贷：废品损失　　460

c．索赔款

借：其他应收款　　180

　　贷：废品损失　　180

d．结转废品净损失

借：基本生产成本　　4 300

　　贷：废品损失　　4 300

② 按废品所耗定额费用计算的方法。

在按废品所耗定额费用计算不可修复废品的成本时，废品的生产成本则按废品的数量和各项费用定额计算。

按废品的定额费用计算废品的定额成本，由于费用定额事先规定，不仅计算工作比较简便，而且还可以使计入产品成本的废品损失数额不受废品实际费用水平高低的影响。也就是说，废品损失大小只受废品数量差异(差量)的影响，不受废品成本差异(价差)的影响，从而有利于废品损失和产品成本的分析和考核。但是，采用这一方法计算废品生产成本，必须具备准确的消耗定额和费用定额资料。

【例 3-14】 不可修复废品 30 件，按定额成本计价：每件原材料费用定额 50 元，废品的定额工时共为 120 小时，每小时的工资及福利费 3 元，每小时制造费用 4 元。不可修复废品的残料作为辅助材料入库，共计 200 元，应由过失人赔款 300 元。计算可修复废品的净损失，并作出相应的会计分录如下。

不可修复废品的净损失＝30×50＋120×3＋120×4－200－300＝1 840(元)

借：废品损失　　2 340
　　贷：基本生产成本　　2 340
借：原材料　　200
　　其他应收款　　300
　　贷：废品损失　　500
借：基本生产成本　　1 840
　　贷：废品损失　　1 840

(3) 可修复废品损失的核算。

可修复废品返修发生的各种费用，应根据各种费用分配表，记入“废品损失”科目的借方。其回收的残料价值和应收的赔款，应从“废品损失”科目的贷方，转入“原材料”和“其他应收款”科目的借方。废品修复费用减去残料和赔款后的废品净损失，也应从“废品损失”科目的贷方转入“基本生产成本”科目的借方，在所属有关的产品成本明细账中，记入“废品损失”成本科目。

在不单独核算废品损失的企业中，不设立“废品损失”科目和成本项目，只在回收废品残料时，借记“原材料”科目，贷记“基本生产成本”科目，并从所属有关产品成本明细账的“原材料”成本项目中扣除残值价值。“基本生产成本”科目和所属有关产品成本明细账归集的完工产品总成本，除以扣除废品数量以后的合格品数量，就是合格品的单位成本。

【例 3-15】 某工业企业甲种产品可修复废品的修复费用为：原材料 2 000 元，工资及福利费 860 元，制造费用 1 640 元。计算可修复废品的净损失，并作出相应的会计分录如下。

可修复废品的净损失＝2 000＋860＋1 640＝4 500(元)

借：废品损失　　4 500
　　贷：原材料　　2 000
　　　　应付职工薪酬　　860
　　　　制造费用　　1 640
借：基本生产成本　　4 500
　　贷：废品损失　　4 500

3.4.2 停工损失的核算

1. 停工损失的概念

停工损失是指生产车间或车间内某个班组在停工期间发生的各项费用，包括停工期间发生的原材料费用、工资及福利费和制造费用等。应由过失单位或保险公司负担的赔款，应从停工损失中扣除。为了简化核算工作，停工不满一个工作日的，一般不计算停工损失。

2. 停工损失的核算方法

为了单独核算停工损失，在会计科目中应增设“停工损失”科目；在成本项目中应增设“停工损失”科目。

“停工损失”科目是为了归集和分配停工损失而设立的。该科目应按车间设立明细账，账内按成本项目分设专栏或专行，进行明细核算。

停工期间发生和应该计入停工损失的各种费用，都应在该科目的借方归集，借记“停工损失”科目，贷记“原材料”“应付职工薪酬”和“制造费用”等科目。

归集在“停工损失”科目借方的停工损失，其中应取得赔偿的损失和应计入营业外支出的损失，应从该科目的贷方分别转入“其他应收款”“营业外支出”科目的借方；应计入产品成本的损失，则应从该科目的贷方分别转入“基本生产成本”科目的借方。应计入产品成本的停工损失，如果停工的车间只生产一种产品，应直接记入该种产品成本明细账的“停工损失”成本项目；如果停工的车间生产多种产品，则应采用适当的分配方法(如采用类似于分配制造费用的方法)，分配记入该车间各种产品成本明细账的“停工损失”成本项目。

本章小结

本章按照成本核算的一般程序，详细、系统地讲述各项要素费用、辅助生产费用、制造费用、废品损失和停工损失等的分配、归集的程序和方法。实际上讲述的是各种类型企业都适用的成本核算的基本原理，因而非常重要。

思考与练习

1. 复习思考题

(1) 生产费用按经济内容划分可分为几类？这种分类有什么作用？

(2) 生产费用要素分配的一般原则是什么？

(3) 材料费用归集和分配的主要任务是什么？

(4) 采用定额消耗量比例分配法分配材料费用时应如何计算？这种方法适用于什么条件？

2. 单项选择题

(1) 企业为生产产品发生的原料及主要材料的耗费，应通过(　　)账户核算。

A．基本生产成本　　B．辅助生产成本
C．管理费用　　D．制造费用

(2) 月末编制材料费用分配表时，对于退料凭证的数额，可采取(　　)。

A．冲减有关成本费用　　B．在下月领料数中扣除
C．从当月领料数中扣除　　D．不需考虑

(3) 用来核算企业为生产产品和提供劳务而发生的各项间接费用的账户是(　　)。

A．基本生产成本　　B．制造费用

C．管理费用　　D．财务费用

(4) “基本生产成本”月末借方余额表示(　　)。

A．本期发生的生产费用　　B．完工产品成本

C．月末在产品成本　　D．累计发生的生产费用

(5) 下列各项中，属于直接生产费用的是(　　)。

A．生产车间厂房的折旧费

B．产品生产专用设备的折旧费

C．企业行政管理部门固定资产的折旧费

D．生产车间的办公费用

(6) 基本生产车间本期应负担照明电费 1500 元，应记入(　　)账户。

A．“基本生产成本”(燃料动力)　　B．“制造费用”(水电费)

C．“辅助生产成本”(水电费)　　D．“管理费用”(水电费)

(7) 核算每个职工的应得计件工资，主要依据(　　)的记录。

A．工资卡片　　B．考勤记录

C．产量工时记录　　D．工资单

(8) 某职工 10 月份病假 3 日，事假 2 日，出勤 17 日，星期双休 9 日。若日工资率按 30 天计算，按出勤日数计算月工资，则该职工应得出勤工资按(　　)天计算。

A．17　　B．20

C．23　　D．26

(9) 福利部门人员的工资费用和按福利部门人员工资计提的福利费应分别记入(　　)账户的借方和贷方。

A．“管理费用”和“应付福利费”　　B．“应付福利费”和“管理费用”

C．均计入“管理费用”　　D．均计入“应付福利费”

(10) 预付生产车间下季度财产保险费，应先记入(　　)账户。

A．“制造费用”　　B．“管理费用”

C．“预提费用”　　D．“待摊费用”

3. 多项选择题

(1) 应记入产品成本的各种材料费用，按其用途进行分配，应记入的账户有 (　　)。

A．“管理费用”　　B．“基本生产成本”

C．“制造费用”　　D．“财务费用”

(2) 要素费用中的税金包括(　　)。

A．房产税　　B．增值税

C．印花税　　D．所得税

(3) 下列支出在发生时直接确认为当期费用的是(　　)。

A．行政人员工资　　B．支付的本期广告费

C．预借差旅费　　D．固定资产折旧费

(4) “财务费用”账户核算的内容包括( )。

A．财会人员工资　　B．利息支出

C．汇兑损益　　D．财务人员业务培训费

(5) 计提固定资产折旧，应借记的账户可能是( )。

A．“基本生产成本”　　B．“辅助生产成本”

C．“制造费用”　　D．“固定资产”

(6) 用于几种产品生产的共同耗用材料费用的分配，常用的分配标准有( )。

A．工时定额　　B．生产工人工资

C．材料定额费用　　D．材料定额消耗量

(7) 根据有关规定，下列不属于工资总额内容的是( )。

A．退休工资　　B．差旅费

C．福利人员工资　　D．长病假人员工资

(8) 职工的计件工资，可能记入( )账户借方。

A．“基本生产成本”　　B．“辅助生产成本”

C．“制造费用”　　D．“管理费用”

(9) 下列固定资产中，其折旧额应作为产品成本构成内容的是( )。

A．生产车间房屋　　B．企业管理部门房屋

C．生产用设备　　D．专设销售机构用卡车

(10) 以下各账户归集的支出，最终可能应由产品成本负担的是( )。

A．辅助生产成本　　B．制造费用

C．待摊费用　　D．预提费用

4．判断题

(1) 一个要素费用按经济用途可能记入几个成本项目，一个成本项目可以归集同一经济用途的几个要素费用。 ( )

(2) 预提费用是指企业预先支出但应由本期和以后各期分别负担的费用。 ( )

(3) 基本生产车间发生的各种费用均应直接记入“基本生产成本”账户。 ( )

(4) 企业固定资产折旧费应全部计入产品成本。 ( )

(5) 不设“燃料和动力”成本项目的企业，其生产消耗的燃料可计入“直接材料”成本项目。 ( )

(6) 凡是发放给企业职工的货币，均作为工资总额的组成部分。 ( )

(7) 计件工资只能按职工完成的合格品数量乘以计件单价计算发放。 ( )

(8) 职工福利费应按实发工资的14%计算提取。 ( )

5. 实务操作题

(1) 目的：练习按定额消耗量比例法分配原材料费用及编制原材料费用分配表。

资料：某企业原材料按实际成本计价，10月份发出材料汇总如下：

甲产品直接领用材料　　10 000 元

乙产品直接领用材料　　6 000 元

甲、乙共同耗用材料	24 000 元
供水车间领用生产用材料	600 元
供电车间领用生产用材料	800 元
基本生产车间一般耗用材料	200 元
企业管理部门领用材料	400 元
合　计	42 000 元

甲、乙两种产品该月分别投产 1 000 件、2 500 件，共同耗用的材料甲产品的单件定额消耗量为 1 千克，乙产品的单件定额消耗量为 2 千克，原材料采用定额耗用量比例分配方法进行分配。

要求：(1) 根据以上资料，编制“原材料费用分配表”

(2) 根据原材料费用分配表做出相应的会计分录。

(3) 目的：练习外购动力费用的分配

资料：某企业 2008 年 8 月耗用外购电力 40 000 度，应付电费 6 000 元，款项尚未支付。各部门耗电情况如下：基本生产车间生产甲、乙两种产品耗电 30 000 度，基本生产车间照明用电 1 000 度，机修车间耗电 5 000 度，行政管理部门耗电 4 000 度。甲、乙两种产品的生产工时分别为 4 000 工时和 6 000 工时，该厂按照生产工时比例分配外购动力费用，该厂动力费用在“制造费用”项目核算。

要求：根据上述材料编制外购动力费用分配表，并编制会计分录。

(4) 目的：练习工资费用的分配

资料：某企业一车间生产甲、乙两种产品，甲、乙两种产品生产工人工资采用计时工资。甲产品本月投产 2 000 件产品，乙产品本月投产 4 000 件，甲产品单位工时定额为 3 小时，乙产品单位工时定额为 4 小时，生产甲乙产品本月共发生工人工资总额 660 000 元，另外支付基本生产车间管理人员工资 10 000 元，行政管理人员工资 20 000 元，机修车间人员工资 12 000 元，采用定额工时比例法分配工资费用。

要求：编制“工资费用分配表”，并编制会计分录。

(5) 目的：练习其他职工薪酬的分配

资料：根据实训 3 的资料，按照 10%、12%、2%和 10.5%计提医疗保险费、养老保险费、失业保险费和住房公积金。按照工资总额的 10%提取职工福利费，并按 2%、1.5%的比例计提工会经费和职工教育经费。

要求：编制“工资费用分配表”，并编制会计分录。

(6) 目的：练习辅助生产费用的分配

资料：企业有机修和锅炉两个辅助生产车间，它们向全厂提供机修和供水服务，相互之间也提供劳务。本月机修车间发生辅助生产费用 30 000 元，锅炉车间发生辅助生产费用 2 700 元，两个辅助生产车间提供劳务与供应量如下：

受 益 单 位	机修车间/工时	锅炉车间/吨
机修车间		500
锅炉车间	1 000	
甲产品	2 000	500

续表

受益单位	机修车间/工时	锅炉车间/吨
机修车间		500
车间一般消耗	800	300
行政部门	200	100
合　计	4 000	1 400

要求：采用直接分配法、交互分配法分配辅助生产费用，编制会计分录。

(7) 目的：练习计划成本法分配辅助生产费用。

资料：利用实训题 5 的资料，假设机修车间的计划单位成本 8 元/小时，锅炉车间计划单位成本为 3.5 元。

要求：采用计划成本法分配辅助生产费用，编制辅助费用分配表，编制会计分录。

(8) 目的：练习制造费用的归集和分配。

资料：某企业生产甲、乙、丙三种产品，本月为生产三种产品发生下列间接费用：车间管理人员工资 60 000 元，车间一般性消耗材料费 5 000 元，固定资产折旧费 6 000 元，办公费、水电费等共 1 500 元，辅助生产车间转入 2 500 元，甲产品的生产工时为 4 000 小时，乙产品的生产工时为 2 000 小时，丙产品的生产工时为 1 500 小时。

要求：采用生产工时比例分配法分配制造费用，并编制会计分录。

(9) 目的：练习可修复废品损失的核算

资料：企业生产甲产品，本月发生可修复废品 10 件，修复过程中，共发生人员工资 600 元，领用修复材料 400 元，收回残料价值 100 元。

要求：编制废品损失的会计分录。

(10) 目的：练习按废品所耗实际费用进行不可修复废品损失的核算。

资料：企业基本生产车间生产丙产品本月投产 2 000 件，生产过程中发现 5 件是不可修复废品。本月丙产品共发生生产费用 53 900 元，其中：直接材料费用 39900 元，直接人工 10 000 元，制造费用 4 000 元。原材料系生产开始时一次投入。合格品 1 950 工时，废品 50 工时，废品残值 30 元入库。

要求：按废品所耗实际费用计算废品损失，编制“废品损失计算表”，并编制会计分录。

(11) 目的：练习按废品所耗定额费用进行不可修复废品损失的核算。

资料：企业采用按废品所耗定额费用计算废品损失，本月生产过程中发现不可修复废品 15 件，丙产品的原材料定额费用为 60 元/件，原材料于生产开始时一次投入，废品已完成工时 25 小时，每小时人工费用 25 元，制造费用 3 元。废品无残值。

要求：计算不可修复废品损失，并编制会计分录。

第4章

生产费用在完工产品与在产品之间的分配和归集

学习目标

通过本章教学，学生应了解在产品数量核算的重要性，理解和掌握如何根据企业具体条件选择在完工产品与月末在产品之间分配费用的方法，以及各种方法的特点、计算程序和适应范围。

学习重点与难点

学习重点	学习难点
完工产品和在产品之间分配费用的方法	约当产量比例法、定额成本法和定额比例法

企业在生产过程中发生的生产费用，经过在各种产品之间进行分配和归集以后，应计入本月各种产品成本的生产费用，都已集中反映在“基本生产成本”科目及其所属各种产品成本明细账中。为了计算产品成本，还需要加上期初在产品费用，然后将其在本期完工产品和期末在产品之间进行分配，计算出本月产成品成本。某种产品在没有在产品的情况下，计入该种产品成本的全部生产费用，就是本期完工产品的成本；如果本月没有完工产品，计入该种产品的全部生产费用就是期末在产品成本；如果既有完工产品，又有在产品，那么该种产品本月发生的生产费用加月初在产品的生产费用，需要采用适当的分配方法，在本月完工产品和期末在产品之间进行分配，分别计算出完工产品成本和月末在产品成本。

月初在产品费用、本月生产费用、本月完工产品费用和月末在产品费用四者之间的关系，可用下列公式表示：

$$\text{月初在产品费用}+\text{本月生产费用}=\text{本月完工产品费用}+\text{期末在产品费用}$$

公式前两项是已知数，等式后两项是未知数。公式前两项费用之和，在完工产品与月末在产品之间采用一定的分配方法进行分配。完工产品和月末在产品分配费用的方法一般有两类：一类是先确定月末在产品费用，然后再计算完工产品费用；另一类是将月初在产品费用加上本月生产费用，采用一定的标准进行分配，同时计算出完工产品费用和月末在产品费用。无论采取哪类分配方法，都必须正确组织在产品的数量核算，取得在产品收、发和结存的数量资料，这是正确计算完工产品成本所必需的。

4.1 在产品数量的核算

4.1.1 在产品收发结存的日常核算

在产品是指没有完成全部生产过程、不能作为商品销售的产品，包括正在车间加工中的在产品、需要继续加工的半成品、等待验收入库的产品、正在返修和等待返修的废品等。对外销售的自制半成品属于商品产品，虽已验收入库但不包括在在产品之内，不可修复废品也不包括在在产品之内。以上在产品是从广义的或者就整个企业来说的。从狭义的或者只就某一车间或某一生产步骤来说，在产品只包括本车间或本生产步骤正在加工中的那部分在产品，已完工的半成品不包括在内。

在产品数量的核算，应同时具备账面核算资料和实际盘点资料，做好在产品收发结存的日常核算工作和在产品的清查工作，既可以从账面上随时掌握在产品的动态，又可以查清在产品的实存数量，以及正确计算产品成本和加强生产资金和在产品实物管理。因此，应该根据在产品实际盘存数量计算在产品成本。但由于在产品品种多、数量大，每月都要组织实地盘点确有困难，可根据在产品业务核算资料的期末结存量来计算在产品成本。车间在产品收发结存的日常核算，通常是通过“在产品收发结存账”(即在产品台账)进行的，该账分别车间并按照产品品种和在产品的名称(零部件名称)设置，提供车间各种在产品收发结存动态的业务核算资料。它是根据领料凭证、在产品内部转移凭证、产品检验凭证和产品交库凭证，及时登记在产品收发结存账，最后由车间核算人员审核汇总。

【例 4-1】 在产品收发结存账详见表 4-1。

表 4-1　在产品收发结存账

车间名称：第一车间

零部件名称：5201　　　　单位：件

日期	摘要	收入		转出			结存	
		凭证号	数量	凭证号	合格品	废品	完工	未完工
6-4	结存						3	2
6-15			7		10			2
合计			226		220	4	1	1

4.1.2　在产品清查的核算

在产品的管理与固定资产及其他存货一样，应该定期或不定期地进行清查，达到在产品账实相符，保护在产品的安全完整。清查结果，根据实际盘点数和账面资料编制在产品盘存表，列明在产品的账面数、实有数、盘盈盘亏数，以及盘亏的原因和处理意见等，对于报废和毁损的在产品还要登记残值。成本核算人员应对在产品盘存表进行认真审核，并报有关部门审批，同时对在产品盘盈、盘亏进行账务处理。

在产品发生盘盈时，按计划成本或定额成本记入“基本生产成本”科目的借方，“待处理财产损溢”科目的贷方；按照规定核销时，则记入“待处理财产损溢”科目的借方，“制造费用”科目的贷方，冲减制造费用。

在产品发生盘亏和毁损时，记入“待处理财产损溢”科目的借方，“基本生产成本”科目的贷方，冲减在产品的账面价值。毁损在产品的残值，记入“原材料”“银行存款”等科目的借方，“待处理财产损溢”科目的贷方，冲减其损失。按规定核销时，应根据不同情况分别将损失从“待处理财产损溢”科目的贷方转有关科目的借方，其中准予计入产品成本的损失，转入“制造费用”科目的借方；由于自然灾害造成的非常损失并收到保险公司的保险赔款部分，记入“银行款”科目或“其他应收款”科目的借方，其余损失记入“营业外支出”科目的借方；应由过失单位或过失人员赔偿的记入“其他应收款”科目的借方，要求赔偿。为了正确归集和分配制造费用，在产品盘盈盘亏的账务处理，应该在制造费用结账之前进行，以便正确、及时地归集和分配制造费用。

【例 4-2】 某制造业基本生产车间在产品清查结果：甲产品的在产品盘盈 10 件，单位定额成本 20 元；乙产品的在产品盘亏 8 件，单位定额成本 30 元；过失人赔款 20 元；丙产品的在产品毁损 250 件，单位定额成本 28 元，残料入库作价 150 元。属于自然灾害损失 2 000 元，应由保险公司赔偿 3 000 元，其余损失计入产品成本。以上清查结果都已经批准转账。

(1) 在产品盘盈的核算。

① 盘盈时。

借：基本生产成本——甲产品(10×20)　　200

　　贷：待处理财产损溢　　200

② 批准后转账。

借：待处理财产损溢	200	
贷：制造费用		200

(2) 在产品盘亏的核算。

① 盘亏时。

借：待处理财产损溢(30×8)	240	
贷：基本生产成本——乙产品		240

② 批准后转账。

借：其他应收款	20	
制造费用	220	
贷：待处理财产损溢		240

(3) 在产品毁损的核算。

① 毁损转账。

借：待处理财产损溢(250×28)	7 000	
贷：基本生产成本——丙产品		7 000

② 残料入库。

借：原材料	150	
贷：待处理财产损溢		150

③ 批准后转账。

借：其他应收款(或银行存款)	3 000	
营业外支出	2 000	
制造费用	1 850	
贷：待处理财产损溢		6 850

4.2 完工产品和在产品之间分配费用的方法

企业在选择完工产品和在产品之间分配费用的方法时，应考虑下列条件：

(1) 月末在产品数量的多少。

(2) 各月在产品数量变化的大小。

(3) 各项费用在成本中比重的大小。

(4) 定额管理基础(定额是否准确、稳定)的好坏。

4.2.1 在产品成本忽略法

在产品成本忽略法，是指虽然月末有结存在产品，但月末在产品数量很少，价值很低，并且各月份在产品数量比较稳定，从而可对月末在产品成本忽略不计的一种分配方法。为简化产品成本计算工作，根据重要性原则，可以不计算月末在产品成本，本月生产费用全部视为完工产品成本，将本月各产品发生的生产耗费全部由完工产品负担。

这种方法一般适用于各月末在产品数量很小，价值较低，算不算在产品成本对于完工产品的成本的影响不大的产品成本的计算。

4.2.2　在产品按年初数固定计算法

按年初数固定计算在产品成本法，是对各月在产品按年初在产品成本计价的一种方法。采用这种分配方法，各月末在产品的成本固定不变。每月发生的生产费用之和仍然是每月该种完工产品的成本。但在年末，应该根据实际盘点的在产品数量，具体计算在产品成本，据以计算 12 月份产品成本，并将算出的年末在产品成本作为下一年度各月固定的在产品成本。

这种方法适用于各月月末在产品结存数量较少，或者虽然在产品结存数量较多，但各月月末在产品数量稳定、起伏不大的产品。

4.2.3　在产品按所耗原材料费用计价法

月末在产品成本按所耗原材料费用计算法，是指月末在产品只计算其耗用的原材料费用，直接人工、制造费用等则全部计入完工产品成本。

这种方法适用于各月末在产品数量较大，各月在产品数量变化也较大，但原材料费用在成本中所占比重较大的产品。采用这种分配方法时，月末在产品只计算其所耗用的原材料费用，不计算工资及福利费等加工费用，即产品的加工费用全部由完工产品成本负担。产品的全部生产费用减去按所耗原材料费用计算的在产品成本，就是该种完工产品的成本。

4.2.4　在产品按完工产品成本计算法

月末在产品成本按完工产品成本计算法，是将在产品视同完工产品，根据完工产品和在产品的实际数量比例分配各项生产费用，从而确定月末完工产品成本和在产品成本的方法。

这种方法适用于月末在产品已接近完工或已完工，但尚未入库的产品。其特点是，在产品视同完工产品，按二者的数量比例分配各项生产费用。

4.2.5　约当产量比例法

所谓约当产量比例法，就是指将月末实际盘存的在产品数量，按照在产品的完工程度或投料程度折算为相当于完工产品的产量，即约当产量。

这种方法适用于月末在产品数量较大，各月末在产品数量变化也较大，产品成本中原材料费用和直接人工等费用比重相差不多的产品。

约当产量比例法计算公式如下：

(1) 月末在产品约当产量＝月末在产品结存产量×在产品完工度(投料度)

(2) 某项费用分配率$=\dfrac{\text{该项费用总额}}{\text{完工产品产量}+\text{在产品约当量}}$

(3) 完工产品总成本＝完工产品产量×费用分配率

(4) 月末在产品成本＝月末在产品约当产量×费用分配率

或　月末在产品成本＝费用总额－完工产品费用

【例 4-3】某企业生产乙产品，本月完工 750 件，月末在产品 150 件，在产品完工程度 60%；月初在产品和本月原材料费用共计 45 000 元，工资及福利费等加工费为 21 000 元。原材料是在生产开始时一次投入，原材料费用按照完工产品和月末在产品数量比例分配，工资及福利费等加工费用按照完工产品数量和月末在产品约当产量的比例分配。分配计算如下：

(1) 计算月末在产品约当产量。

月末在产品约当产量＝150×60%＝90(件)

(2) 原材料费用分配。

$$原材料费用分配率=\frac{45\,000}{450+150}=75$$

完工产品原材料费用＝750×50＝37 500(元)

在产品原材料费用＝150×50＝7 500(元)

(3) 工资及福利费等加工费用分配。

$$工资及福利费用分配率=\frac{21\,000}{750+90}=25$$

完工产品工资及福利费＝750×25＝18 750(元)

在产品工资及福利费＝90×25＝2 250(元)

(4) 计算完工产品和在产品成本。

完工产品成本＝37 500＋18 750＝56 250(元)

在产品成本＝7 500＋2 250＝9 750(元)

采用约当产量比例法，必须正确计算在产品的约当产量，而在产品约当产量正确与否，主要取决于在产品完工程度(即完工率)的测定是否正确，这对于费用分配的正确性影响很大。

在产品完工程度的方法一般有以下两种：

(1) 平均计算。即一律按作为各工序在产品的完工程度。这是在各工序在产品数量和单位产品在各工序的加工量都相差不多的情况下，后面各工序在产品多加工的程度可以抵补前面各工序少加工的程度。这样，全部在产品完工程度均可按平均计算。

(2) 各工序分别测定完工率。为了提高成本计算的正确性，加速成本的计算工作，可以按照各工序的累计工时定额占完工产品工时定额的比率计算，事前确定各工序在产品的完工率。其计算公式如下：

$$\begin{matrix}各工序在产品\\完工率\end{matrix}=\frac{\begin{matrix}前面各工序\\工时定额之和\end{matrix}+\begin{matrix}本工序\\工时定额\end{matrix}\times 50\%}{产品工时定额}$$

上式中，本工序(即在产品所在工序)工时定额乘以 50%，是因为该工序中各件在产品的完工程度不同，为了简化完工率的测算工作，在本工序一律按平均完工率计算。在产品从上一道工序转入下一道工序时，因上一道工序已经完工，所以前面各道工序的工时定额应按 100%计算。

【例 4-4】 某企业甲产品单位工时定额 40 小时，经过三道工序制成。第一道工序工时定额为 8 小时，第二道工序工时定额为 16 小时，第三道工序 16 工时。各道工序内各件在产品加工程度均按 50%计算。各工序完工度计算如下：

$$第一道工序：\frac{8\times 50\%}{40}\times 100\%=10\%$$

第二道工序：$\frac{8+16\times50\%}{40}\times100\%=40\%$

第三道工序：$\frac{8+16+16\times50\%}{40}\times100\%=80\%$

根据各工序的月末在产品数量和各工序完工率，计算出月末各工序在产品的约当产量及其总数，据以分配费用。

在产品的投料程度的计算如下：

(1) 单工序生产。

① 材料在生产开始时一次投入。一次投料就是在产品生产开工时一次投入产品生产所需的全部直接材料，月末在产品投料程度为 100%。即一件在产品消耗的材料费用和一件完工产品消耗的材料费用相同。在产品的约当产量即在产品的数量。

② 材料陆续投入。在产品的投料程度简化为 50%。

注意：50%的理解！

(2) 多工序生产。

① 材料在每道工序生产开始时一次投入。

$$\text{某工序直接材料投料程度}=\frac{\begin{matrix}\text{各工序直接材料}\\\text{消耗定额之和}\end{matrix}+\begin{matrix}\text{本工序直接材料}\\\text{消耗定额}\end{matrix}}{\text{单位完工产品直接材料消耗定额}}\times100\%$$

② 材料是分工序随生产进度陆续投入。按各工序累计直接材料消耗定额占完工产品直接材料消耗定额的比率计算其投料程度，在产品所在工序的投料程度为 50%。

$$\text{某工序直接材料投料程度}=\frac{\begin{matrix}\text{前面工序直接材料}\\\text{消耗定额之和}\end{matrix}+\begin{matrix}\text{本工序直接材料}\\\text{消耗定额}\end{matrix}\times50\%}{\text{单位完工产品直接材料消耗定额}}\times100\%$$

【例 4-5】 某企业生产甲产品，材料在生产开始时一次投入：

(1) 产量记录：

月初在产品	本月投入	本月完工	月末在产品
10	110	100	20

(2) 完工产品和月末在产品的工时定额：每件完工产品的工时为 4 小时，月末在产品的平均完工工时为 2 小时。

(3) 生产费用资料：

	直接材料	直接人工	制造费用
月初在产品成本	100	40	30
本月生产费用	1100	840	630

要求：用约当产量法计算完工甲产品的成本。

解：

投料度＝100%

在产品约当产量＝20×100%＝20(件)

完工度＝2÷4×100%＝50%

在产品约当产量＝20×50%＝10(件)

直接材料＝(100＋1100)÷(100＋20)＝10(元)

直接人工＝(40＋840)÷(100＋10)＝8(元)
制造费用＝(30＋630)÷(100＋10)＝6(元)
完工产品成本＝100×(10＋8＋6)＝2 400(元)

4.2.6 在产品按定额成本计价法

(1) 月末在产品成本按其数量和单位定额成本计算。

完工产品成本＝月初在产品费用＋本月生产费用－月末在产品定额成本

(2) 每月实际生产费用脱离定额的差异，全部由完工产品负担。

这种方法适用于定额管理基础较好，各项消耗定额或费用定额比较准确、稳定，而且各月在产品数量变动不大的产品。

在产品定额成本的计算公式如下：

在产品直接材料定额成本＝在产品数量×材料消耗定额×材料计划单价

在产品直接人工定额成本＝在产品数量×工时定额×计划小时工资率

在产品制造费用定额成本＝在产品数量×工时定额×计划小时费用率

4.2.7 定额比例法

定额比例法是指按照完工产品和月末在产品的定额消耗量或定额费用的比例分配计算完工产品成本和月末在产品成本的方法。

注意：每月实际生产费用脱离定额的差异，由完工产品和月末在产品共同负担。

这种分配方法适用于定额管理基础较好，各项消耗定额或费用定额比较准确、稳定，各月末在产品数量变动较大的产品。

相关计算公式如下所列。

公式一：

$$\text{消耗量分配率}=\frac{\text{月初在产品实际消耗量}+\text{本月实际消耗量}}{\text{完工产品定额消耗量}+\text{月末在产品定额消耗量}}$$

完工产品实际消耗量＝完工产品定额消耗量×消耗量分配率

完工产品成本＝完工产品实际消耗量×原材料单价(或工时工资、费用)

月末在产品实际消耗量＝完工产品定额消耗量×消耗量分配率

月末在产品成本＝月末在产品实际消耗量×原材料单价(或工时工资、费用)

公式二：

$$\text{直接材料费用分配率}=\frac{\text{月初在产品直接材料费用}+\text{本月实际发生直接材料费用}}{\text{完工产品定额材料费(消耗量)}+\text{月末在产品定额材料费(消耗量)}}$$

完工产品实际直接材料＝完工产品定额直接材料费用×直接材料费用分配率

月末在产品实际直接材料＝月末在产品定额直接材料费用×直接材料费用分配率

$$\text{直接人工费用分配率}=\frac{\text{月初在产品直接人工费用}+\text{本月实际发生直接人工费用}}{\text{完工产品定额工时}+\text{月末在产品定额工时}}$$

完工产品实际直接人工＝完工产品定额工时×直接人工分配率

月末在产品实际直接人工＝月末在产品定额工时×直接人工分配率

$$制造费用分配率=\frac{月初在产品制造费用+本月实际发生制造费用}{完工产品定额工时+月末在产品定额工时}$$

$$完工产品实际制造费用=完工产品定额工时\times制造费用分配率$$

$$月末在产品实际制造费用=月末在产品定额工时\times制造费用分配率$$

【例 4-6】 某企业生产丙产品，经过两道工序连续加工制成，本月完工 752 件，原材料在生产开始时一次投入。单件产品原材料费用定额为 93 元，工时定额 10 小时。每工时直接人工费用定额 4.9 元，制造费用定额 1.7 元。各工序月末在产品平均加工程度为 50%。丙产品月初及本月生产费用合计为 150 333.60 元，其中直接材料 95 343.60 元，直接人工 42 300 元，制造费用 12 690 元。各工序工时定额及在产品数量见表 4-2。

表 4-2　各工序工时定额及在产品数量表

工　　序	在产品数量/件	工时定额/小时
1	100	6
2	80	4
合　　计	180	10

要求：分别采用在产品按定额成本计价法及定额比例法分配计算完工产品成本和月末在产品成本，分析二者计算结果为何不同。

解：

月末在产品定额成本计算见表 4-3。

表 4-3　月末在产品定额成本计算表

工　　序	在产品数量/件	原材料费用/元	定额工时/小时	直接人工/元	制造费用/元	定额成本/元
1	100	9 300	100×6×50%	1 470	510	11 280
2	80	7 440	80(6+4×50%)	3 136	1 088	11 664
合计	180	16 740	940	4 606	1 598	22 944

产品成本计算(定额成本法)见表 4-4。

表 4-4　产品成本计算表(定额成本法)　　单位：元

摘　　要	直 接 材 料	直 接 人 工	制 造 费 用	合　　计
本月生产费用合计	95 343.6	42 300	12 690	150 333.6
月末在产品定额成本	16 740	4 606	1 598	22 944
本月完工产品成本	78 603.6	37 691	11 092	127 389.6

产品成本计算(定额比例法)见表 4-5。

表 4-5　产品成本计算(定额比例法)表　　单位：元

摘　　要	直 接 材 料	直 接 人 工	制 造 费 用	合　　计
本月生产费用合计	95 343.6	42 300	12 690	150 333.6

续表

摘　　要		直接材料	直接人工	制造费用	合　　计
定额材料费、定额工时	完工产品	69 936	7 520	7 520	
	月末在产品	16 740	940	940	
	合计	86 676	8 460	8 460	
费用分配率		1.1	5	1.5	
费用分配	完工产品成本	76 929.6	37 600	11 280	125 809.6
	月末在产品成本	18 414	4 700	1 410	24 524

注：在产品定额材料费＝180×93＝16 740(元)

在产品定额工时＝100×6×50%＋80×(6＋4×50%)＝940(小时)

本章小结

在产品是企业已经投入生产，但尚未最后完工，不能作为商品销售的产品。在产品有广义和狭义之分。广义在产品是指产品从生产投料开始到最终制成产成品交付验收入库前的一切产品；狭义在产品是指企业的某一生产单位或某一步骤中尚未加工或装配完成的产品。

计算产品成本，必须要确定月末在产品的数量。月末在产品数量的确定可以有两种方法：①通过账面核算资料确定，即通过“在产品收发存明细账”上反映的期末结存数确定；②在月末，通过对在产品进行实地盘点确定。在成本会计实务中，这两种方法往往是结合运用的，以确保在产品数量的准确性。为保证在产品的安全完整，做到账实相符，企业应定期对在产品进行清查盘点。

完工产品成本计算与在产品的关系极为密切，它们之间的关系是：完工产品成本＝月初在产品成本＋本月生产费用－月末在产品成本。这就决定了产品成本在完工产品与月末在产品之间的分配与月末在产品的成本相关。产品成本在完工产品与月末在产品之间的分配方法主要有不计算在产品成本法、按年初固定数计算在产品成本法、按所耗原材料费用计算在产品成本法、在产品按完工产品计算法、约当产量法、在产品按定额成本计算法(简称定额成本法)和定额比例法。

约当产量法是将期初在产品成本与本期发生的生产费用之和，按完工产品数量和月末在产品约当产量的比例进行分配，以计算本期完工产品成本和月末在产品成本的一种方法。而约当产量是指根据月末在产品的投料和加工程度，将在产品按一定的标准折合成相当于完工产品的数量。约当产量法的一般计算公式如下：

(1) 在产品约当产量＝在产品数量×完工程度(投料程度或加工程度)

(2) $\text{某项费用分配率}=\dfrac{\text{被分配费用总额}}{\text{分配标准}}\times 100\%$

(3) 完工产品应负担该项费用＝完工产品产量×该项费用分配率

(4) 在产品应负担该项费用＝在产品约当产量×该项费用分配率

约当产量法适用于月末在产品数量较大，各月末在产品数量变化也较大，产品成本中原材料费用和人工及制造费用的比重相差不大的产品。

定额成本法是指月末在产品成本根据月末在产品数量和单位定额成本计算，然后从本月累计生产费用中扣除，以求得完工产品成本的一种方法。它适用于企业各项消耗定额或费用定额比较稳定、准确，各月末在产品数量变化比较小的产品。

定额比例法是将产品的生产成本按照完工产品和月末在产品的定额消耗量或定额费用的比例，分配计算完工产品成本和月末在产品成本的方法。它适用于各项消耗定额或费用定额比较准确、稳定，且各月末在产品数量变化比较大的产品。这种方法计算程序可归纳如下：

(1) 计算本月完工产品和月末在产品的总定额。

本月完工产品总定额＝本月完工产品数量×单位产成品定额耗用量(或定额成本)

月末在产品的总定额＝月末在产品数量×单位产成品定额耗用量(或定额成本)

(2) 计算费用分配率。

(3) 计算月末在产品成本和本月完工产品成本。

月末在产品成本＝月末在产品总定额×费用分配率

本月完工产品成本＝本月完工产品总定额×费用分配率

思考与练习

1. 名词

(1) 在产品
(2) 产成品
(3) 在产品约当产量
(4) 完工率

2. 填空

(1) 在产品盘盈时应借记(　　　　)
(2) 在产品盘亏时应借记(　　　　)
(3) 在产品约当产量的计算公式是(　　　　)
(4) 在产品完工程度的计算公式是(　　　　)
(5) 在产品是指(　　　　)
(6) 在产品约当量是指(　　　　)

3. 简答题

(1) 在产品数量核算的方法有哪些？
(2) 生产费用在完工产品和在产品成本分配的方法有哪些？
(3) 约当产量比例法
(4) 怎样确定在产品的完工程度？

4. 计算题

(1) 目的：练习不计算在产品成本法分配完工产品和在产品成本。

资料：某企业生产甲产品，每月在产品数量较少，采用不计算在产品成本法分配生产费用。本月生产费用 60 000 元，其中：原材料 40 000 元，人工费用 10 000 元，制造费用 10 000 元，本月完工产品 5 000 件，在产品 2 件。

要求：采用不计算在产品成本法，计算完工产品总成本和单位成本。

(2) 目的：练习按固定成本计算在产品成本法分配完工产品和在产品成本。

资料：某企业生产乙产品，每月末在产品的数量较大，但各月末在产品数量变化不大，在产品按年初固定成本计价。月初在产品成本年初固定数为：原材料 25 000 元，动力 3 800 元，人工费 18 000 元，制造费用 13 000 元，共计 59 800 元。本月发生生产费用：原材料 145 000 元，动力 20 000 元，人工费用 100 000 元，制造费用 75 000 元，共计 340 000 元。本月完工产品 10000 件。

要求：采用月末在产品按年初固定数计价法，计算本月份乙产品完工产品的总成本和单位成本。

(3) 目的：练习在产品约当量的计算。

资料：某企业生产甲产品经过三道工序加工，各工序工时定额及月末在产品盘存数量如下图表：

工　序	各工序工时定额/小时	在产品盘存数量/件
1	25	100
2	10	300
3	15	200
合　计	50	600

要求：计算各工序完工程度，月末在产品约当产量。

(4) 目的：练习约当产量法下直接材料的分配

资料：甲产品由两道工序制成。原材料随生产进度分工序投入，在每道工序开始时一次投料。第一工序投入原材料定额为 280 公斤，月末在产品数量 3200 件，第二工序投入原材料定额为 220 公斤，月末在产品数量 2400 件。完工产品为 8400 件，月初在产品和本月发生的实际原材料费用累计 528864 元。

要求：① 分别计算两道工序按原材料消耗程度表示的在产品完工率。

② 分别计算两道工序按原材料消耗程度表示的在产品的约当产量。

③ 按约当产量比例法分配完工产品与月末在产品的原材料费用。

(5) 目的：练习月末在产品按定额成本计价法。

资料：某企业定额管理较好，月末在产品按定额成本计价。生产 C 产品各项消耗比较稳定并制定有消耗定额。C 产品各月末在产品数量变化不大，C 产品本月发生的生产费用为：原材料费用 75000 元，工资及福利费 60200 元，制造费用 68000 元。原材料在生产开始时一次性投入。单位产品原材料定额 200 元，单位产品定额工时 40 小时，小时工资率 4 元，小时制造费用率 5 元。月末在产品 120 件，在产品完工程度 50%，完工产品 480 件。

要求：① 计算月末在产品成本，编制在产品定额成本计算表；

② 计算完工产品成本并登记 C 产品生产成本明细账。

月末在产品定额成本计算表

产品名称：　　　　　　　　　　　　　　年　　月

成本项目	在产品数量/件	原材料单位消耗定额/元	单位定额工时/小时	单位定额费用/元	在产品定额成本/元
原　材　料					

续表

成本项目	在产品数量/件	原材料单位消耗定额/元	单位定额工时/小时	单位定额费用/元	在产品定额成本/元
工资福利费					
制造费用					
合　　计					

基本生产成本明细账

产品名称：　　　　　　　　　　年　　月　　　　　　　　　　单位：元

项　　目	直接材料	直接人工	制造费用	合　计
期初在产品	20000	8000	10000	38000
本月生产费用				
生产费用累计				
月末在产品成本				
完工产品成本				
完工产品单位成本				

(6) 目的：练习定额比例法的计算

资料：某定额管理较好的企业，生产 D 产品按定额比例法分配完工产品和月末在产品费用，有关资料如下：

基本生产成本明细账

产品名称：　　　　　　　　　　年　　月

项　　目	直接材料		定额工时/小时	直接人工/元	制造费用/元	合计/元
	定额消耗量/公斤	金额/元				
月初在产品	1 800	3 520	8 000	2 400	1 300	7 220
本月发生额	28 200	57 200	17 000	21 036	14 324	92 560
合计	30 000	60 720	25 000	23 436	15 624	99 780
定额费用分配率						
完工产品成本						
月末在产品成本						

要求：计算定额费用分配率，计算完工产品和月末在产品成本。

第5章

产品成本计算方法概述

学习目标

了解工业企业生产特点。掌握生产特点和成本管理的要求对成本计算对象、成本计算期和完工产品与在产品之间费用分配的影响。理解区分成本计算的基本方法和辅助方法的标志。

学习重点与难点

学习重点	学习难点
生产特点和成本管理的要求对成本计算对象、成本计算期和完工产品与在产品之间费用分配的影响	工业企业生产特点

5.1　生产特点和成本管理的要求对成本计算的影响

产品成本是在生产过程中形成的，因此生产的特点在很大程度上影响着成本计算方法；另外，成本计算是为成本管理提供资料的，因此采用什么方法、提供哪些资料，必须考虑成本管理的要求。成本管理的要求也离不开生产特点。综上所述，企业在确定产品成本计算方法时必须从实际情况出发，同时考虑企业的生产特点和成本管理的要求。

行业特点千差万别，以下按照工业企业的一般特点做如下分类。

5.1.1　生产按工艺过程特点分类

生产的工艺过程是指从原材料投入生产直到产成品的产出所顺序经过的各个生产阶段和环节的一系列技术工程。工业企业的生产，按其工艺过程特点，可以分为单步骤生产和多步骤生产两种类型。

1. 单步骤生产

单步骤生产也称简单生产，是指生产工艺过程不能间断，不可能或不需要划分为几个生产步骤的生产，如发电、采掘等工业生产。这类生产由于技术上的不可间断(如发电)，或由于工作地点的限制(如采煤)，通常只能由一个企业整体进行，而不能由几个企业协作进行。

2. 多步骤生产

多步骤生产也称复杂生产，是指生产工艺过程由若干个可以间断的，分散在不同地点、分别在不同时间进行的生产步骤所组成的生产，如纺织、钢铁、造纸、服装等工业生产。多步骤生产按其产品的加工方式，又可以分为连续式生产和装配式生产。连续式生产是指原材料投入生产后，要依次经过若干个生产步骤的连续加工，才能成为产品的生产。装配式生产又称平行式生产，是指先将原材料分别在各个加工车间平行加工为零件、部件，然后再将零件、部件装配成产品的生产。

5.1.2　生产按组织特点分类

生产组织方式主要是指企业生产产品品种的多少，同种产品产量的大小及其生产的重复程度。工业企业的生产，按其生产组织的特点，可以分为大量生产、成批生产和单件生产三种类型。

1. 大量生产

大量生产是指不断地重复生产相同产品的生产。这种生产的企业或车间中，产品的品种较少，而且比较稳定，如采掘、纺织、面粉、化肥行业的生产。

2. 成批生产

成批生产是指按照事先规定的产品批别和数量进行的生产。在进行这种生产的企业或车间中，产品品种较多，而且具有一定的重复性，如服装、机械的生产。成批生产按照产品的批量的大小，又可以分为大批生产和小批生产。

3. 单件生产

单件生产类似于小批生产，是指根据订货单位的要求，进行个别的、特殊产品的生产，如船舶制造等。这类企业生产中，产品品种较多，而且很少重复。

5.1.3 生产特点对产品成本计算的影响

每个企业或车间在计算产品成本时，都应根据生产特点和管理要求来确定适宜的成本计算方法。

工业企业生产特点是指产品生产工艺过程的特点和生产组织的特点。

生产工艺过程是指产品从投产到完工的生产工艺技术过程。按生产工艺过程的特点，工业企业的生产可分为单步骤生产和多步骤生产两种。多步骤生产按其产品的加工方式，又可分为连续加工式生产和装配式生产。

生产组织是指保证生产过程各个环节、各个因素相互协调的生产工作方式。按生产组织的特点，工业企业生产可分为大量生产、成批生产和单件生产三种。

将生产工艺过程的特点和生产组织的特点相结合，可形成不同的生产类型。单步骤生产和多步骤连续加工式生产，一般是大量大批生产，可分别称为大量大批单步骤生产和大量大批连续式多步骤生产。多步骤平行式加工生产，可以是大量生产，也可以是成批生产，还可以是单件生产，前一种可称为大量大批平行式加工多步骤生产，后两种可统称为单件小批平行式加工多步骤生产。以上 4 种生产类型，是企业的基本生产特点。

构成产品成本计算方法的主要因素有成本计算对象、成本计算期及生产费用在完工产品与在产品之间的分配。生产特点对这 3 个方面因素都有影响。

1. 生产特点对成本计算对象的影响

(1) 以产品品种为成本计算对象。
(2) 以产品批别为成本计算对象。
(3) 以产品生产步骤为成本计算对象。

2. 生产特点对成本计算期的影响

(1) 成本计算期与会计报告期一致。
(2) 成本计算期与生产周期一致。

3. 生产特点对在产品成本计算的影响

(1) 不计算在产品成本，即生产费用不在完工产品与在产品之间分配。
(2) 计算在产品成本，生产费用在完工产品与在产品之间进行分配。

5.1.4 管理要求对产品成本计算的影响

(1) 单步骤生产或管理上不要求分步骤计算成本的多步骤生产，以品种或批别为成本计算对象，采用品种法或分批法。

(2) 管理上要求分步骤计算成本的多步骤生产，以生产步骤为成本计算对象，采用分步法。

(3) 在产品品种、规格繁多的企业，管理上要求尽快提供成本资料，简化成本计算工作，可采用分类法计算产品成本。

(4) 在定额管理基础较好的企业，为加强定额管理工作，可采用定额法。

5.2　产品成本计算的基本方法和产品成本计算的辅助方法

5.2.1　产品成本计算的基本方法

成本计算就是按照成本计算对象分配和归集生产费用并计算其总成本和单位成本的过程，它以不同的成本计算对象为主要标志，形成工业企业成本计算的各种方法。

为了适应各类型生产的特点和不同的管理要求，在产品成本计算工作中存在 3 种不同的成本计算对象，从而有 3 种不同的成本计算方法。

(1) 以产品品种为成本计算对象的产品成本计算方法，称为品种法。

(2) 以产品批别为成本计算对象的产品成本计算方法，称为分批法。

(3) 以产品生产步骤为成本计算对象的产品成本计算方法，称为分步法。

受企业生产特点和管理要求的影响，产品成本计算对象包括分品种、分批和分步骤 3 种，所以，上述以不同成本计算对象为主要标志的 3 种成本计算方法是产品成本计算的基本方法，属计算产品实际成本必不可少的方法。

5.2.2　产品成本计算的辅助方法

除上述基本方法，在产品品种、规格繁多的工业企业中，如纺织厂、灯泡厂等，为了简化成本计算工作，还应用着一种简便的成本计算方法——分类法；在定额管理基础较好的工业企业，为了加强定额管理，加强成本控制，还应用着一种将符合定额的生产费用和脱离定额差异分别核算的一种产品成本计算方法——定额法；在一些发达国家，为了加强成本控制、正确评价企业生产经营业绩，实现成本的标准化管理，还采用一种成本计算方法——标准成本法。这些方法与生产特点没有直接联系，不涉及成本计算对象，它们的应用或者是为了简化成本计算工作，或者是为了加强成本管理，只要条件具备，在哪种生产类型企业都能用。因此，从计算产品实际成本的角度来说，它们是必不可少的。基于上述情况，这些方法通常称辅助方法。产品成本计算的辅助方法必须与产品成本计算的基本方法结合起来使用，不能单独说用。

在工业企业中，不论什么类型的企业，不论采用哪种成本计算方法，最终都必须提供按产品品种算出产品成本。因此，品种法是上述基本方法中最基本的成本计算方法。

5.2.3　各种成本计算方法的实际应用

(1) 几种产品成本计算方法的同时应用。一个企业的各个生产车间，如果生产类型不同，可同时采用不同的成本计算方法。

(2) 几种产品成本计算方法的结合应用。在实际工作中。即使是一种产品，它的各个生产步骤、各种半成品和各个成本项目之间，其生产特点和管理要求也不完全相同，因而一种产品可能将几种成本计算方法结合起来使用。

思考与练习

一、名词

产品成本计算方法

二、填空

(1) 企业的生产按工艺过程 化分可分为(　　　　)(　　　　)

(2) 企业生产按生产组织的特点化分可分为(　　　　)(　　　　)。

(3) 产品成本计算的基本方法有(　　　　)(　　　　)(　　　　)

(4) 产品成本计算的辅助方法(　　　　)(　　　　)

三、简答题

(1) 企业按生产特点可分为哪些生产类型？

(2) 企业按生产类型特点可分为哪些方法？

(3) 产品成本的计算基本方法有哪些？

(4) 产品成本计算的辅助方法有哪些？

第 6 章

产品成本计算的基本方法

学习目标

通过本章的学习，学生应在了解企业的生产特点和管理要求不同的前提下选择合适的成本计算方法。成本计算方法分为基本方法和辅助方法，本章主要讲解基本方法。其基本方法包括品种法、分批法、分步法。学习时要熟练掌握每一种方法的特点、适用范围、计算程序和相应的账务处理，并与实验相结合进行学习。

学习重点与难点

学习重点	学习难点
(1) 品种法、分批法、分步法的特点和适用范围、计算程序和相应的账务处理。 (2) 简化的分批法的特点、适用范围、计算程序和相应的账务处理。 (3) 逐步结转法下的综合结转法及成本还原和平行结转法下完工产品与广义在产品之间的费用分配方法	逐步结转法下的综合结转法及成本还原和平行结转法下的完工产品与广义在产品之间的费用分配方法

第 5 章对结合企业生产特点和管理要求选择成本计算方法进行了一定的讲解，本章将对企业产品成本计算的基本方法进行讲解，在讲解过程中结合企业的生产特点和管理要求采用案例形式进行。其中，基本方法——品种法、分批法和分步法是本章的重点。

6.1 产品成本计算的品种法

6.1.1 品种法的概念

产品成本计算的品种法是按照产品品种归集生产费用来计算产品成本的一种方法。采用品种法不要求按产品的批别、生产步骤计算产品成本，只要求计算出最终各种产品的成本即可。

6.1.2 品种法的特点和适用范围

品种法主要适用于大量、大批的单步骤生产，如发电、采掘等生产。在这种类型的生产中，产品的生产工艺过程不可能或者不需要划分为几个生产步骤，因而也就不可能或者不需要按照生产步骤计算产品成本。在大量、大批的多步骤生产中，如果企业或车间的规模较小，或者产品生产从原材料投入到产成品产出的全过程都是在一个车间内进行的，即车间是封闭式的，比如辅助生产的供水、供电、供气等车间，或者生产是按流水线组织的，管理上不要求按照生产步骤计算产品成本。在这种情况下，也可以采用品种法计算产品成本，如小型水泥厂、制砖厂、织布厂等。

综上所述，对品种法的特点和使用范围可以归纳如下。

1. 品种法的特点

(1) 成本计算对象。

品种法的成本计算对象就是企业或者车间生产的产品品种。按照产品品种来设置产品成本明细账。如果只生产一种产品，计算产品成本时，只需要为这种产品开设产品成本明细账，发生的生产费用直接归集计入该产品的成本项目中；如果生产多种产品，产品成本明细账分别按照产品品种设置。发生的生产费用中，能分清是哪种产品耗用的，可以直接计入各产品成本明细账的有关成本项目中；不能分清的，则要采用适当的分配方法，在各成本计算对象(即产品品种)之间进行分配，然后分别计入各产品成本明细账的有关成本项目中。

(2) 成本计算期。

不论是大量、大批的单步骤生产，还是大量、大批的多步骤生产且管理上不要求分步骤计算产品成本的企业，其生产是连续不断地进行的，企业为了按月计算损益，因而就需按月定期计算产品成本。这与会计期间一致，与产品的生产周期不一定一致。

(3) 在产品计价。

采用品种法的企业月末处理在产品成本中分为以下两种情况：

① 大量、大批的单步骤生产，因产品的生产周期较短，月末可能没有在产品，或者有

在产品，但数量很少，可以不计算在产品成本。在这种情况下，归集和分配计入该产品成本计算单的生产费用即为该产品的总成本，用它除以产量，就是该产品的平均单位成本。

② 大量、大批的多步骤生产且管理上不要求分步骤计算产品成本的企业，月末一般都有在产品，且数量较多，就该产品成本计算单上汇集的生产费用需采用一定的方法在完工产品与月末在产品之间进行分配，以便计算出完工产品的总成本及单位成本。

2. 品种法的适用范围

(1) 品种法主要适用于大量、大批的单步骤生产。

(2) 在大量、大批的多步骤生产中，管理上不要求按照生产步骤计算产品成本。如果企业或车间的规模较小，或者车间是封闭式的(即从原材料投入到产品产出的全过程都是在一个车间内进行的)，或者生产是按流水线组织的企业，也可使用品种法。

6.1.3　品种法的成本核算程序

采用品种法计算产品成本的一般程序如下：

(1) 按产品品种开设成本计算单(在实务中就是开设生产成本明细账)，并按成本项目设置专栏。

(2) 编制各种费用要素分配汇总表。月末，审核有关凭证，并根据各项生产费用的原始凭证和其他有关资料，编制各项费用要素分配表。若为直接费用，就直接列示计入各种产品的成本计算单(在实务中就是开设的各种产品生产成本明细账)；若为间接费用，需要将间接费用按其生产地点归集，即由辅助生产费用归集后结转到基本生产车间的制造费用中，然后归集基本生产车间的制造费用，之后把基本生产车间的制造费用按一定的比例分配计入基本生产车间的各种产品成本计算单(在实务中就是开设的各种产品生产成本明细账)中。

说明：对于辅助生产车间的间接费用，企业会计在核算时可以不设置“制造费用——辅助生产车间”科目。若有辅助生产车间的间接费用发生时，一并计入“生产成本——辅助生产”科目，或者计入“辅助生产费用”科目。也可以设置“制造费用——辅助生产车间”科目，月末把该项间接费用全额结转到“辅助生产费用”科目中。

(3) 月末，汇总各成本计算单上所汇集的全部费用。扣除月末在产品(若有)，即为产成品总成本；除以产量，则为该产品的单位成本。

6.1.4　品种法应用举例

品种法是产品成本计算方法中最基本的方法，因而品种法的计算程序体现着产品成本计算的一般程序。

【例 6-1】 某企业设有一个基本生产车间，大量生产甲、乙两种产品，另外还设有一个辅助生产车间——机修车间。不单独核算废品。该厂根据生产特点和成本管理的要求，采用品种法计算产品成本，设置“直接材料”“直接工资”和“制造费用”3 个成本项目。

该企业 8 月份有关的产品产量及成本资料见表 6-1、表 6-2、表 6-3 和表 6-4。

表 6-1 月初在产品成本

单位：元

产品名称	直接材料	直接工资	制造费用	合计
甲产品	42 000	8 000	13 000	63 000
乙产品	46 000	1 600	18 000	65 600

表 6-2 产量资料

单位：件

项目	甲产品	乙产品
期初在产品	100	60
本月投产	660	280
本月完工	650	240
月末在产品	110	100

注：甲、乙两产品月末在产品完工程度均为50%。

表 6-3 工时记录

单位：小时

项目		生产工时	修理工时
基本生产车间	甲产品	2 500	
	乙产品	1 600	
	一般耗费		14 200
企业行政管理部门			10 000

表 6-4 本月生产费用资料

单位：元

费用要素 \ 用途	生产甲产品耗用	生产乙产品耗用	甲、乙产品共同耗用	基本生产一般耗用	辅助生产车间的基本生产耗用	辅助生产车间的一般耗用	合计
原材料	240 000	160 000	360 000	2 300	—	1 100	763 400
职工薪酬	—	—	94 000	7 640	22 000	3 800	127 440
折旧费	—	—	—	37 600	—	13 800	51 400
外购动力费	—	—	—	48 000	—	13 000	61 000
办公费、其他支出	—	—	—	36 000	—	4 500	40 500

材料是开工时一次投入，甲、乙两种产品共同耗用的材料按直接材料费用比例分配。基本生产车间生产工人的工资薪酬、制造费用均按生产工时比例分配。辅助生产车间所耗费的费用按修理工时比例分配。甲、乙两产品采用约当产量法计算完工产品成本和月末在产品成本。

根据上述有关资料，甲、乙两种产品的成本计算过程如下：

(1) 以甲、乙两产品为成本计算对象分别设立成本计算单。

(2) 根据审核过的领料凭证，按用途编制原材料费用分配表，见表 6-5 和表 6-6。

表 6-5　两产品共同耗用材料费用分配表

20××年 8 月　　单位：元

产品名称	分配标准	分配率	分配金额
甲产品	240 000	$\frac{360\ 000}{240\ 000+160\ 000}=0.9$	216 000
乙产品	160 000		144 000
合　计	400 000		360 000

表 6-6　材料费用分配表

20××年 8 月　　单位：元

借方 / 贷方	生产成本——基本生产成本		制造费用		合　计
	甲产品	乙产品	基本生产车间	辅助生产车间	
原材料	456 000	304 000	2 300	1 100	763 400

根据表 6-6 编制会计分录如下。

借：生产成本——基本生产成本(甲产品)　　456 000

　　生产成本——基本生产成本(乙产品)　　304 000

　　制造费用——基本生产车间　　2 300

　　制造费用——辅助生产车间(修理车间)　　1 100

　　贷：原材料　　763 400

(3) 根据本月工资薪酬结算汇总表，编制工资薪酬分配表，见表 6-7。

$$甲产品应付工资=\frac{94\ 000}{2\ 500+1\ 600}\times 2\ 500=57\ 325$$

$$乙产品应付工资=\frac{94\ 000}{2\ 500+1\ 600}\times 1\ 600=36\ 675$$

表 6-7　工资薪酬费用分配汇总表

20××年 8 月　　单位：元

借方 / 贷方	生产成本——基本生产成本			生产成本——辅助生产成本	制造费用		合　计
	甲产品	乙产品	小计		基本生产车间	辅助生产车间	
应付职工薪酬	57 325	36 675	94 000	22 000	7 640	3 800	127 440

根据表 6-7 工资薪酬分配汇总表登记总账及有关明细分类账，编制会计分录如下。

借：生产成本——基本生产成本(甲产品)　　57 325

　　生产成本——基本生产成本(乙产品)　　36 675

生产成本——辅助生产成本(修理车间)　22 000
制造费用——基本生产车间　7 640
制造费用——修理车间　3 800
贷：应付职工薪酬　127 440

(4) 分配固定资产折旧费用，见表 6-8。

表 6-8　固定资产折旧费用分配表

20××年 8 月　　　单位：元

借方 / 贷方	制造费用		合计
	基本生产车间	辅助生产车间	
累计折旧	37 600	13 800	51 400

根据表 6-8 编制会计分录如下。

借：制造费用——基本生产车间　37 600
　　制造费用——修理车间　13 800
　　贷：累计折旧　51 400

(5) 根据有关记录编制外购动力分配表，见表 6-9。

表 6-9　外购动力费用分配表

20××年 8 月　　　单位：元

借方 / 贷方	制造费用		合计
	基本生产车间	辅助生产车间	
银行存款	48 000	13 000	61 000

根据表 6-9 编制会计分录如下。

借：制造费用——基本生产车间　48 000
　　制造费用——修理车间　13 000
　　贷：银行存款　61 000

(6) 根据有关记录编制办公费及其他费用分配表，见表 6-10。

表 6-10　其他费用分配表

20××年 8 月　　　单位：元

借方 / 贷方	制造费用		合计
	基本生产车间	辅助生产车间	
银行存款	36 000	4 500	40 500

根据表 6-10 编制会计分录如下。

借：制造费用——基本生产车间　36 000
　　制造费用——修理车间　4 500
　　贷：银行存款　40 500

(7) 根据表 6-6、表 6-7、表 6-8、表 6-9 和表 6-10 登记修理车间制造费用明细账，见表 6-11 所示。

表 6-11　制造费用明细表

车间名称：修理车间　　20××年 8 月　　单位：元

20××年		摘　要	材料费	工资费	折旧费	外购动力费	办公费及其他费用	合　计
月	日							
8	30	根据材料费用分配表	1 100					1 100
		根据工资薪酬费用分配表		3 800				3 800
		根据折旧费分配表			13 800			13 800
		根据外购动力费分配表				13 000		13 000
		根据办公费及其他费用分配表					4 500	4 500
		合　计	1 100	3 800	13 800	13 000	4 500	36 200
		本月转出	[1 100]	[3 800]	[13 800]	[13 000]	[4 500]	[36 200]

注：表中方框 [1 100] 等为红字。

月末，辅助生产车间的制造费用全额结转到辅助生产车间的生产成本中。

借：生产成本——辅助生产成本　　36 200

　　贷：制造费用——辅助生产车间（修理车间）　　36 200

(8) 根据表 6-7 和表 6-11 登记修理车间的生产成本明细账，见表 6-12。

表 6-12　辅助生产成本明细账

车间名称：修理车间　　20××年 8 月　　单位：元

20××年		摘　要	直接材料	直接人工	制造费用	合　计
月	日					
8	30	根据工资薪酬费用分配表		22 000		22 000
		根据修理车间制造费用明细账			36 200	36 200
		合计		22 000	36 200	58 200
		本月转出		[22 000]	[36 200]	[58 200]

(9) 根据表 6-3 和表 6-12 编制辅助生产费用分配表，见表 6-13。

表 6-13　辅助生产费用分配表

车间名称：修理车间　　20××年 8 月　　单位：元

借　方 贷　方	制造费用——基本生产车间	管理费用	合　计
生产成本——辅助生产成本(修理车间)	14 200×2.405＝34 151	10 000×2.405＝24 050	58 201

$$辅助生产费用分配率=\frac{58\ 201}{14\ 200+10\ 000}+2.405$$

根据表 6-13 编制修理车间费用分配会计分录如下。

借：制造费用——基本生产车间　　34 151

　　管理费用　　24 050

　　贷：生产成本——辅助生产成本(修理车间)　　58 201

(10) 根据表 6-6、表 6-7、表 6-8、表 6-9、表 6-10 和表 6-13 编制基本生产车间的制造费用明细账，见表 6-14。

表 6-14　制造费用明细表

车间名称：基本生产车间　　20××年 8 月　　单位：元

20××年 月 日	摘　要	材料费	工资费	折旧费	外购动力费	办公费及其他费用	修理费	合　计
8 30	根据材料费用分配表	2 300						2 300
	根据工资薪酬费分配表		7 640					7 640
	根据折旧费分配表			37 600				37 600
	根据外购动力费分配表				48 000			48 000
	根据办公费及其他费用分配表					36 000		36 000
	根据辅助生产费分配表						34 151	34 151
	合　计	2 300	7 640	37 600	48 000	36 000	34 151	34 151
	本月转出	$\boxed{2\ 300}$	$\boxed{7\ 640}$	$\boxed{37\ 600}$	$\boxed{48\ 000}$	$\boxed{36\ 000}$	$\boxed{34\ 151}$	$\boxed{165\ 691}$

注：表中方框 $\boxed{2\ 300}$ 等为红字。

(11) 根据表 6-3 和表 6-14 编制基本生产车间的制造费用分配表，见表 6-15。

表 6-15　制造费用分配表

车间名称：基本生产车间　　20××年 8 月　　单位：元

借方 / 贷方	生产成本——基本生产成本		合　计
	甲　产　品	乙　产　品	
制造费用——基本生产车间	2 500×40.412 4=101 031	1 600×40.412 4=64 660	165 691

$$制造费用分配率=\frac{165\ 691}{2\ 500+1\ 600}=40.412\ 4$$

根据表 6-15 编制会计分录如下。

借：生产成本——基本生产成本(甲产品)　　101 031

　　　　　　——基本生产成本(乙产品)　　64 660

　　贷：制造费用——基本生产车间　　165 691

(12) 根据表 6-1、表 6-2、表 6-6、表 6-7、表 6-15，计算甲、乙两产成品的总成本，见表 6-16 和表 6-17。

表 6-16　产品成本计算单

本月完工：650 件

产品名称：甲　　20××年 8 月　　月末在产品：110 件

单位：元

摘　　要	直接材料	直接人工	制造费用	合　　计
月初在产品成本	42 000	8 000	13 000	63 000
本月生产费用	456 000	57 325	101 031	614 356
生产费用累计	498 000	65 325	114 031	677 356
分配率	655.263 2	92.659 6	161.746 1	909.668 9
产成品总成本	425 921.05	60 228.72	105 134.96	591 284.73
月末在产品成本	72 078.95	5 096.28	8 896.04	86 071.27

$$直接材料分配率=\frac{498\ 000}{650+110}=655.263\ 2$$

$$直接人工费分配率=\frac{65\ 325}{650+55}=92.659\ 6$$

$$制造费用分配率=\frac{114\ 031}{650+55}=161.746\ 1$$

表 6-17　产品成本计算单

本月完工：240 件

产品名称：乙　　20××年 8 月　　月末在产品：100 件

单位：元

摘　　要	直接材料	直接人工	制造费用	合　　计
月初在产品成本	46 000	1 600	18 000	65 600
本月生产费用	304 000	36 675	64 660	405 335
生产费用累计	350 000	38 275	82 660	470 935
分配率	1 029.411 7	131.982 8	285.034 8	1 446.429 3
产成品总成本	247 058.8	31 675.86	68 408.28	347 142.94
月末在产品成本	102 941.2	6 599.14	14 251.72	123 792.06

$$直接材料费分配率=\frac{350\ 000}{240+100}=1\ 029.411\ 7$$

$$直接人工费分配率=\frac{38\ 275}{240+50}=131.982\ 8$$

$$制造费用分配率=\frac{82\ 660}{240+50}=285.034\ 8$$

(13) 根据表 6-16、表 6-17，编制甲、乙两产成品成本汇总表，并计算它们的单位成本，见表 6-18。

表 6-18　产品成本汇总表

20××年 8 月　　　　单位：元

摘　　要	甲产品(650 件)	乙产品(240 件)
直接材料	425 921.05	247 058.8
直接人工	60 228.72	31 675.86
制造费用	105 134.96	68 408.28
总成本	591 284.73	347 142.94
单位成本	909.67	1 446.43

由上述举例可以将品种法计算产成品成本的基本程序列示如图 6.1 所示。

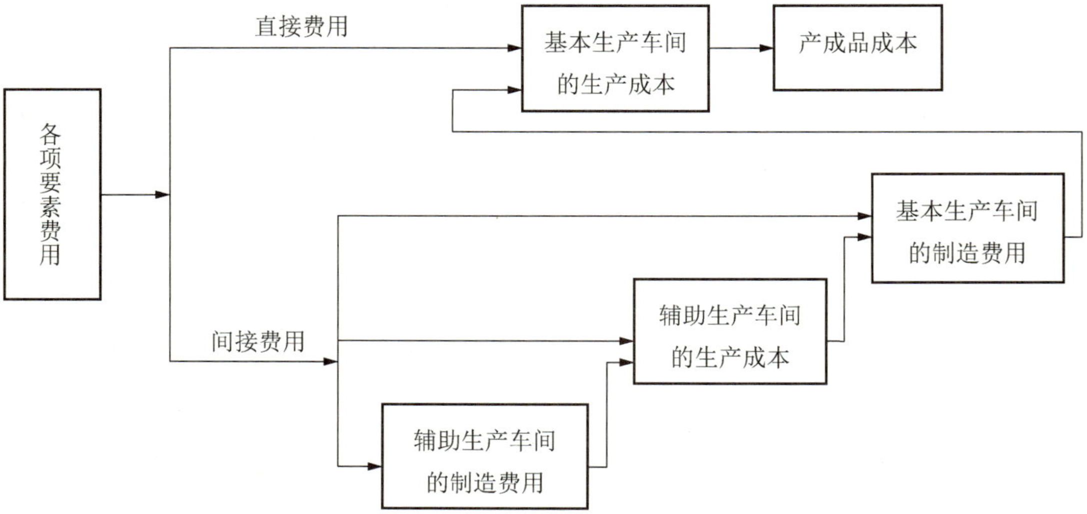

图 6.1　品种法计算产成品成本程序图

由上述讲解内容和图 6.1 品种法的计算程序可以看出，品种法的计算程序体现了产品成本计算过程一般的、最基本的费用归集程序。它体现了第 2 章中成本核算账务处理程序图的生产成本结转的实务操作：首先，进行要素费用的分配；其次，对间接费用进行归集、分配；最后，把直接费用和由间接费用结转成为直接费用的费用进行归集汇总，计算出产品的总成本和单位成本。

在成本计算过程中，要注意正确编制各种费用分配表和分配、归集各项费用的会计分录，并且按照平行登记的规则，既登记有关的总账账户，又登记各该总账账户所属的明细账。最后，将各种生产费用在完工产品和在产品之间进行分配，之后归集到基本生产成本账户及其所属的各种产品成本明细账中，从而计算出各种产品的总成本和单位成本。

6.1.5　品种法的特例——简单法

在大量、大批的单步骤生产的企业中，如果只生产一种产品，其全部生产费用都是直接被计入该产品中的，不需要将生产费用在各种产品之间分配。如果产品月末没有在产品，或者在产品数量很少，全部生产费用都是完工产品成本，不需要将生产费用在完工产品和月末在产品之间进行分配。这种品种法是很简单的，在实务上称这种品种法为简单法。简单法是品种法的一种特殊情况。

1. 简单法的特点

(1) 成本计算对象。

因为只生产一种产品，所以成本计算对象只有一个，因此也就设置一个产品成本明细账(即成本计算单)。

(2) 产品成本的计算程序。

因为只生产一种产品，意味着全部生产费用都是直接计入费用的，没有间接费用，所以把发生的费用直接计入产品成本明细账中，并列入产品成本的相关成本项目。

(3) 成本计算期。

生产周期比较短，成本计算是定期按月完成，与会计计算期一致，与生产周期不一致。

(4) 在产品计价。

一般月末没有在产品或月末在产品很少的可以忽略不计，不需将生产费用在完工产品和月末在产品之间分配，即本期生产费用等于本期完工产品总成本。

2. 简单法的适用范围

简单法适用于产品品种单一、生产周期较短、月末没有在产品或在产品数量很少的单步骤大量生产的企业或车间。例如发电厂，其生产工艺过程不可间断，其生产组织为大量、不断重复的生产，没有在产品，只有一种产成品，即电力。

3. 简单法举例

【例 6-2】 某发电厂生产电力，对外供应电，对内供应电即本厂自用电。其产品成本明细账中设有生产用燃料、生产用水、工资薪酬费、折旧费、修理费和其他费用等成本项目。

该厂 20××年 9 月份的产量资料为：发电量 6 240 000 千瓦时，其中本厂自用 240 000 千瓦时，对外供应电 6 000 000 千瓦时。该厂电力成本计算见表 6-19。

表 6-19　产品成本明细账

单位：元

20××年		摘　要	生产用燃料	生产用水	职工薪酬	折旧费	修理费	其他费用	合　计
月	日								
9	30	燃料费用分配表	1 220 000						1 220 000
		水费分配表		710 000					710 000
		职工薪酬分配表			160 240				160 240
		折旧费用分配表				320 000			320 000
		摊销修理费用分配表					260 000		260 000
		其他费用分配表						80 000	80 000
		合计	1 220 000	710 000	160 240	320 000	260 000	80 000	2 750 240

续表

20××年		摘　要	生产用燃料	生产用水	职工薪酬	折旧费	修理费	其他费用	合　计
月	日								
		产成品总成本(6 000 000 千瓦时)	1 220 000	710 000	160 240	320 000	260 000	80 000	2 750 240
		产成品单位成本①	0.20	0.12	0.03	0.53	0.04	0.01	0.46
		结转产成品成本	1 220 000	710 000	160 240	320 000	260 000	80 000	2 750 240

注：①在计算电力单位成本时，应按对外供电的数量计算。

6.2　产品成本计算的分批法

6.2.1　分批法的概念

分批法是按照产品的批别归集生产费用，计算产品成本的一种方法。采用分批法，不要求按产品品种、生产步骤计算产品成本，只要求计算出产品的批别成本即可。

6.2.2　分批法的特点和适用范围

1. 分批法的特点

(1) 成本计算对象。

分批法的成本计算对象就是企业生产产品的批别或者是购货者的订单。在小批和单件生产的企业，在进行生产时一般是根据订单开设生产令号(生产任务通知单)，把生产令号下发给车间据以组织生产，会计部门也是根据生产令号开设生产成本明细账的。

需要说明的是，如果在一张订单中规定有几种产品，为了便于生产管理、搞好成本核算、计算出每一种产品的生产成本，可以按照订单中产品的品种划分批别组织生产来计算出成本；如果订单中虽然只有一种产品但其数量较大而不便于集中一次投产，或者要求分批交货时，为了便于组织生产，企业生产计划部门可以将这种订单分几批组织生产，或将同类产品划分数批组织生产，计算成本；如果在同一时期内，企业接到不同的订单要求生产同样的产品，为了经济合理地组织生产，企业生产计划部门也可以将其合并为一批组织生产，计算成本。如果在一张订单中只规定一件产品，但其属于大型复杂的产品，这种复杂产品由许多部件装配而成，价值较大，生产周期较长，比如大型船舶制造，也可以按照产品的组成部分分批组织生产，计算成本。在这种情况下，分批法的成本计算对象就不是购货单位的订货单，而是企业生产计划部门签发下达的生产令号，生产令号内对每一批生产任务进行编号。会计部门应根据产品令号设立产品成本明细账，对发生的生产费用，按生产令号内的批别进行归集，直接费用就直接列入相关的成本项目，间接费用需要采用适当的分配方法，在各批别之间进行分配，然后计入各批别的生产成本明细账，最终计算出每一个客户订单的生产成本。

(2) 成本计算期。

为了保证各批产品成本计算的正确性，防止串工串户，便于生产成本管理，各批或各订单产品成本的计算时间应与生产令号密切配合、协调一致。各批或各订单产品的生产成本应在其完工以后计算确定。因此，其成本计算期与产品生产周期一致，而与会计报告期不一致。

(3) 在产品计价。

分批法下进行的是小批、单件生产，完工产品成本计算期与产品的生产周期一致，与会计报告期不一致，因而在月末计算产品成本时，一般不存在完工产品与在产品之间分配费用的问题，所以在月末计算产品成本时，如果产品全部已完工，那么计算出的产品成本都是完工产品成本；如果产品全部没有完工，那么计算出的产品成本都是在产品成本。但如果批内产品有跨月陆续完工的情况，在月末计算成本时，一部分产品已完工，另一部分产品尚未完工，这时就有必要在完工产品与在产品之间分配费用，以便计算完工产品成本和月末在产品成本。如果产品跨月陆续完工的数量不多，可以按计划单位成本、定额单位成本或近期相同产品的实际单位成本计算完工产品成本，从产品成本明细账中转出，余额即为在产品成本。在该批产品全部完工时，还应计算该批产品的实际总成本和单位成本，但对前期已经转账的少数完工产品的成本不做账面调整。这种分配方法核算工作简单，但分配结果不甚正确。如果在批内产品跨月陆续完工数量较多，为了提高成本计算的正确性，就不能采用前面的简单方法结转完工产品成本，而应采用适当的方法(如约当产量法、定额比例法等)，在完工产品与月末在产品之间分配生产费用，计算出完工产品成本和月末在产品成本。

2. 分批法的适用范围

分批法主要适用于小批、单件、管理上不要求分步骤计算成本的多步骤生产，往往根据客户的要求生产特殊规格、规定数量的产品，比如重型机器制造、船舶制造、重型机器厂的专用设备、精密工具仪器制造等。

6.2.3　分批法的成本核算程序

采用分批法计算成本的一般程序如下：

(1) 按批别开设成本计算单(在实务中就是开设生产成本明细账)，并按成本项目设置专栏。

(2) 按批别或者是购货者的订单归集和分配生产费用。

(3) 编制各种费用要素分配汇总表。月末，审核有关凭证，并根据各项生产费用的原始凭证和其他有关资料，编制各项费用要素分配表。若为直接费用，就直接列示计入各批产品的成本计算单(在实务中就是开设的各种产品的生产成本明细账)；若为间接费用，需要将间接费用按一定的标准在各批产品之间进行分配，计入相关各批产品的成本计算单。

(4) 产品完工月份，计算该批别产品自开工之日起所发生的总成本和单位成本，并结转各批别产成品成本。

分批法的核算程序如图 6.2 所示。

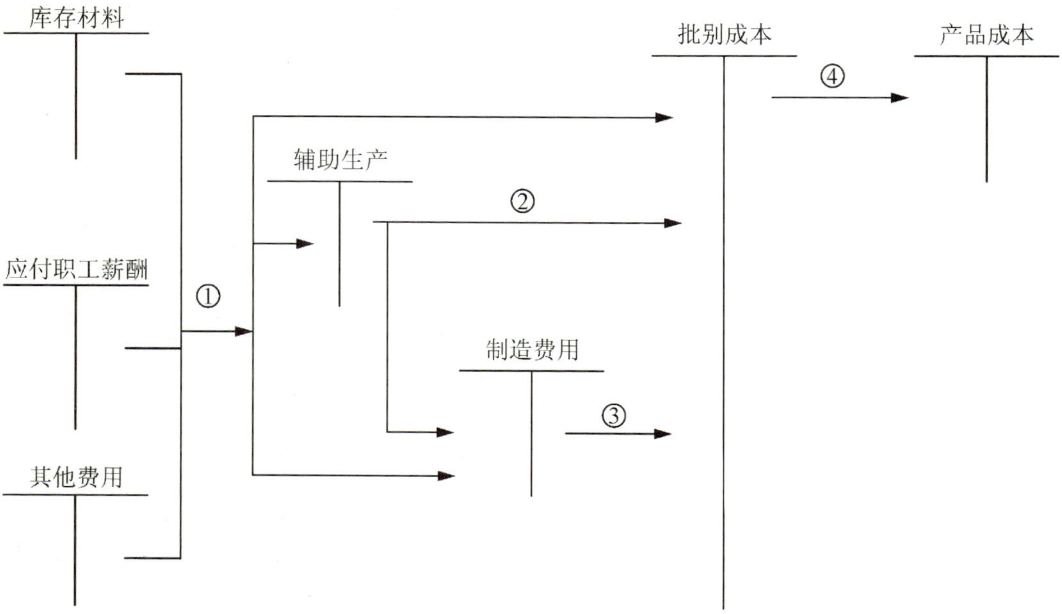

图 6.2　分批法核算账务处理程序图

说明：①各项要素费用的分配；②分配辅助生产费用；③分配制造费用；④结转批别产品成本。

6.2.4　分批法应用举例

【例 6-3】 某制造业根据购货单位订货单小批生产甲、乙两种产品，采用分批法计算产品成本。20××年 5 月份的生产情况和生产费用支出情况资料如下。

(1) 本月份生产产品的批号。

2033 号：甲产品 6 台，3 月份投产，本月全部完工。

2034 号：甲产品 10 台，4 月份投产，本月完工 8 台，未完工 2 台。

2035 号：乙产品 8 台，本月投产，计划 6 月完工，本月提前完工 2 台。

2038 号：乙产品 12 台，本月投产，本月未完工。

(2) 生产费用支出情况。

① 各批产品的月初在产品费用见表 6-20。

表 6-20　月初在产品费用

单位：元

批　号	原　材　料	燃料及动力	工资薪酬费	制造费用	合　计
2033	6 460	7 800	3 860	4 120	22 240
2034	13 240	12 400	3 960	4 450	34 050

② 根据各种费用分配表，汇总各批产品本月发生的生产费用，见表 6-21。

表 6-21　本月发生的生产费用

单位：元

批　　号	原　材　料	燃料及动力	工资薪酬费	制造费用	合　　计
2033		3 840	1 980	1 220	7 040
2034		3 620	780	2 370	6 770
2035	8 690	8 280	4 780	3 100	24 850
2038	11 650	12 740	6 120	5 460	35 970

(3) 生产费用在完工产品与在产品之间分配费用的方法。

2034 批号甲产品，本月末完工产品数量较大。原材料是在生产开始时一次投入，原材料生产费用可以按照完工产品和在产品的实际生产量比例分配；其他费用采用约当产量比例法在完工产品与月末在产品之间进行分配，在产品的完工程度为 60%。

2035 批号乙产品，本月末完工产品数量为 2 台。为简化核算，完工产品按计划成本转出，每台计划成本为：原材料 1 210 元，燃料及动力 820 元，工资薪酬费 520 元，制造费用 430 元，合计 2 980 元。

(4) 根据上述各项资料，登记各批产品成本明细账，见表 6-22、表 6-23、表 6-24 和表 6-25 所示。

表 6-22　产品成本明细账

产品批号：2033　　购货单位：大华企业　　投产日期：3 月

产品名称：甲　　批量：6 台　　完工日期：5 月

单位：元

摘　　要	原　材　料	燃料及动力	工资薪酬费	制 造 费 用	合　　计
月初在产品成本	6 460	7 800	3 860	4 120	22 240
本月生产费用		3 840	1 980	1 220	7 040
生产费用累计	6 460	11 640	5 840	5 340	29 280
完工产品成本	6 460	11 640	5 840	5 340	29 280
完工产品单位成本	1 076.67	1 940	973.33	890	4 880

表 6-23　产品成本明细账

产品批号：2034　　购货单位：华丰公司　　投产日期：4 月

产品名称：甲　　批量：10 台　　完工日期：6 月

(本月完工 8 台)

单位：元

摘　　要	原　材　料	燃料及动力	工资薪酬费	制造费用	合　　计
月初在产品成本	13 240	12 400	3 960	4 450	34 050
本月生产费用		3 620	780	2 370	6 770
生产费用累计	13 240	16 020	4 740	6 820	40 820

续表

摘　　要	原　材　料	燃料及动力	工资薪酬费	制造费用	合　　计
完工产品成本	10 592	13 930.43	4 121.74	5 930.43	34 574.6
完工产品单位成本	1 324	1 741.3	515.22	741.3	4 321.82
月末在产品成本	2 648	2 089.56	618.26	889.56	6 245.38

表 6-24　产品成本明细账

产品批号：2035　　购货单位：亨通公司　　投产日期：5 月
产品名称：乙　　批量：8 台　　完工月期：6 月
(本月完工 2 台)
单位：元

摘　　要	原　材　料	燃料及动力	工资薪酬费	制造费用	合　　计
本月生产费用	8 690	8 280	4 780	3 100	24 850
单台计划成本	1 210	820	520	430	2 980
完工 2 台产品成本	2 420	1 640	1 040	860	5 960
月末在产品	6 270	6 640	3 740	2 240	18 890

表 6-25　产品成本明细账

产品批号：2038　　购货单位：东方公司　　投产日期：5 月
产品名称：乙　　批量：12 台　　完工月期：7 月
单位：元

摘　　要	原　材　料	燃料及动力	工资薪酬费	制造费用	合　　计
本月生产费用	11 650	12 740	6 120	5 460	35 970
合　　计	11 650	12 740	6 120	5 460	35 970

6.2.5　简化的分批法

在单件、小批生产的企业或车间中，如果同一个月份投产的产品批数很多，有几十批甚至上百批，并且月末未完工的产品批数也较多，这时把各项间接费用全部分配给各批产品，以避免工作量太繁重。因此，在这类企业或车间计算各批别产品成本时还可采用一种简化的分批法。

简化分批法就是按照产品批别设立产品成本明细账，按月登记直接费用(如原材料费用)和生产工时。对于每月发生的人工费和制造费用等间接费用，并不是按月在各批产品之间进行分配，而是将这些间接费用按成本项目分别累计起来，先将其挂在基本生产成本二级账中。待产品完工时，在完工的月份对完工的产品按照完工产品累计工时的比例，把累计间接费用在各批别完工产品之间进行分配，所以这种方法又称为“间接费用累计分批法”。这种方法对于月末在产品应负担的间接费用是以总数反映在基本生产成本二级账中的，在各批别之间不进行分配，即不分批别计算没有完工的产品成本。因此，这种方法又可被称为不分批计算在产品成本的分批法。其计算程序如下：

(1) 设立“基本生产成本二级账”。

在基本生产成本二级账中登记按月提供的生产部门全部产品的累计生产费用(例如，直接费用——原材料费用、间接费用——工资薪酬费用和制造费用)和累计生产工时资料。

(2) 计算间接费用累计分配率。

在有产品完工的月份，按照累计的间接费用和生产工时计算出间接费用累计分配率，将其填入“基本生产成本二级账”中。其计算公式如下：

$$\text{间接费用累计分配率}=\frac{\text{全部产品累计间接费用}}{\text{全部产品累计工时}}=\frac{\text{期初结存的全部产品间接费用}+\text{本月发生的全部间接费用}}{\text{期初结存的全部在产品工时数}+\text{本期发生的全部工时数}}$$

(3) 分别在各批别明细账中登记该批别完工产品的总成本。

根据完工产品的累计生产工时和累计间接费用分配率，计算出完工产品应负担的累计间接费用，根据各批别完工产品使用的原料费用计算出该批别完工产品应负担的原料费用，从而计算出该批别完工产品的总成本。计算的同时在各批别的明细账中分别登记完工产品应负担的累计直接费用和累计间接费用，并汇总计算该批别的完工产品总成本和单位成本。其计算公式如下：

$$\begin{matrix}\text{某批完工产品批别}\\\text{应负担的间接费用}\end{matrix}=\begin{matrix}\text{该批完工产品}\\\text{累计工时}\end{matrix}\times\begin{matrix}\text{间接费用}\\\text{累计分配率}\end{matrix}$$

(4) 在“基本生产成本二级账”中以各批别总数反映月末各批在产品的总成本。

把各批别已经计算出的完工产品总成本(按完工产品的各成本项目)登记到“基本生产成本二级账”的直接费用和间接费用中，再用全部产品累计生产费用减去本月完工产品总成本，计算和登记月末各批在产品总成本。这时计算并登记的月末各批在产品总成本是以各批别总数反映在基本生产成本二级账中的，在各批别之间不进行分配，即不分批别计算没有完工的产品成本。

【例 6-4】 某企业小批生产多种产品，产品批数多，为了简化成本核算工作，采用简化分批法，即间接费用累计分批法计算成本。该企业 5 月份的产品批号有以下几点。

(1) 各批产品生产情况。

3510 号：甲产品 8 件，4 月投产，本月完工。

3512 号：乙产品 10 件，4 月投产，尚未完工。

3514 号：丙产品 12 件，4 月投产，本月完工 4 件。

3516 号：丁产品 4 件，5 月投产，尚未完工。

(2) 该企业设立的基本生产成本二级账所登记的各项生产费用以及累计工时见表 6-26。

表 6-26　基本生产成本二级账

(各批产品总成本)

月	日	摘　要	原材料/元	生产工时/小时	工资薪酬费/小时	制造费用/元	合计/元
4	30	余额	40 500	32 000	22 800	35 600	98 900
5	31	本期发生额	21 400	122 000	45 600	48 600	115 600
5	31	累计	61 900	154 000	68 400	84 200	214 500

续表

月	日	摘　　要	原材料/元	生产工时/小时	工资薪酬费/小时	制造费用/元	合计/元
5	31	累计间接费用分配率			0.444 2	0.546 8	
5	31	本月完工产品转出	15 726.67	21 520	9 559.18	11 767.14	37 052.99
5	31	余额	46 173.33	132 480	58 840.82	72 832.86	177 447.01

表 6-26 中，4 月 30 日在产品的生产工时和各项费用，为上月末根据上月的生产工时和生产费用资料计算登记；本月发生的原材料费用和生产工时，应根据本月原材料费用分配表、生产工时记录，与各批产品成本明细账平行登记；本月发生的各项间接费用，应根据该费用分配表汇总登记。全部产品累计间接费用分配率计算如下：

$$\text{工资薪酬费累计分配率}=\frac{68\,400}{154\,000}=0.444\,2$$

$$\text{制造费用累计分配率}=\frac{84\,200}{154\,000}=0.546\,8$$

本月完工转出产品的原材料费用和生产工时，应根据各批产品的产品成本明细账中完工产品的原材料费用和生产工时汇总登记；各项间接费用可以根据账中完工产品工时分别乘以各项费用的累计分配率计算登记，也可以根据各批产品成本明细账中完工产品的该费用分别汇总登记。以账中累计行的各栏数字分别减去本月完工产品转出数，即为 5 月末在产品的原材料费用、生产工时和各项间接费用(即余额)。月末在产品的原材料费用和生产工时，也可以根据后列各批产品成本明细账中月末在产品的原材料费用和生产工时分别汇总登记，各项间接费用也可以根据其生产工时分别乘以各该费用累计分配率计算登记。两者计算结果应该相符。该企业设立的各批产品成本明细账见表 6-27、表 6-28、表 6-29 和表 6-30。

表 6-27　产品成本明细账

产品批号：3510　　购货单位：华新企业　　投产日期：4 月
产品名称：甲　　批量：8 件　　完工日期：5 月

月	日	摘　　要	原材料/元	生产工时/小时	工资薪酬费/元	制造费用/元	合计/元
4	30	本月发生	5 000	5 340			
5	31	本月发生	2 300	7 780			
5	31	累计	7 300	13 120			
5	31	累计间接费用分配率			0.444 2	0.546 8	
5	30	本月完工产品转出	7 300	13 120	5 827.9	7 174.02	20 301.92
5	31	完工产品单位成本	912.5		728.49	896.75	2 537.74

表 6-28　产品成本明细账

产品批号：3512　　购货单位：中兴公司　　投产日期：8 月
产品名称：乙　　批量：10 件　　完工日期：

月	日	摘　　要	原材料/元	生产工时/小时	工资薪酬费/元	制造费用/元	合计/元
4	30	本月发生	10 220	20 000			
5	31	本月发生	3 290	43 200			

表 6-29　产品成本明细账

产品批号：3514　　购货单位：富华公司　　投产日期：4 月
产品名称：丙　　批量：12 件　　完工日期：5 月完成 4 件

月	日	摘　　要	原材料/元	生产工时/小时	工资薪酬费/元	制造费用/元	合计/元
4	30	本月发生	25 280	6 660			
5	31	本月发生		16 280			
5	31	累计	25 280	22 940			
5	31	累计间接费用分配率			0.444 2	0.546 8	
5	31	本月完工产品成本转出	8 426.67	8 400	3 731.28	4 593.12	16 751.07
5	31	完工产品单位成本	2 106.67		932.82	1 148.28	4 187.77
5	31	在产品成本	16 853.33				

表 6-30　产品成本明细账

产品批号：3516　　购货单位：大华公司　　投产日期：5 月
产品名称：丁　　批量：4 件　　完工日期：

月	日	摘　　要	原材料/元	生产工时/小时	工资薪酬费/元	制造费用/元	合计/元
5	31	本月发生	15 810	54 740			

在上列的各批产品成本明细账中，对于没有完工产品的月份，只登记原材料费用(直接费用)和生产工时，如第 3512、3516 两批产品；对于有完工产品的月份，包括批内产品全部完工或部分完工，除了登记本月发生的原材料费用和生产工时及其累计数外，还应根据基本生产成本二级账来登记各项累计间接费用的分配率。第 3510 批产品月末全部完工，因而其产品成本明细账中累计的原材料费用和生产工时就是完工产品的原材料费用和生产工时，以其生产工时分别乘以各项累计间接费用分配率，即为完工产品应分配的各项间接费用。第 3514 批产品月末部分完工、部分未完工，因而还应在完工产品与在产品之间分配费用。该种产品所耗原材料在生产开始时一次投入，因而原材料费用按完工产品与在产品的数量比例分配，完工产品原材料费用为 8 426.67 元(即 $\frac{25\,280}{12}\times 4$)。

综上所述，简化分批法具有以下特点：

(1) 必须设立基本生产成本二级账。在基本生产成本二级账中登记累计生产费用和生产工时，在有产品完工的月份，通过计算累计间接费用分配率来计算和登记本月完工产品的总成本。

对未完工的在产品，则不分配间接费用，只以总数反映在二级账中，即不分批计算在产品成本，这样可以简化费用的分配和登记工作。月末未完工产品的批数越多，核算工作就越简化。

(2) 各项累计间接费用分配率，既是在各批完工产品之间，也是在完工产品批别与月末在产品批别之间，以及某批产品的完工产品与月末在产品之间分配各该费用的依据。即生产费用的横向分配和纵向分配工作，都是利用累计间接费用分配率，到产品完工时合并在一起进行的，所以也叫累计间接费用分配法。

如前所述，这种简化的分批法适用于同一月份投产的产品批数很多且月末未完工批数也较多的企业。如果月末未完工的批数不多，则不宜采用。另外，由于在这种方法下间接费用累计计算分配率，所以这种方法在各月间接费用水平相差很大的情况下也不宜采用。例如，前几个月的间接费用水平高，而本月的低。若某批产品本月投产本月完工，这时按累计间接费用分配率分配计算该批完工产品成本就会发生不应有的偏高，否则偏低。

6.3　产品成本计算的分步法

6.3.1　分步法的概念

分步法是按照产品的生产步骤归集生产费用来计算产品成本的一种方法。采用分步法，不要求按产品品种、产品批别或订单计算产品成本，而是要求按照产品的生产步骤计算出产品的成本即可。

6.3.2　分步法的特点和适用范围

1. 分步法的特点

(1) 成本计算对象。

分步法的成本计算对象是各种产品的各个加工步骤。各个加工步骤生产的半成品可能转入后续步骤继续加工成不同的产成品，也可能对外销售。因此，在计算产品成本时，应按照各种产品的各个生产步骤设立产品成本明细账。如果只生产一种产品，成本计算对象就是该种产品和其所经过的各个生产步骤，产品成本明细账应该按照产品的生产步骤开设。如果生产多种产品，成本计算对象则应是各种产品和其所经过的各个生产步骤。产品成本明细账应该按照每种产品的各个生产步骤开设。

需要指出的是，在实际工作中，产品成本计算的步骤与产品生产步骤的划分不一定完全一致。一般来说，按照生产步骤设立车间的企业，分步骤计算成本也就是分车间计算成本。如果企业规模很大，一个车间内又分为几个生产步骤，而管理上又要求分步骤计算成本时，也可以在一个车间内分几个生产步骤计算成本；如果企业规模很小，管理上不要求分车间计算成本，也可将几个车间合并为一个步骤计算成本。总之，确定成本计算对象应根据管理上的要求，本着简化计算工作的原则来确定成本计算对象。

(2) 成本计算期。

在大量、大批的多步骤生产中，生产周期较长，而且往往都是跨月陆续完工的。因此，成本计算一般都是按月计算的，与产品的生产周期不一致，而与会计报告期一致。

(3) 在产品计价。

由于大量、大批的多步骤生产的产品往往跨月陆续完工，月末各步骤一般都存在未完工的在产品。因此，在计算成本时，还需要采用适当的分配方法，将归集的生产费用在完工产品与在产品之间进行分配，计算出各种产品、各个生产步骤的完工产品成本和月末在产品成本。

(4) 各步骤之间成本的结转。

分步法中产品的生产不是由一个步骤完成的，而是经过几个步骤完成的，上一步骤生产出的半成品是下一步骤继续加工的加工对象。另外，由于各个企业生产工艺过程的特点和成本管理对各步骤成本资料的要求不同，即是否要求计算生产过程步骤的半成品成本这个问题，对各生产步骤成本的计算和结转就采用两种不同的方法，即逐步结转分步法和平行结转分步法。

2. 分步法的适用范围

分步法主要适用于大量、大批的多步骤生产，并且在成本管理上需要计算出各种产品的各个步骤半成品和最终产成品的成本。例如，纺织企业生产工艺过程须经过纺纱、织布等两大步骤；冶金企业生产须经炼铁、炼钢、轧钢 3 个步骤，机器制造企业生产可分为铸造、加工、装配等步骤。

6.3.3　分步法的成本核算程序

分步法按照是否需要计算和结转各步骤半成品成本，可以分为逐步结转分步法和平行结转分步法两种。如果成本管理要求计算和结转各步骤半成品成本，就采用逐步结转分步法(也称计列半成品成本分步法)计算产品成本；如果成本管理不要求计算各步骤半成品成本，就采用平行结转分步法(不计列半成品成本分步法)计算产品成本。

1. 逐步结转分步法

逐步结转分步法是指按照产品加工的顺序，对各加工步骤进行归集生产费用，逐步计算并结转半成品成本，直到最后一个加工步骤结束才能计算出产成品成本的一种方法。运用这种方法可以计算出各加工步骤半成品的成本，而且这些半成品的成本随着半成品实物转移在各加工步骤之间进行顺序结转。即按照产品加工顺序先计算出第一个加工步骤的半成品成本，然后将此结转给第二个加工步骤，由第二步骤将第一步骤结转来的半成品成本加上本步骤新发生的材料成本和加工成本，即可求得第二个加工步骤的半成品成本。如此顺序地逐步转移累计，直到最后一个加工步骤结束才能计算出最终产成品成本。逐步结转分步法也称计算半成品成本的分步法或顺序结转分步法。

逐步结转分步法适用于大量、大批的连续式复杂生产的企业。它们有的不仅将产成品作为商品对外销售，而且按生产步骤所产半成品也经常作为商品对外销售。例如，纺织厂的棉纱以及钢铁厂的生铁、钢锭等都需要计算半成品成本。

(1) 逐步结转分步法的核算程序。

由于半成品实物的流转程序不同，逐步结转分步法的核算程序也就不相同。半成品实物的流转程序有两种：第一种是半成品不通过仓库(即半成品库)收发，第二种是半成品通过仓库收发。

对于第一种情况，如果半成品不通过仓库收发，逐步结转分步法的产品成本核算程序如下：先计算出第一步骤半成品成本，然后随半成品实物转移，将其成本转入第二步骤成品成本明细账，再加上第二步骤所发生的费用，计算出第二步骤半成品成本，依次逐步累计结转，直到最后步骤计算出产成品成本为止。其成本核算程序如图 6.3 所示。

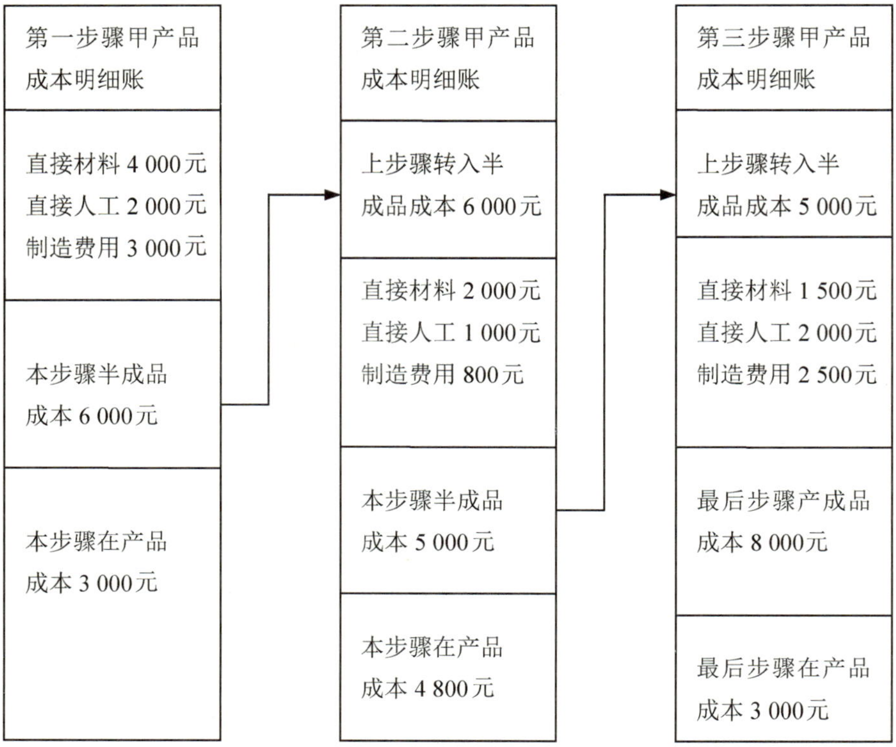

图 6.3　逐步结转分步法成本计算程序图(不通过半成品仓库收发)

对于第二种情况，如果半成品通过仓库(半成品库)收发，逐步结转分步法的产品成本核算程序如下：如果各步骤生产的半成品完工后，下一步骤并非立即使用，则完工的半成品需要通过半成品库来实现实物的转移，这时应设置“自制半成品”明细账进行核算，反映完工的半成品和生产领用的半成品成本的结存情况。第一步骤完工半成品在验收入库时，应根据完工转出的半成品成本编制会计分录为借记“自制半成品”科目，贷记“基本生产成本”科目；第二步骤领用时，再编制相反的会计分录。如果半成品完工后不通过半成品库收发(第一种情况)，而直接转入到下一生产步骤，半成品成本应在各步骤的产品成本明细账之间直接结转，不需要编制上述分录。其成本核算程序如图 6.4 所示。

(2) 逐步结转分步法的特点。

① 随着半成品实物的转移，各加工步骤的半成品成本从上一步骤的产品成本明细账转入下一步骤相同产品的产品成本明细账中，如此这样在各加工步骤之间顺序结转，逐步计算出各步骤的半成品成本和最后步骤的产成品成本。这种方法能够计算出各步骤半成品成本，满足企业对半成品成本核算信息的及时需求，满足企业对外出售半成品的价格和收益的需求。

② 在产品成本停留在在产品实物所在地。各步骤产品成本明细账中的期末余额反映结存该步骤在产品的成本，即月末在产品实物、成本并不转移到下一步骤，而是停留在本步骤，成为下一月的月初在产品。

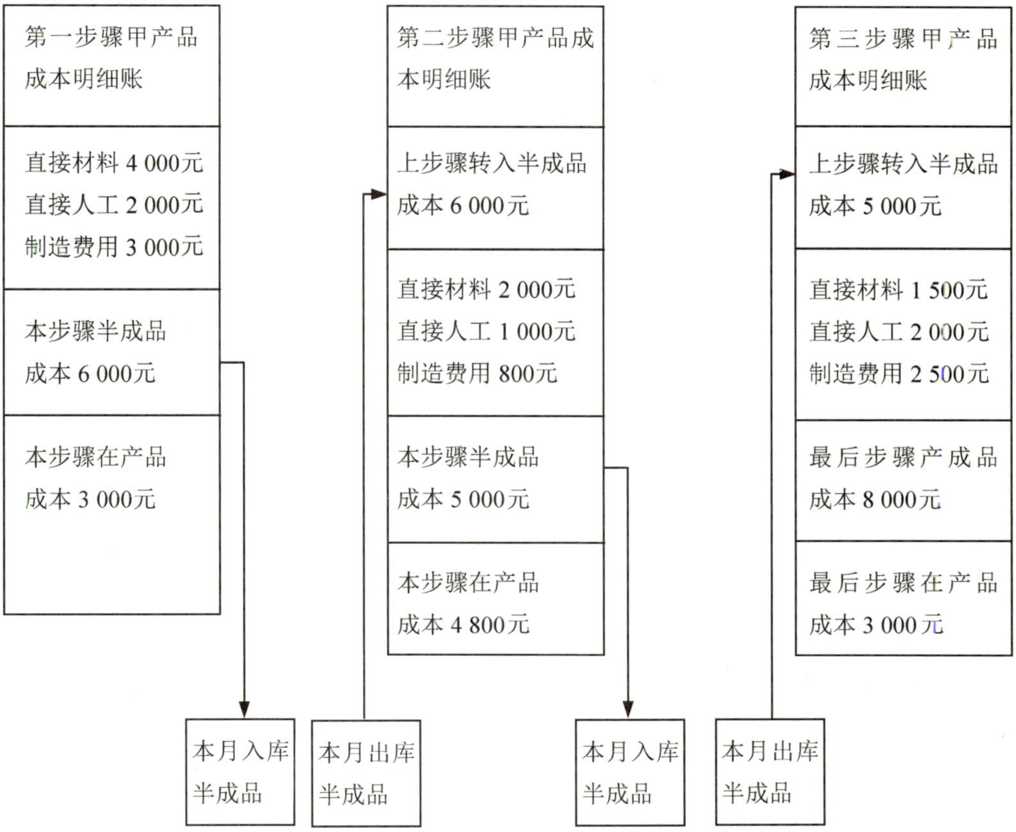

图 6.4　逐步结转分步法成本计算程序图(通过半成品仓库收发)

③ 逐步结转分步法在月末时在各步骤产品成本明细账中归集该步骤的生产费用。若有月末在产品，就需要把归集的生产费用采用适当的分配方法分配于本步骤完工的半成品(最后步骤为产成品)和在产品中，然后通过半成品的逐步结转，在最后一个步骤的产品成本明细账中计算出最终完工的产成品成本。这种计算程序表明，逐步结转分步法的每一个步骤半成品成本的计算采用的都是品种法，实际上是多次使用品种法，是品种法的多次连接。

(3) 逐步结转分步法的分类。

采用逐步结转分步法，按照结转的半成品成本在下一步骤产品成本明细账中反映的方法，分为综合结转法和分项结转法两种。

① 综合结转法。

综合结转就是将各加工步骤所耗上一步骤的半成品成本不分直接材料、直接人工、制造费用等成本项目，而是以这些成本项目的综合金额记入各该步骤产品成本明细账中的“原材料”或“自制半成品”成本项目。

半成品实物向下一步骤转移时，如果不通过仓库收发，则上一步骤半成品实物一般全部转移到下一步骤继续加工生产，半成品成本也是等额转入下一步骤产品成本明细账中的“自制半成品”成本项目的。半成品实物如果通过仓库收发，半成品成本在出库时，其计价方法可以采用实际成本计价，也可按计划成本计价。按实际成本计价时，半成品出库时的实际单位成本可以采用先进先出法、加权平均法、移动加权平均法和个别计价法等方法计算。半成品出库时，其成本按计划成本计价时，半成品的日常收发核算均按计划成本进行，期末需要计算半成品成本的差异率，再调整所耗半成品的计划成本为实际成本。

【例 6-5】 假定某企业大量生产甲产品，顺序经过 3 个车间连续加工生产。原材料在生产开始时一次投入，其他费用陆续发生，各生产车间完工的半成品不通过半成品库。半成品成本按实际成本综合结转，各步骤在产品成本采用约当产量法计算，在产品完工率均为 50%。该企业采用逐步结转分步法计算产品成本。该企业有关本月产量及成本资料见表 6-31 和表 6-32。

表 6-31 产品产量记录

20××年 8 月　　单位：件

摘　要	一 车 间	二 车 间	三 车 间	产成品甲
月初在产品数量	70	100	100	—
本月投产数量	360	—	—	—
上步骤转入数量	—	300	350	—
本月完工数量	300	350	350	350
月末在产品数量	130	50	100	—

表 6-32 费用资料

20××年 8 月　　单位：元

摘　要	车 间 别	直接材料	自制半成品	直接人工	制造费用	合　计
月初在产品成本	一车间	5 000	—	900	2 000	7 900
	二车间	—	6 400	1 000	2 500	9 900
	三车间	—	8 500	1 500	1 300	11 300
本期生产费用	一车间	38 000	—	7 000	12 000	57 000
	二车间	—	—	2 800	5 000	7 800
	三车间	—	—	4 000	3 400	7 400

根据表 6-31、表 6-32 的资料，各车间的成本计算过程见表 6-33、表 6-34 和表 6-35。

表 6-33 一车间成本计算单

20××年 8 月　　完工产量：300 件

产品名称：甲 A 半成品　　月末在产品数量：130 件

单位：元

摘　要	直接材料	直接人工	制造费用	合　计
月初在产品成本	5 000	900	2 000	7 900
本月生产费用	38 000	7 000	12 000	57 000
生产费用累计	43 000	7 900	14 000	64 900
分配率	100	21.643 8	38.356 2	
半成品总成本	30 000	6 493.15	11 506.85	48 000
月末在产品成本	13 000	1 406.6	2 493.4	16 900

表 6-34　二车间成本计算单

20××年 8 月　　完工产量：350 件

产品名称：甲 B 半成品　　月末在产品数量：50 件

单位：元

摘　　要	自制半成品	直接人工	制造费用	合　　计
月初在产品成本	6 400	1 000	2 500	9 900
本月生产费用	48 000	2 800	5 000	55 800
生产费用累计	54 400	3 800	7 500	65 700
约当产量	400	375	375	—
分配率	136	10.133 3	20	166.133 3
半成品总成本	47 600	3 546.67	7 000	58 146.67
月末在产品成本	6 800	253.33	500	7 553.33

表 6-35　三车间成本计算单

20××年 8 月　　完工产量：350 件

产品名称：甲成品　　月末在产品数量：100 件

单位：元

摘　　要	自制半成品	直接人工	制造费用	合　　计
月初在产品成本	8 500	1 500	1 300	11 300
本月生产费用	58 146.67	4 000	3 400	65 546.67
生产费用累计	66 646.67	5 500	4 700	76 846.67
约当产量	450	400	400	—
分配率	148.103 7	13.75	11.75	173.603 7
产成品甲总成本	51 836.3	4 812.5	4 112.5	60 761.3
月末在产品成本	14 810.37	687.5	587.5	16 085.37

采用综合结转法结转半成品成本，最终产成品成本中“自制半成品”项目成本所占的比重很大，综合了以前各加工步骤生产产品发生的各项费用。而人工费、制造费用等成本项目只反映最后一个步骤的费用，它们在产成品成本中所占的比重很小，这不符合产成品成本构成的实际情况，不利于从整个企业角度分析、考核产成品成本的结构和水平。因此，还必须对产成品成本中的“自制半成品”成本项目进行还原，将产成品成本还原为按原始成本项目(即直接材料费、直接人工费、制造费用项目)反映的成本，以便于满足企业对产成品成本构成进行考核和分析的需要。

成本还原的方法是：从最后一个加工步骤开始，将本月产成品成本中所耗上一步骤自制半成品的综合成本，按上一加工步骤所产自制半成品成本结构进行分解，依次从后往前逐步分解，直至第一加工步骤的原材料、人工费、制造费用等原始成本项目为止(图 6.5)，再汇总各加工步骤相同成本项目的金额(图 6.6)，从而计算出按原始成本项目反映的产成品成本资料。

成本还原程序与逐步结转成本的计算程序恰好相反，其两者示意图如图 6.5 所示。

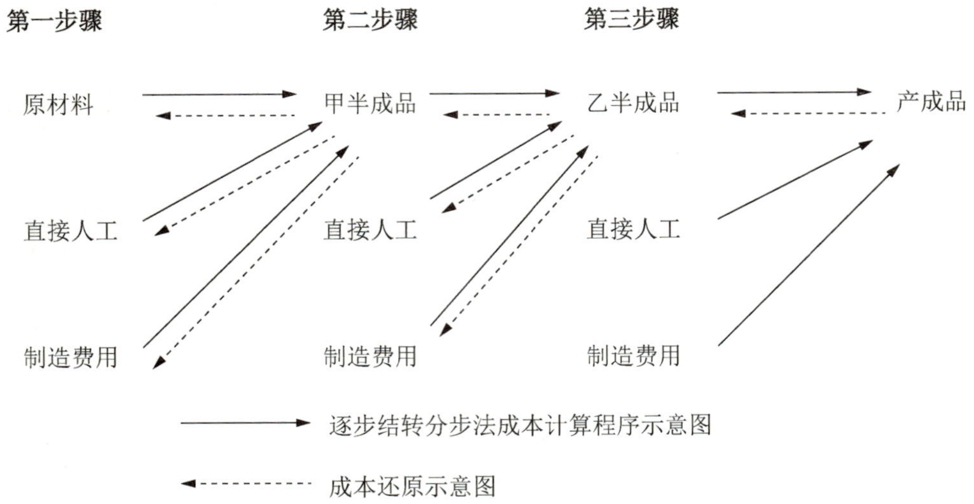

图 6.5　成本还原程序与逐步结转成本计算程序

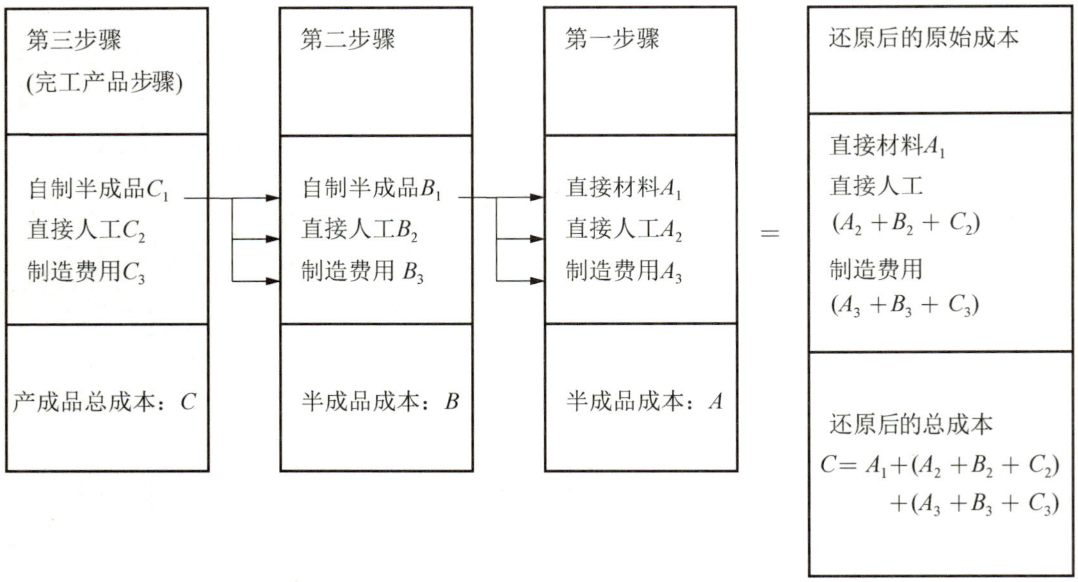

图 6.6　还原后汇总各加工步骤相同成本项目的金额

【例 6-6】 假定 A 产品由两个生产步骤完成，第一生产步骤生产的半成品不通过半成品库收发，而是直接运输到第二生产步骤继续加工生产为产成品，半成品成本在各步骤的产品成本明细账之间直接结转。其各步骤逐步结转如图 6.7 所示。

在图 6.7 中 A 产品生产过程中的半成品不通过半成品库，而是直接运输到第二步骤继续加工生产成最终产成品，第二步骤所耗半成品费用 800 元恰好就是第一步骤生产的半成品成本 800 元，把第一步骤各成本项目与第二步骤各成本项目合并到一起，800 元与 800 元正好抵消。如果要进行成本还原，即由第二步骤向第一步骤还原，第二步骤耗用第一步骤自制半成品成本 800 元被分解为第一步骤的原材料 500 元、直接人工 100 元、制造费用 200 元，然后将两步骤的原材料、直接人工、制造费用分别汇总即可，汇总后即为原材料 500 元、直接人工 250 元(100＋150)和制造费用 450 元(200＋250)，合计 1 200 元，这就是还原后的成本，即 1 200 元。也就是说，还原后的成本为原材料 500 元，直接人工 250 元(100＋150)，制造费用 450 元(200＋250)，合计 1 200 元。

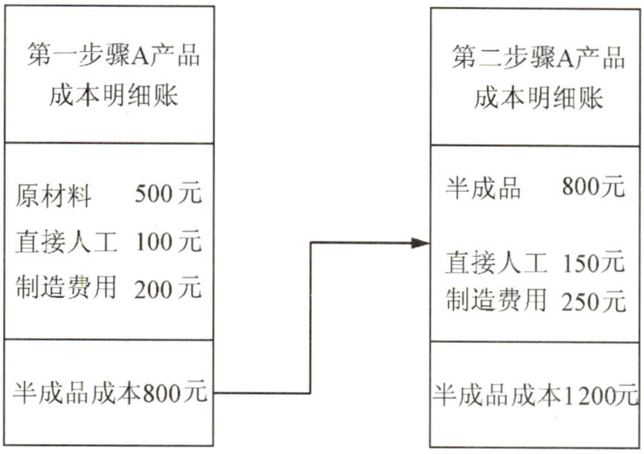

图 6.7　半成品成本直接结转图

如果各步骤间半成品的结转通过半成品库收发，若下一步骤耗用上一步骤的半成品数量正好是上一步骤所产的半成品数量，其两者成本抵消；若下一步骤耗用上一步骤半成品数量与上一步骤所产的半成品数量不相等，其两者的成本就不能完全抵消，那就需要还原公式进行专门的成本还原。不论怎样，逐步综合结转法通常还原后成为第一步骤的成本项目构成，一般来说是原材料、直接人工、制造费用等原始成本项目。

仍以例 6-5 的资料为例，第三车间甲产品成本明细账中算出的本月产成品所耗上一车间半成品成本的 51 836.3 元为还原对象，将 51 836.3 元和按照第二车间产品成本明细账中算出的本月所产该种半成品成本 58 146.67 元的成本构成进行第一次成本还原，第一次成本还原的还原率等于 0.891 474 9，求出第三车间产成品所耗半成品成本 51 836.3 元中的自制半成品成本还原金额为 42 434.21 元、直接人工成本还原金额为 3 161.77 元、制造费用还原金额为 6 240.32 元(注意，还原后的 3 个成本项目之和等于还原对象，应与产成品所耗半成品成本 51 836.3 元相抵消)。因为在第一次还原中存在自制半成品还原金额 42 434.21 元仍然没有还原尽，它是第二车间生产的半成品成本中耗用第一车间半成品的综合成本，所以对它需要进行继续还原，直到还原为原始项目为止。就本例题来讲，需要进行第二次还原：由第二车间甲产品成本明细账中算出的本月产成品所耗上一车间半成品费用的还原金额为 42 434.21 元，按照第一车间产品成本明细账中计算出的本月所产该种半成品成本 48 000 元的成本构成进行第二次成本还原，第二次成本还原的还原率等于 0.884 046，求出第二车间没有还原尽的综合费用 42 434.21 元，继续还原为原材料成本为 26 521.38 元、直接人工成本为 5 740.24 元、制造费用为 10 172.58 元(注意，还原后的 3 个成本项目之和等于还原对象，应与产成品所耗半成品成本 42 434.21 元相抵消)。这样，求出了按原始成本项目反映的甲产成品成本。将第一次还原计算出的各成本项目、第二次还原计算出的各成本项目与第三车间不需要还原的各成本项目进行相同成本项目汇总，得出还原后产成品的总成本 60 761.29 元。该总成本 60 761.29 元的构成如下：

直接材料：26 521.38 元

直接人工：4 812.5＋3 161.77＋5 740.24＝13 714.51(元)

制造费用：4 112.5＋6 240.32＋10 172.58＝20 525.4(元)

根据 3 个车间产品成本明细账的有关资料，编制产成品成本还原计算表，见表 6-36(1)。

表 6-36(1) 产成品成本还原计算表

完工产品：350 件

行次	项目	成本还原率	甲 B 半成品(第二步骤)/元	甲 A 半成品(第一步骤)/元	直接材料/元	直接人工/元	制造费用/元	合计/元
1	还原前产成品成本		51 836.3	—	—	4 812.5	4 112.5	60 761.67
2	第二步骤半成品成本			(47 600)		(3 546.67)	(7 000)	(58 146.67)
3	第一次成本还原	51 836.3÷58 146.67＝0.891 474 9	－51 836.3	47 600×0.891 474 9＝42 434.21		3 546.67×0.891 474 9＝3 161.77	7 000×0.891 474 9＝6 240.32	0
4	第一步骤半成品成本				(30 000)	(6 493.15)	(11 506.85)	(48 000)
5	第二次成本还原	42 434.21÷48 000＝0.884 046		－42 434.21	30 000×0.884 046＝26 521.38	6 493.15×0.884 046＝5 740.24	11 506.85×0.884 046＝10 172.58	0
6	还原后产成品成本				26 521.38	13 714.51	20 525.4	60 761.29
7	产品单位成本				75.78	39.18	58.64	173.6

表 6-36(1)中第 1 行还原前产成品总成本应根据第三车间甲产品成本明细账中的完工转出产成品成本填列，其中“自制半成品”成本项目 51 836.3 元是成本还原的对象；第 2 行本月所产半成品总成本应根据第二车间甲半成品成本明细账中完工转出半成品成本填列，其中各成本项目费用之间的比例是成本还原的依据；第 3 行为第一次成本还原的成本，其中“自制半成品”成本还原项目 42 434.21 元是成本还原的对象继续进行成本还原；第 4 行本月所产半成品总成本，应根据第一车间甲半成品成本明细账中完工转出半成品成本填列，其中各成本项目费用之间的比例是成本还原的依据；第 5 行为第二次成本还原的成本，其中各成本项目费用之间的比例是成本还原的依据；第 6 行为成本还原后的成本。

成本还原的步骤如下：

① 计算还原分配率。还原分配率即每一元本月所产自制半成品成本相当于产成品所耗上一步骤半成品成本若干元。

成本还原率公式如下：

$$\text{成本还原率}=\frac{\text{本月产成品耗用上一步骤半成品成本合计}}{\text{上一步骤本月所产该半成品成本合计}}$$

或 $=\dfrac{\text{本步骤半成品中的“自制半成品”项目金额}}{\text{上一步骤半成品成本}}$

第一次成本还原金额＝第二步半成品成本×第一次成本还原率

第二次成本还原金额＝第一步半成品成本×第二次成本还原率

② 用还原分配率分别乘以本月所产该种半成品各个成本项目的费用，即可将本月产成品所耗半成品的综合成本，按照本月所产该种半成品的成本构成进行分解、还原，求得按原始成本项目反映的还原对象成本。本例通过计算，还原算出第三车间产成品所耗半成品费用 51 836.3 元中的第二车间的成本还原：自制半成品 B 为 42 434.21 元、工资及福利费为 3 161.77 元、制造费用为 6 240.32 元，还原后的 3 个项目费用之和等于还原对象 51 836.3 元，应与产成品所耗半成品费用 51 836.3 元相抵消。还原算出第二车间自制成品 A 所耗半成品费用 42 434.21 元中的第一车间的成本还原：原材料为 26 521.38 元、工资及福利费为 5 740.24 元、制造费用为 10 172.58 元，还原后的 3 个项目费用之和等于还原对象 42 434.21 元，应与产成品所耗半成品费用 42 434.21 元相抵消。经过两次成本还原，使得还原后的产品成本 60 761.67 元与还原前的最后一个加工生产车间(本例题为第三车间)生产的最终产成品成本 60 761.67 元相等。

③ 将表中第 1 行的工资及福利费、制造费用与第 6 行产成品所耗半成品费用还原值中的原材料、工资及福利费、制造费用按成本项目分别相加，即为第 6 行按原始成本项目反映的还原后的产成品总成本。显然，以第 6 行与第 1 行数字相比较，产成品总成本相同，但各项费用的构成不同。

④ 产成品中的“半成品”项目的综合成本直至全部被分解，还原为原始成本项目时为止。

需要说明的是：以前月份所产半成品的成本结构与本月所产半成品的成本结构如果不完全一致的话，也就是说，在各月所产半成品的成本结构变动较大的情况下，按照上述方法进行成本还原，会影响其还原结果的正确性。而且在实际中半成品成本按照实际成本结转需要等待半成品实物量转移后计算出来才能进行，及时性弱。在这种情况下，如果半成品的定额成本或计划成本资料健全，为了提高还原结果的正确性、及时性，产成品所耗半成品费用可以按定额成本或计划成本的成本构成进行还原(也称成本项目比例还原法见表 6-36(2))。

表 6-36(2)　产成品成本还原计算表（成本项目比例还原法）

完工产品：350 件

行次	项　目	甲 B 半成品(第二步骤)/元	甲 A 半成品(第一步骤)/元	直接材料/元	直接人工/元	制造费用/元	合计/元
1	还原前产成品成本	51 836.3	—	—	4 812.5	4 112.5	60 761.67
2	第二步骤半成品成本结构		47 600/58 146.67＝0.8186		3 546.67/58 146.67＝0.061	7 000/58 146.67＝0.1204	—

续表

行次	项　目	甲B半成品(第二步骤)/元	甲A半成品(第一步骤)/元	直接材料/元	直接人工/元	制造费用/元	合计/元
3	第一次成本还原		51 836.3×0.8186=42 433.20		51 836.3×0.061=3 162.01	51 836.3×0.1204=6 241.09	51 836.3
4	第一步骤半成品成本结构			30 000/48000=0.625	6 493.15/48000=0.1353	11 506.85/48000=0.2397	—
5	第二次成本还原			42 433.20×0.625=26 520.75	42 433.20×0.1353=5 741.21	42 433.20×0.2397=10 171.24	42 433.20
6	还原后产成品成本			26 520.75	13 715.72	20 524.83	60 761.30
7	产品单位成本			75.77	39.19	58.64	173.60

综上所述，采用综合结转法逐步结转半成品成本，从各步骤的产品成本明细账中能够反映出各步骤产品所耗上一步骤半成品成本水平和本步骤加工费用的水平，有利于各生产步骤的管理。但如果管理上要求提供按原始成本项目反映产成品成本的资料，就需要进行成本还原。如果生产多品种，成本还原工作量就繁重。因此，这种结转方法在管理上要求计算各步骤完工半成品成本和各步骤耗用上一步骤半成品成本，且不需进行成本还原时适用；若需进行成本还原，则太麻烦。对生产多品种，避免成本还原，可以采用分项结转法。

(2) 分项结转法。

分项结转法是将各步骤所耗用的上一步骤半成品成本，按照原始成本项目分项转入到各该步骤相应的产品成本明细账的各个成本项目中，这样结转有利于从整个企业角度分析产成品成本构成。如果半成品通过半成品库收发，在自制半成品明细账中登记半成品成本时，也要按照成本项目分别登记。在这种结转方法下，不需要进行成本还原。如果生产是多步骤的，采用分成本项目结转就比较麻烦，特别是在半成品通过仓库收发时，分项结转半成品成本的核算工作量较大，而且各加工步骤完工产品成本中看不出其所耗用上一加工步骤半成品成本的数量，本步骤加工费用的数量不便于对各加工步骤完工产品的成本进行分析和考核。因此，分项结转法一般适用于在成本管理上要求按原始成本项目计算产品成本、企业对外出售半成品时需要制定的价格、生产步骤较少、对各加工步骤成本管理要求不高的企业。

分项结转成本项目时，对半成品成本结转，可以按照实际成本结转，也可以按照计划成本结转。一般情况下，在实际工作中较多采用按实际成本分项结转的方法，不采用按计划成本结转半成品成本。因为采用计划成本结转半成品成本的话，计算工作量较大。如果月末在产品不多且较稳定、定额资料较健全，也可以将在产品按定额成本估计扣除法计算。

【例 6-7】 仍用例 6-5 中甲产品成本资料，说明采用分项结转法的成本计算程序。该企业采用分项结转分步法计算产品成本。

根据表 6-31 和表 6-32 的资料，各车间成本计算过程见表 6-37、表 6-38 和表 6-39。

表 6-37　一车间成本计算单

20××年 8 月

完工产量：300 件

产品名称：甲 A 半成品　　　　月末在产品数量：130 件

单位：元

摘　　要		直 接 材 料	直 接 人 工	制 造 费 用	合　　计
月初在产品成本		5 000	900	2 000	7 900
本月生产费用		38 000	7 000	12 000	57 000
生产费用累计		43 000	7 900	14 000	64 900
半成品	总成本	30 000	6 493.15	11 506.85	48 000
	单位成本	100	21.64	38.36	160
月末在产品成本		13 000	1 406.6	2 493.4	16 900

表 6-38　二车间成本计算单

20××年 8 月

完工产量：350 件

产品名称：甲 B 半成品　　　　月末在产品数量：50 件

单位：元

摘　　要		自制半成品	直接人工	制造费用	合　　计
月初在产品成本		6 400	1 000	2 500	9 900
本月生产费用		—	2 800	5 000	7 800
上一步骤转入半成品成本		30 000	6 493.15	11 506.85	48 000
生产费用累计		36 400	10 293.15	19 006.85	65 700
约当产量		400	375	375	—
分配率		91	27.58	50.68	169.26
半成品	总成本	31 850	9 653.61	17 739.73	59 243.34
	单位成本	91	27.58	50.68	169.26
月末在产品成本		4 550	639.54	1 267.12	6 456.66

表 6-39　三车间成本计算单

20××年 8 月

完工产量：350 件

产品名称：甲成品　　　　月末在产品数量：100 件

单位：元

摘　　要	自制半成品	直接人工	制造费用	合　　计
月初在产品成本	8 500	1 500	1 300	11 300
本月生产费用	—	4 000	3 400	7 400
上一步骤转入半成品成本	31 850	9 653.61	17 739.73	59 243.34
生产费用累计	40 350	15 153.61	22 439.73	77 943.34
约当产量	450	400	400	—
分配率	89.67	37.88	56.1	183.65

续表

摘　　要		自制半成品	直接人工	制造费用	合　　计
产成品甲	总成本	31 383.33	13 259.41	19 634.76	64 277.5
	单位成本	89.67	37.88	56.1	183.65
月末在产品成本		8 966.67	1 894.2	2 804.97	13 665.84

(4) 逐步结转分步法的优、缺点。

① 逐步结转分步法的优点是：A．对产成品成本资料和各步骤半成品成本资料均给予提供，为企业销售产成品和半成品提供了可靠的成本依据；B．不论是综合结转还是分项结转，半成品成本随着实物转移而结转，为企业加强半成品和在产品的实物管理和资金管理提供了资料；C．在综合结转分步法下，有利于对各加工步骤完工产品成本进行分析、考核，便于成本管理。

② 逐步结转分步法的缺点是：A．各加工步骤的半成品成本按加工顺序逐步结转，成本计算工作的及时性差；B．采用综合结转分步法，如果要从整个企业全面分析产成品成本项目的构成，成本还原工作量大；采用分项结转分步法，各步骤半成品成本结转工作量大；C．采用分项结转分步法，不利于对各加工步骤完工产品成本进行分析、考核。

2. 平行结转分步法

在大量、大批多步骤生产中的企业，不仅仅只是连续几个步骤对半成品进行顺序加工成为产成品，有的产品生产过程是这样的：对原材料加工成为半成品——零件和部件，对外购半成品进行加工成为需要的零件和部件，然后把这些零件和部件转入装配车间，组装生产成为产成品。例如，机械制造企业一般按生产工艺过程设置车间别，它们有铸工车间、锻压车间、加工车间、装配车间等生产车间。铸工车间利用生铁、钢、铜等各种原料熔铸各种铸件(毛坯)。锻压车间利用各种外购钢材锻造各种锻件(毛坯)。加工车间对各种铸件、锻件、外购半成品和外购原材料进行加工，制造各种产品的零件和部件，然后转入装配车间进行组装生产，成为各种机械产成品。在这类生产企业中，各步骤生产的半成品外售的情况较少，在成本管理上一般不要求计算半成品成本，因而在计算产品成本时，运用分步法计算产品成本，但可以不计算各步骤所产半成品成本，也不计算各步骤所耗上一步骤的半成品成本，只需要计算本步骤所发生的直接材料、直接人工、制造费用，以及这些费用中应计入最终产成品的份额。然后，将各步骤应计入同一产成品成本的份额平行结转、汇总，即可计算出产成品成本。这种平行结转各步骤成本的方法称为平行结转分步法，也称不计列半成品成本分步法、平行汇总分步法。

平行结转分步法一般适用于大量、大批的多步骤生产的企业，其半成品无独立经济意义或虽有半成品但成本管理上不要求单独计算半成品成本的企业，如砖瓦厂、瓷厂等。各生产步骤所耗的半成品种类很多，一般不计算零配件成本的装配式、连续加工式复杂生产企业，如大批量生产的机械制造企业，为了简化成本核算，采用平行结转分步法。

(1) 平行结转分步法的特点。

① 成本计算对象是最终完工产品。在平行结转分步法中，各生产步骤的半成品都不作为成本计算对象，各步骤的成本计算都是为了算出最终产品的成本。

② 各步骤完工半成品成本不需要转入下一步骤，所以就不用计算转出的完工半成品成

本，也不计算各步骤所耗上一步骤的半成品成本，只需要计算本步骤所发生的直接材料、直接人工、制造费用，以及这些费用中应计入最终产成品的费用份额。

③ 半成品实物转移与半成品成本的结转相分离。半成品实物转移与半成品成本的结转相分离的特点形成了狭义在产品与广义在产品。狭义在产品是某生产步骤未经过实际加工完成的在产品；广义在产品是指在最后一个步骤完工前的本步骤半成品，包括狭义在产品和本步骤已完工最终步骤未完工的半成品。就整个企业而言，广义在产品包括尚在本步骤加工中的在产品、本步骤已完工转入半成品库的半成品、已从半成品库转到以后各步骤进一步加工但尚未最后制成的半成品等。

④ 平行结转分步法，不论半成品实物是否通过半成品仓库收发，由于不计算各加工步骤半成品成本，所以都不需要设置“自制半成品”科目进行核算。

(2) 平行结转分步法的计算程序。

① 按各加工步骤的各种产品设置产品成本明细账，归集其在本步骤加工发生的各项生产费用，但不包括其所耗上一步骤半成品成本。

② 半成品实物逐步转移，但半成品成本不逐步结转，计算出各步骤的广义在产品数量。

③ 归集各步骤的生产费用，计算各步骤成本项目的单位成本。将各步骤的本月生产费用汇总后加上月初广义在产品成本，然后在最终产成品数量和本步骤广义在产品数量之间进行分配，计算出各步骤成本项目的单位成本。

④ 计算出本步骤应承担最终产成品成本的费用份额，即本步骤广义在产品成本份额，或者说是本步骤应计入最终产成品成本的份额。

⑤ 把④中计算出的费用份额平行结转到厂部汇总，计算出产成品成本。这种费用份额平行结转汇总的成本核算程序如图 6.8 所示。

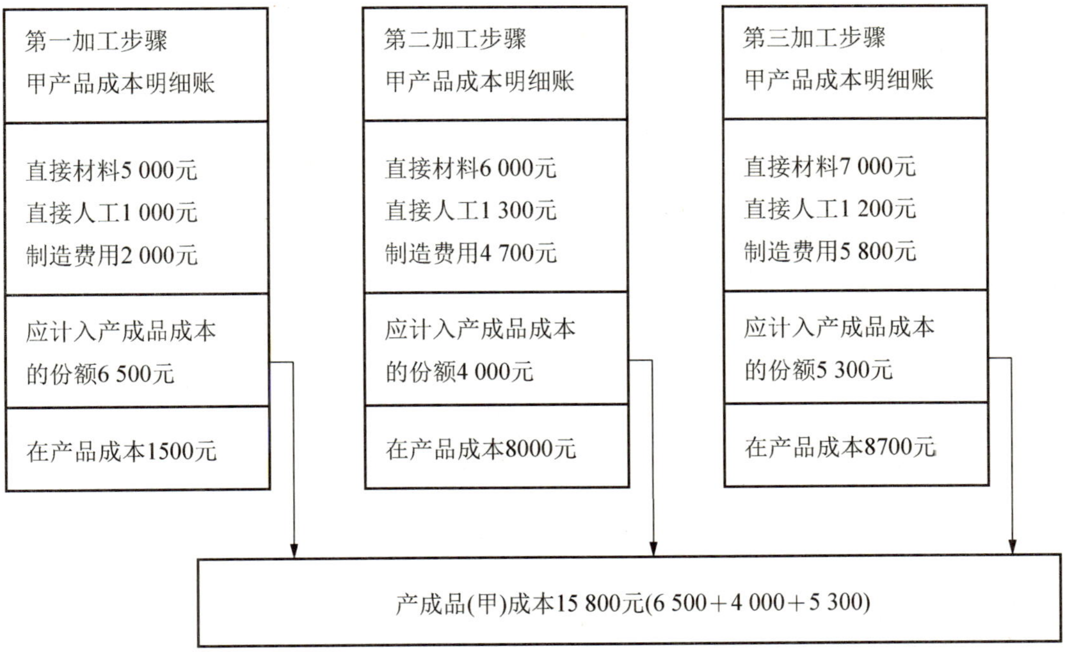

图 6.8　平行结转分步法成本核算程序图

6.3.4 平行结转分步法的应用计算举例

1. 装配式复杂生产企业

装配式复杂生产企业采用平行加工方式计算产成品成本，如图 6.9 所示。

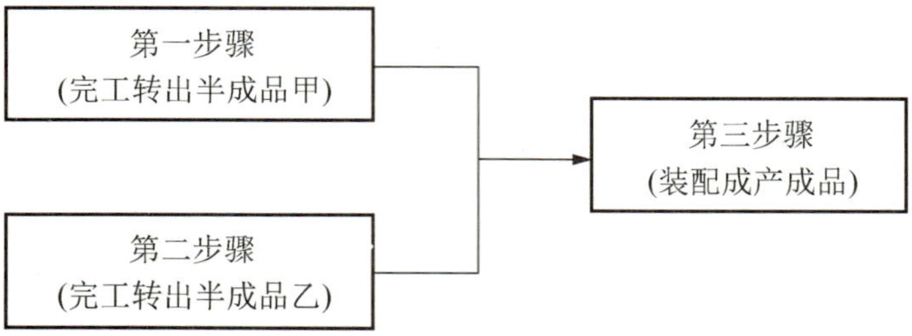

图 6.9 装配式复杂生产企业采用平行加工方式计算产成品成本

第一、第二两步骤的生产各自进行、没有联系，是平行加工生产，把第一、第二两步骤各自加工的半成品转移到第三步骤进行装配成产成品。它的成本计算程序如下：

(1) 某步骤完工产品数量(约当产量)。

某步骤完工产品数量(或约当产量)＝该步骤本期完工半成品数量＋该步骤狭义月末在产品的数量或约当产量＋停留在以后各步骤期初的在产品数量

或者可以写为：某步骤完工产品数量(或约当产量)＝最终产成品数量＋该步骤狭义月末在产品数量或约当产量＋停留在以后各步骤月末的在产品数量

(2) 计算半成品单位成本。

$$\text{某步骤完工半成品单位成本}=\frac{\text{该步骤期初在产品成本}+\text{本期生产费用}}{\text{该步骤完工产品数量(约当产量)}}$$

(3) 计算某步骤计入产成品的份额。

某步骤计入产成品的份额＝该步骤完工半成品单位成本×最终完工产品数量

【例 6-8】 某企业生产甲产品，在第一车间生产零件 A，在第二车间生产零件 B，在第三车间将每件甲产品由一件 A 和一件 B 组装成。生产 A 零件时耗用的材料在生产开始时一次投入，生产 B 零件时耗用的材料随着加工进度逐步投入。各车间月末在成品完工程度为 50%。该企业的生产情况资料及各车间生产费用资料见表 6-40、表 6-41 和表 6-42。

(1) 生产情况。

表 6-40 生产情况资料

20××年×月　　单位：件

项　目	A 零件	B 零件	甲　产　品
期初在产品数	60	100	180
本期投产数	820	740	780
完工转出数	780	780	800
期末在产品数	100	60	160

(2) 各车间生产费用资料，见表 6-41 和表 6-42。

表 6-41　月初在产品成本

20××年×月　　单位：元

车　间	直接材料	直接人工	制造费用	合　计
第一车间	4 800	750	700	6 250
第二车间	2 200	600	400	3 240
第三车间	—	200	160	360

表 6-42　本月生产成本

20××年×月　　单位：元

车　间	直接材料	直接人工	制造费用	合　计
第一车间	15 000	3 400	2 500	20 900
第二车间	6 600	1 600	1 200	9 400
第三车间	—	900	1 300	2 200

计算过程如下：

(1) 各步骤完工产品数量(约当产量)的计算。

A 零件直接材料费用的约当产量＝780＋100＋180＝800＋100＋160＝1 060(元)

A 零件加工费用的约当产量＝780＋100×50%＋180＝800＋100×50%＋160＝1 010(元)

B 零件直接材料费用的约当产量＝780＋60×50%＋180＝800＋60×50%＋160＝990(元)

B 零件加工费用的约当产量＝780＋60×50%＋180＝800＋60×50%＋160＝990(元)

AB 产品加工费用的约当产量＝800＋160×50%＝880

(2) 半成品单位成本及份额的计算见表 6-43、表 6-44 和表 6-45。

表 6-43　A 零件单位成本及计入甲产品的份额

一车间　　单位：元

项　目	单位成本	份　额	月末在产品成本
直接材料	$\frac{4\,800+15\,000}{1\,060}=18.68$	18.68×800＝14 943.40	4 800＋15 000－14 943.40＝4 856.6
直接人工	$\frac{750+3\,400}{1\,010}=14.11$	14.11×800＝3 287.13	750＋3 400－3 287.13＝862.87
制造费用	$\frac{700+2\,500}{1\,010}=3.17$	3.17×800＝2 534.65	700＋2 500－2 534.65＝665.35

表 6-44　B 零件单位成本及计入甲产品的份额

二车间　　单位：元

项　目	单位成本	份　额	月末在产品成本
直接材料	$\frac{2\,200+6\,600}{990}=8.89$	8.89×800＝7 111.11	2 200＋6 600－7 111.11＝1 688.89

续表

项　目	单位成本	份　额	月末在产品成本
直接人工	$\frac{600+1\ 600}{990}=2.22$	2.22×800=1 777.78	600+1 600−1 777.78=422.22
制造费用	$\frac{400+1\ 200}{990}=1.62$	1.62×800=1 292.93	400+1 200−1 292.93=307.07

表 6-45　AB 产品单位成本及计入甲产品的份额

三车间　　单位：元

项　目	单位成本	份　额	月末在产品成本
直接材料	—	—	—
直接人工	$\frac{200+900}{880}=1.25$	1.25×800=1 000	200+900−1 000=100
制造费用	$\frac{160+1\ 300}{880}=1.66$	1.66×800=1 327.27	160+1 300−1 327.27=132.73

完工产品(甲)总成本＝14 943.4＋3 287.13＋2 534.65＋7 111.11＋1 777.78＋1 292.93＋1 000＋1 327.27＝32 079.73(元)

2. 连续加工式复杂生产企业

连续加工式复杂生产企业采用平行加工方式计算产成品成本，如图 6.10 所示。

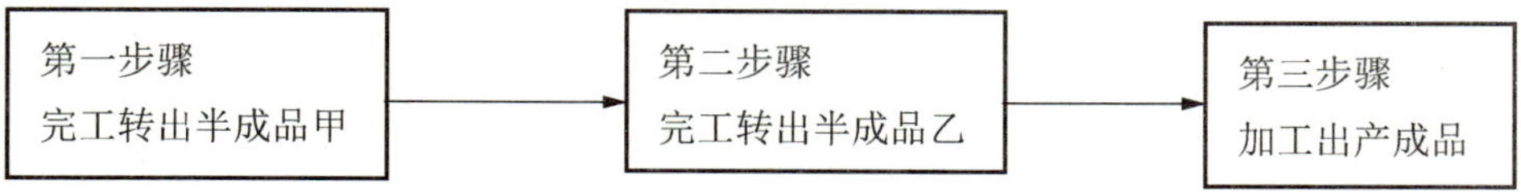

图 6.10　连续加工式复杂生产企业采用平行加工方式计算产成品成本

第一步骤加工出半成品甲，把半成品甲转移到第二步骤继续加工生产出半成品乙，把半成品乙转移到第三步骤继续加工生产出最终的产成品。3 个加工步骤是顺序加工的、有联系的、陆续生产的，属于非平行加工生产。它的成本计算程序如下：

(1) 计算某步骤完工产品数量(约当产量)。

$$\begin{matrix}\text{某步骤完工}\\\text{产品数量}\\\text{(或约当产量)}\end{matrix}=\begin{matrix}\text{该步骤本期完工}\\\text{半成品数量}\end{matrix}+\begin{matrix}\text{该步骤狭义月末}\\\text{在产品的数量}\\\text{或约当产量}\end{matrix}+\begin{matrix}\text{停留在以后}\\\text{各步骤期初}\\\text{在产品数量}\end{matrix}$$

或者可以写为：

$$\begin{matrix}\text{某步骤完工}\\\text{产品数量}\\\text{(或约当产量)}\end{matrix}=\begin{matrix}\text{最终产成品}\\\text{数量}\end{matrix}+\begin{matrix}\text{该步骤狭义月末}\\\text{在产品数量}\\\text{或约当产量}\end{matrix}+\begin{matrix}\text{停留在以后}\\\text{各步骤月末}\\\text{在产品数量}\end{matrix}$$

(2) 计算半成品单位成本。

$$\text{某步骤完工半成品单位成本}=\frac{\text{该步骤期初在产品成本}+\text{本期生产费用}}{\text{该步骤完工产品数量(约当产量)}}$$

(3) 计算各步骤计入产成品的份额。

某步骤计入产成品的份额＝该步骤完工半成品单位成本×最终完工产品数量

【例 6-9】 某厂生产甲产品，加工步骤顺序经过第一车间、第二车间、第三车间。第一车间生产出半成品乙，第二车间生产出半成品丙，第三车间生产出产成品甲。原材料在生产开始时一次投入，各车间在产品完工程度为 50%。该厂生产情况资料、各车间月初在产品成本资料和本月生产费用资料见表 6-46、表 6-47 和表 6-48。

表 6-46　生产情况资料

单位：件

项　目	第一车间	第二车间	第三车间	产成品甲
期初在产品数	100	80	40	
本期投产数	440	→ 400	→ 360	
完工转出数	400	360	300	→ 300
期末在产品数	140	120	100	

表 6-47　月初在产品成本

单位：元

车　间	直接材料	直接人工	制造费用
第一车间	800	100	230
第二车间	—	80	100
第三车间	—	140	120

表 6-48　生产成本资料

单位：元

车　间	直接材料	直接人工	制造费用
第一车间	19 000	2 200	5 300
第二车间	—	2 100	4 200
第三车间	—	1 600	2 900

分析计算过程如下：

(1) 各车间成本项目的约当产量。

第一车间直接材料费用的约当产量＝400＋140＋80＋40＝140＋120＋100＋300＝660(元)

加工费用的约当产量＝400＋140×50%＋80＋40＝140×50%＋120＋100＋300＝590(元)

第二车间加工费用的约当产量＝360＋120×50%＋40＝120×50%＋100＋300＝460(元)

第三车间加工费用的约当产量＝300＋100×50%＝350(元)

(2) 半成品单位成本及份额的计算见表 6-49、表 6-50 和表 6-51。

表 6-49　半成品乙的单位成本及计入甲产品的份额

一车间　　　　单位：元

项　目	单位成本	份　额	月末在产品成本
直接材料	$\frac{800+19\,000}{660}=30$	30×300＝9 000	800＋19 000－9 000＝10 800

续表

项　目	单位成本	份　额	月末在产品成本
直接人工	$\frac{100+2\,200}{590}=3.8983$	3.898 3×300=1 169.49	100+2 200−1 169.49=1 130.51
制造费用	$\frac{230+5300}{590}=9.37$	9.37×300=2 811.86	230+5 300−2 811.86=2 718.14

表 6-50　半成品乙的单位成本及计入甲产品的份额

二车间　　单位：元

项　目	单位成本	份　额	月末在产品成本
直接材料	—	—	—
直接人工	$\frac{80+2\,100}{460}=4.74$	4.74×300=1 421.74	80+2 100−1 421.74=758.26
制造费用	$\frac{100+4\,200}{460}=9.35$	9.35×300=2 804.35	100+4 200−2 804.35=1 495.65

表 6-51　半成品的单位成本及计入甲产品的份额

三车间　　单位：元

项　目	单位成本	份　额	月末在产品成本
直接材料	—	—	—
直接人工	$\frac{140+1\,600}{350}=4.97$	4.97×300=1 491.43	140+1 600−1 491.43=248.57
制造费用	$\frac{120+2\,900}{350}=8.64$	8.63×300=2 588.57	120+2 900−2 588.57=431.43

完工产品成本＝9 000＋1 169.49＋2 811.86 ＋1 421.74＋2 804.35＋1 491.43＋2 588.57
＝21 287.44(元)

如果企业定额管理基础较好，各项消耗定额或者费用定额比较准确稳定，对于各月在产品数量变动不大时，各车间计入最终产成品的份额可以采用在产品定额成本计算法；对于各月在产品数量变动较大时，各车间计入最终产成品的份额可以采用定额比例法计算。

下面以定额比例法计算各车间计入最终产成品的份额和最终产成品成本举例。

定额比例法的公式如下。

公式一：

$$\text{费用分配率}=\frac{\text{月初在产品费用}+\text{本月实际生产费用}}{\text{完工产品定额原材料费用或者定额工时}+\text{月末在产品定额原材料费用或者定额工时}}$$

公式二：

$$\text{费用分配率}=\frac{\text{月初在产品费用}+\text{本月实际生产费用}}{\text{月初在产品定额原材料费用或者定额工时}+\text{本月定额原材料费用或者定额工时}}$$

公式一与公式二通用，因为：

月初在产品定额费用或者定额工时 + 本月定额费用或者定额工时 = 本月完工产品定额费用或者定额工时 + 月末在产品定额费用或者定额工时

公式三：

完工产品原材料费用 = 完工产品定额原材料费用 × 原材料费用分配率

月末在产品原材料费用 = 月末在产品定额原材料费用 × 原材料费用分配率

完工产品某项加工费用 = 完工产品定额工时 × 该项费用分配率

月末在产品某项加工费用 = 月末在产品定额工时 × 该项费用分配率

【例 6-10】 某企业大量生产丙产品，该产品加工过程需要经过第一、第二和第三 3 个生产车间顺序完成，每个车间顺序为下一个车间提供半成品，成本计算采用平行结转分步法，各车间完工产品成本份额和期末在产品成本采用定额比例法计算。该企业某月有关成本资料如下：

(1) 丙产品的单位定额为：单位原材料定额为 46 元，单位工时定额分别为：第一车间 8 小时，第二车间 14 小时，第三车间 11 小时，该月生产出丙产品 120 件。

(2) 各车间产品成本明细账分别见表 6-52、表 6-53 和表 6-54。

表 6-52　产品成本明细账

第一车间：丙产品

项　　目	直接材料/元		工时定额/小时	直接人工/元	制造费用/元	合计/元
	定　　额	实　　际				
月初在产品成本	2 740	2 850	460	2 333	939	6 122
本月生产费用	4 260	4 850	810	4 017	1 728	10 595
生产费用累计						
费用分配率						
计入产成品的份额						
月末在产品成本						

表 6-53　产品成本明细账

第二车间：丙产品

项　　目	直接材料/元		工时定额/小时	直接人工/元	制造费用/元	合计/元
	定　　额	实　　际				
月初在产品成本			890	3 383	1 169	4 552
本月生产费用			1 420	7 012	4 837	11 849

续表

项　目	直接材料/元		工时定额/小时	直接人工/元	制造费用/元	合计/元
	定　额	实　际				
生产费用累计						
费用分配率						
计入产成品的份额						
月末在产品成本						

表 6-54　产品成本明细账

第三车间：丙产品

项　目	直接材料/元		工时定额/小时	直接人工/元	制造费用/元	合计/元
	定　额	实　际				
月初在产品成本			750	4 185	1 504	5 689
本月生产费用			1 290	7 035	2 984	10 019
生产费用累计						
费用分配率						
计入产成品的份额						
月末在产品成本						

要求：

(1) 计算丙产品成本及单位成本。

(2) 完成产品成本明细账。

(3) 编制丙产品成本汇总表。

分析计算过程如下：

(1) 第一车间。

原材料费用分配率＝$\dfrac{2\,850+4\,850}{2\,740+4\,260}$＝1.1

定额原材料费用计入产品的份额＝46×120＝5 520(元)

实际原材料费用计入产品的份额＝5 520×1.1＝6 072(元)

月末在产品定额原材料成本＝2 740＋4 260－5 520＝1 480(元)

月末在产品实际原材料成本＝1 480×1.1＝2 850＋4 850－6 072＝1 628(元)

本步骤费用计入产成品份额需要的工时定额＝8×120＝960(小时)

月末在产品的工时定额＝460＋810－960＝310(小时)

直接人工费用分配率＝$\dfrac{2\,333+4\,017}{460+810}$＝5

直接人工费用计入产品的份额＝960×5＝4 800(元)

月末在产品直接人工费用＝310×5＝2 333＋4 017－4 800＝1 550(元)

$$制造费用分配率=\frac{939+1\,728}{460+810}=2.1$$

制造费用计入产品的份额＝960×2.1＝2 016(元)

月末在产品制造费用＝310×2.1＝939＋1 728－2 016＝651(元)

把第一车间各成本项目的计算结果填入其成本明细账中，见表 6-55。

表 6-55　产品成本明细账

第一车间：丙产品

项　　目	直接材料/元		工时定额/小时	直接人工/元	制造费用/元	合计/元
	定　　额	实　　际				
月初在产品成本	2 740	2 850	460	2 333	939	6 122
本月生产费用	4 260	4 850	810	4 017	1 728	10 595
生产费用累计	7 000	7 700	1 270	6 350	2 667	16 717
费用分配率		1.1		5	2.1	
计入产成品的份额	46×120＝5 520	6 072	8×120＝960	4 800	2 016	12 888
月末在产品成本	1 480	1 628	310	1 550	651	3 829

(2) 第二车间。

本步骤费用计入产成品份额需要的工时定额＝14×120＝1 680(小时)

月末在产品的工时定额＝890＋1 420－1 680＝630(小时)

$$直接人工费用分配率=\frac{3\,383+7\,012}{890+1\,420}=4.5$$

直接人工费用计入产品的份额＝1 680×4.5＝7 560(元)

月末在产品直接人工费用＝630×4.5＝3 383＋7 012－7 560＝2 835(元)

$$制造费用分配率=\frac{1\,169+4\,873}{890+1\,420}=2.6$$

制造费用计入产品的份额＝1 680×2.6＝4 368(元)

月末在产品制造费用＝630×2.6＝1 169＋4 837－4 368＝1 638(元)

把第二车间各成本项目的计算结果填入其成本明细账中，见表 6-56。

表 6-56　产品成本明细账

第二车间：丙产品

项　　目	直接材料/元		工时定额/小时	直接人工/元	制造费用/元	合计/元
	定　　额	实　　际				
月初在产品成本			890	3 383	1 169	4 552
本月生产费用			1 420	7 012	4 837	11 849
生产费用累计			2 310	10 395	6 006	16 401
费用分配率				4.5	2.6	

续表

项　目	直接材料/元		工时定额/小时	直接人工/元	制造费用/元	合计/元
	定　额	实　际				
计入产成品的份额			14×120=1 680	7 560	4 368	11 928
月末在产品成本			630	2 835	1 638	4 473

第三车间各成本项目费用的分配率计算可以类推，略。

把第三车间各成本项目的计算结果填入其成本明细账中，见表 6-57。

表 6-57　产品成本明细账

第三车间：丙产品

项　目	直接材料/元		工时定额/小时	直接人工/元	制造费用/元	合计/元
	定 额	实 际				
月初在产品成本			750	4 185	1 504	5 689
本月生产费用			1 290	7 035	2 984	10 019
生产费用累计			2 040	11 220	4 488	15 708
费用分配率				$\frac{11\,220}{2\,040}=5.5$	$\frac{4\,488}{2\,040}=2.2$	
计入产成品的份额			11×120=1 320	5.5×1 320=7 260	2.2×1 320=2 904	10 164
月末在产品成本			720	3 960	1 584	5 544

根据表 6-55、表 6-56、表 6-57 填制表 6-58，即得丙产品成本汇总表。

表 6-58　丙产品成本汇总表

车　间　别	产量/件	直接材料/元	直接人工/元	制造费用/元	合计/元
第一车间	120	6 072	4 800	2 016	12 888
第二车间	120	—	7 560	4 368	11 928
第三车间	120	—	7 260	2 904	10 164
合　　计	120	6 072	19 620	9 288	34 980
单位成本	120	50.6	163.5	77.4	291.5

综上所述，平行结转分步法具有以下优点：

(1) 采用平行结转分步法，各步骤可以同时计算应计入完工产品成本的份额，然后把份额平行结转、汇总计入最终产成品成本。不需要进行逐步结转半成品成本，下一步骤成本计算不需等待上一步骤成本结转，这样加快了成本计算工作速度。

(2) 采用平行结转分步法，一般是按成本项目平行结转、汇总各步骤成本中应计入产成品成本的份额，因而能够直接提供按原始成本项目反映的产成品成本资料，不需要进行成本还原，大大简化了成本计算工作量。

同时，采用平行结转分步法的缺点如下：

(1) 不能提供各步骤半成品成本资料以及各步骤所耗上一步骤半成品成本资料，因而不利于各步骤的成本管理。

(2) 由于各步骤间不结转半成品成本，使半成品实物转移与成本结转分离，所以不能为各步骤半成品的实物管理和资金管理提供资料。

本章小结

本章对产品成本计算采用的品种法、分批法和分步法这 3 个基本方法进行了全面的、系统的论述，讲解了这 3 种基本方法的特点、适用范围、计算程序及其相应的会计账务处理。为了更好地理解这 3 种基本方法，在论述过程中配以完整的例题。本章与其他章节相比，内容多、篇幅大、综合性强，有一定的难度。

(1) 品种法。当企业进行单步骤生产，并且产品品种也是单一的，月末一般没有在产品或者在产品数量很少，这种产品的生产步骤简单、成本计算简单，因此称为简单法。但一般情况下，企业生产步骤并不都是单一的，即使步骤单一，品种也不一定单一，成本计算工作也不一定简单，这时产品成本计算就不是简单法，而是品种法。由此可见，简单法是品种法的特殊方法。品种法的计算程序体现着产品成本计算的一般程序。品种法是以产品品种为成本计算对象的，以产品品种为对象来计算成本是最普通的、最基本的，因此品种法是产品成本计算方法中最基本的方法。

(2) 分批法。分批法的成本计算对象一般情况下是客户的订单。对于分批法，可以简化它的计算，就是简化分批法。学习简化分批法一定要从实务角度出发，弄清楚其简化的实务操作程序。

(3) 分步法。分步法是本章内容最多的，也是本章内容的难点，是 3 个方法中综合性最强的一种方法，学习它要弄清楚各步骤成本资料的传递程序和成本结转问题。分步法的成本计算对象是产品的生产步骤，以产品的各个生产步骤归集生产费用来计算产品成本。由于生产步骤多，其半成品实物转移和半成品成本资料传递、结转的程序可能一致，也可能不一致，这就产生了不同的方法来计算最终的产品成本，这些方法有逐步综合结转分步法、逐步分项结转分步法、平行结转分步法 3 种。在这 3 种方法中，半成品成本结转时可以按实际成本结转，可以按计划成本结转，也可以按定额成本结转。

(4) 逐步结转分步法与平行结转分步法两者的优缺点正好相反。

思考与练习

1. 简答题

(1) 简述品种法的特点、适用范围、计算程序。

(2) 简述分批法的特点、适用范围、计算程序。

(3) 简述分步法的特点、适用范围、计算程序。

2. 练习题

(1) 星光企业设有一个基本生产车间，大量生产甲、乙两种产品，其工艺过程均为多步骤流水线加工生产，但在管理上不要求分步骤计算成本。该企业内部还设有供水、机修两个辅助生产车间，为基本生产车间和管理部门提供产品及劳务。该企业按品种法来计算产品成本，设置“直接材料”“直接人工”“制造费用”3 个成本项目，各产品所耗材料在开工时一次投入，直接人工工资费用及制造费用随加工程度均匀发生，完工程度均为50%。月末在产品成本按约当产量比例法计算，直接人工、制造费用按产品实际生产工时比例分配。下面以该企业6月份的费用资料，说明甲、乙两种产品采用品种法计算的成本计算程序和相应的账务处理。该企业6月份有关产品产量及成本资料如下。

① 月初在产品成本(如表6-69)。

表6-69 月初在产品成本

20××年6月

单位：元

产品名称	直接材料	直接人工	制造费用	合　计
甲产品	25 000	5 000	16 000	46 000
乙产品	30 000	2 000	12 000	44 000
合　计	55 000	7000	28 000	90 000

② 产量资料(见表6-70)。

表6-70 本月产量记录

20××年6月

项　目	甲　产　品	乙　产　品
月初在产品数量/件	150	200
本月投入/元	400	300
本月完工产品数量/件	500	400
月末在产品数量/件	50	100
完工程度	50%	50%

③ 本月发生生产费用(见表6-71，表6-72，表6-73和表6-74)。

表6-71 本月材料费用表

20××年6月　　单位：元

领料用途	直接领用A材料	共耗B材料	合　计
甲产品	120 000		120 000
乙产品	200 000		200 000
合　计	320 000	20 000	340 000
基本生产车间一般耗用		80 000	80 000
供水车间		32 000	32 000
机修车间		24 000	24 000
管理部门	20 000		20 000

表 6-72　本月工资薪酬费用表

20××年 6 月　　　　　　　　　　　　　　　　单位：元

部　　门	应付职工薪酬	
	应付工资	应付福利费
产品生产工人	30 000	4 200
基本生产车间管理人员	16 000	2 240
供水车间	6 000	840
机修车间	7 000	980
管理部门	12 000	1 680
合　　计	71 000	9 940

表 6-73　折旧费用表

20××年 6 月　　　　　　　　　　　　　　　　单位：元

车间名称	金　　额
基本生产车间	6 000
供水车间	2 000
机修车间	1 000
管理部门	4 200
合　　计	13 200

表 6-74　其他费用表

20××年 6 月　　　　　　　　　　　　　　　　单位：元

车间名称		费　用　项　目				
		办公费	外购动力费	差旅费	其　他	合　计
基本生产车间		1 100	2 000	2 600	600	6 300
辅助生产车间	供水车间	900	2 200	1 100	200	4 400
	机修车间	1 000	1 800	1 200	300	4 300
管理部门		1 000	1 300	1 500	200	4 000
合　计		4 000	7 300	6 400	1 300	19 000

④ 工时记录。

甲产品耗用工时为 5 200 小时，乙产品耗用工时为 3 200 小时。

⑤ 辅助生产产品及劳务供应量。

辅助生产产品及劳务供应量资料见表 6-75。

表 6-75　辅助生产产品及劳务供应量

20××年 6 月

受益单位	机修车间/小时	供水车间/吨	单位计划成本/元
供水车间	600	—	10 元/吨
机修车间	—	800	6 元/小时

续表

受益单位	机修车间/小时	供水车间/吨	单位计划成本/元
基本生产车间	5 000	2 000	—
合　计	5 600	2 800	—

计划成本与实际成本的差额全部计入管理费用。

⑥ 有关费用分配方法

A. 甲、乙产品共同耗用的材料费用按直接材料费用比例分配；

B. 生产工人工资按甲、乙两产品生产工时比例分配；

C. 制造费用按甲、乙两产品生产工时比例分配。

要求根据上述资料，请按照品种法计算产品成本来完成如下表。

(1) 分配各要素费用。

① 根据甲、乙两产品直接耗用原材料比例分配共同耗用材料，见表6-76，编制会计分录。

表6-76　甲、乙产品共耗材料费用和材料费用分配表

20××年6月　　　　单位：元

项　目		直接材料	分　配　率	分配共同用材料	合　计
生产成本	甲产品				
	乙产品				
	合　计				
制造费用					
生产成本——辅助生产成本	供水车间				
	机修车间				
管理费用					

② 根据甲、乙两种产品的实际生产工时分配产品生产工人工资和福利费，根据应付工资和福利费汇总表及分配结果(见表6-77)，编制会计分录。

表6-77　职工薪酬费用分配

20××年6月

项　目		生产工时/小时	应付工资/元		应付福利费	合计/元
			分配率	分配金额		
生产成本	甲产品					
	乙产品					
	合　计					
制造费用						
生产成本——辅助生产成本	供水车间					
	机修车间					

续表

项　　目	生产工时/小时	应付工资/元		应付福利费	合计/元
		分配率	分配金额		
管理费用					
合　　计					

③ 计提固定资产折旧和分配本月现金和银行存款支付费用(分配结果见表 6-78)。

表 6-78　折旧及其他费用分配表

20××年 6 月　　单位：元

应借账户		金　　额					
制造费用	基本生产车间						
生产成本	辅助生产成本(供水车间)						
	辅助生产成本(机修车间)						
	小 计						
管理费用							
合　计							

(2) 辅助生产费用的核算。

① 根据上列有关各种费用要素分配表，将属于辅助生产车间耗用的费用归集到辅助生产费用明细账(见表 6-79、表 6-80)。

表 6-79　辅助生产成本明细账

车间名称：机修车间　　单位：元

20××年		凭证号数	摘　　要	机物料	工资及福利费	折旧费	其他费用	合 计
月	日							
6	30	略	材料费用分配表					
6	30	略	工资及福利费					
6	30	略	折旧及其他费用					
6	30		合　计					
6	30		本月转出					

表 6-80 辅助生产成本明细账

车间名称：供水车间 单位：元

20××年		凭证号数	摘　　要	机物料	工资及福利费	折旧费	其他费用	合 计
月	日							
6	30	略	材料费用分配表					
6	30	略	工资及福利费					
6	30	略	折旧及其他费用					
6	30		合　计					
6	30		本月转出					

② 该企业采用计划成本分配法分配辅助生产费用。编制辅助生产费用分配表分配辅助生产费用(见表 6-81)。

表 6-81 辅助生产费用分配表

20××年 6 月

受益单位 \ 劳务供应			机修车间		供水车间		合计/元
			数量/小时	费用/元	数量/吨	费用/元	
待分配的数量和费用							
计划单位成本							
辅助生产成本	机修车间	水　费					
	供水车间	修理费					
	小　　计						
制造费用	基本生产车间	水　费					
		修理费					
	小　　计						
按计划成本分配合计							
辅助生产实际成本							
辅助生产成本差异							

(3) 归集和分配基本生产车间的制造费用。

① 根据上列各种费用分配表，登记基本生产车间制造费用明细账，详见表 6-82。

表 6-82 制造费用明细账

20××年 6 月 单位：元

20××年		凭证号数	摘 要	机物料	工资及福利费	折旧费	办公费	外购动力	差旅费	其他	修理费	水费	合计
月	日												
4	31	略	材料费用分配表										

续表

20××年		凭证号数	摘　要	机物料	工资及福利费	折旧费	办公费	外购动力	差旅费	其他	修理费	水费	合计
月	日												
4	31	略	工资福利费分配表										
4	31	略	折旧其他费汇总表										
4	31	略	辅助生产费用分配表										
4	31	略	待分配费用合计										
4	31	略	制造费用分配转出										

② 根据基本生产车间制造费用明细账归集的制造费用和甲、乙产品的生产工时，编制基本生产车间制造费用分配表分配制造费用，见表 6-83。

表 6-83　基本生产车间制造费用分配表

20××年 6 月

分配对象	生产工时/小时	分配率/%	分配金额/元
甲产品			
乙产品			
合　　计			

(4) 如表 6-84、表 6-85 所示，分配计算甲、乙产品的完工产品成本和月末在产品成本。

表 6-84　基本生产成本明细账

单位：元

产品名称：甲产品　　　　完工产品数量：件

20××年		凭证号数	摘　　要	成 本 项 目			合　计
月	日			直接材料	直接人工	制造费用	
3	31	略	月初在产品成本				
4	31	略	本月生产费用				
4	31	略	生产费用累计				
4	31	略	分配率				
4	31	略	结转完工产品成本				
4	31	略	月末在产品成本				

表 6-85　基本生产成本明细账

产品名称：乙产品　　　　单位：元
完工数量：件

20××年		凭证号数	摘　要	成 本 项 目			合　计
月	日			直接材料	直接人工	制造费用	
3	31		月初在产品成本				
4	31	略	本月生产费用				
4	31	略	生产费用累计				
4	31	略	分配率				
4	31	略	结转完工产品成本				
4	31	略	月末在产品成本				

根据甲、乙产品成本明细账中的完工产品成本，汇编产成品成本汇总表，结转产成品成本。产成品成本汇总表见表 6-86。

表 6-86　产成品成本汇总表

20××年 6 月　　　　单位：元

成本项目	甲产品(产量：件)		乙产品(产量：件)	
	总成本	单位成本	总成本	单位成本
直接材料				
直接人工				
制造费用				
合　计				

3. 练习分批法

某企业生产 A、B、C、D、E 等五产品。该企业按照购买单位的要求分批组织生产，采用分批法计算各批产品成本。20××年 9 月份有关成本计算资料见表 6-87、表 6-88。其原材料按计划成本计价。期初余额及本月份有关成本资料如下。

(1) 期初余额见表 6-87。

表 6-87　产品月初余额表

批　号	产品名称	批量/台	直接材料/元	直接人工/元	制造费用/元
501	A	90	42 200	6 500	14 560
502	B	30	35 000	5 700	10 660
503	C	70	36 000	8 550	6 800

(2) 本月有关资料。

① 本月发生费用及工时资料见表 6-88。

表 6-88　本月发生费用及工时表

批　号	产品名称	原材料(计划成本)/元	实际工时/小时	工资/元	制造费用
501	A	22 000	6 000		
502	B	8 600	5 500		
503	C	7 600	12 000		
504	D	44 000	28 000		
505	E	26 500	5 000		
合　计		108 700	56 500	45 200	203 400

② 本月生产产品的批号：

501 批次 A 产品 90 台，2007 年 8 月投产，同年 9 月全部完工。

502 批次 B 产品 30 台，2007 年 8 月投产，同年 9 月未完工。

503 批次 C 产品 70 台，2007 年 8 月投产，同年 9 月完工 10 台。

504 批次 D 产品 50 台，2007 年 9 月投产，同年 9 月全部完工。

505 批次 E 产品 60 台，2007 年 9 月投产，同年 9 月全未完工。

504、505 产品为本月新投入生产的产品，批量分别为 50 台和 60 台。503 产品 9 月完工 10 台，按计划成本转出，其直接材料计划单位成本为 550 元，直接人工单位成本 100 元，制造费用单位成本 1 680 元，合计 2 330 元。已知材料成本差异率为 1%。

③ 本月发生的工资费用、制造费用均按实际工时比例分配。

④ 请大家替该企业会计部门组织进行成本核算，并完成以下空白表。

A. 根据领料单、工资结算单及有关资料编制材料费用分配表、工资及福利费分配表、制造费用分配表，分别见表 6-89、表 6-90、表 6-91。

表 6-89　材料费用分配表

单位：元

借方＼贷方		原材料(差异率 1%)		
		计划成本	成本差异	实际成本
生产成本——基本生产成本	A	22 000		
	B	8 600		
	C	7 600		
	D	44 000		
	E	26 500		
合　计		108 700		

表 6-90　工资及福利费分配表

单位：元

借方＼贷方		应付职工薪酬——应付工资			应付职工薪酬——应付福利费
		分配标准(工时)	分配率	分配金额	
生产成本——基本生产成本	A	6 000			
	B	5 500			

续表

借方 \ 贷方		应付职工薪酬——应付工资			应付职工薪酬——应付福利费
		分配标准(工时)	分配率	分配金额	
生产成本——基本生产成本	C	12 000			
	D	28 000			
	E	5 000			
合　计		56 500		45 200	

表 6-91　制造费用分配表

单位：元

贷方 \ 借方		生产成本——基本生产成本					
		A	B	C	D	E	合 计
制造费用	分配标准(工时)	6 000	5 500	12 000	28 000	5 000	56 500
	分配率						
	分配金额						203 400

B. 根据材料费用分配表、工资及福利分配表、制造费用分配表，登记各产品成本明细账。

表 6-92　产品成本明细账

批号：501　　单位：元

产品名称：A　　开工日期：20××年 8 月

产量：90 台　　完工日期：同年 9 月 25 日

20××年		摘　要	直接材料	直接人工	制造费用	合　计
月	日					

表 6-93　产品成本明细账

批号：502　　单位：元

产品名称：B　　开工日期：20××年 8 月

产量：30 台　　完工日期：

20××年		摘　要	直接材料	直接人工	制造费用	合　计
月	日					

续表

20××年		摘　　要	直接材料	直接人工	制造费用	合　　计
月	日					

表 6-94　产品成本明细账

批号：503　　单位：元

产品名称：C　　开工日期：20××年 8 月

产量：70 台　　完工日期：

20××年		摘　　要	直接材料	直接人工	制造费用	合　　计
月	日					

表 6-95　产品成本明细账

批号：504　　单位：元

产品名称：D　　开工日期：20××年 9 月 1 日

产量：50 台　　完工日期：同年 9 月 30 日

20××年		摘　　要	直接材料	直接人工	制造费用	合　　计
月	日					

表 6-96　产品成本明细账

批号：505　　单位：元

产品名称：E　　开工日期：20××年 9 月 1 日

产量：60 台　　完工日期：

20××年		摘　　要	直接材料	直接人工	制造费用	合　　计
月	日					

续表

20××年		摘　要	直接材料	直接人工	制造费用	合　计
月	日					

表 6-97　产品成本明细账(成本汇总表)

20××年 9 月　　单位：元

成本项目	A 产品 90 台		C 产品 10 台		D 产品 50 台	
	总成本	单位成本	总成本	单位成本	总成本	单位成本
直接材料						
直接人工						
制造费用						
合　计						

4. 练习简化分批法

大华企业下设一个基本生产车间，小批量生产 A、B、C、D 四种产品，采用简化的分配法计算产品成本，产品成本明细账设有“直接材料”“直接人工”“制造费用”三个成本项目。该企业 5 月份的产品批号的相关资料如下：

(1) 各批产品生产情况。

3501 号：甲产品 10 件，4 月投产，5 月完工。

3502 号：乙产品 60 件，4 月投产，5 月完工 10 件。

3503 号：丙产品 30 件，4 月投产，5 月尚未完工。

3504 号：丁产品 20 件，5 月投产，5 月尚未完工。

(2) 该企业设立的基本生产成本二级账所登记的各项生产费用。该表中的原材料本期发生额、累计工时根据表 6-99、表 6-100、表 6-101、表 6-102 填入到表 6-98。

表 6-98　基本生产成本二级账

(各批产品总成本)　　单位：元

月	日	摘　要	原材料/元	生产工时/小时	工资及福利费/元	制造费用/元	合计/元
4	30	余额	33 700	52 300	10 725	11 900	56 325
5	31	本期发生额	10 100	45 600	23 540	28 230	61 870
5	31	生产费用累计					
5	31	累计间接费用分配率					
5	31	本月完工产品转出					
5	31	余额					

该企业设立的各批产品成本明细账见表 6-99、表 6-100、表 6-101、表 6-102。

表 6-99　产品成本明细账

产品批号：3501　　　　　　　　　　　　　　　　　　　　投产日期：4 月
产品名称：甲　　　　　　　　批量：10 件　　　　　　　　完工日期：5 月

月	日	摘　　要	原材料/元	生产工时/小时	工资及福利费/元	制造费用/元	合计/元
4	30	本月发生额	10 200	13 600			
5	31	本月发生额	400	3 000			
5	31	生产费用累计					
5	31	累计间接费用分配率					
5	30	本月完工产品转出					
5	31	完工产品单位成本					

表 6-100　产品成本明细账

产品批号：3502　　　　　　　　　　　　　　　　　　　　投产日期：4 月
产品名称：乙　　　　　　批量：60 件(5 月完工 10 件)　　　　完工日期：

月	日	摘　　要	原材料/元	生产工时/小时	工资及福利费/元	制造费用/元	合计/元
4	30	本月发生额	16 500	18 700			
5	31	生产费用累计	4 700	15 300			
5	31	累计间接费用分配率					
5	31	本月完工产品成本转出					
5	31	完工产品单位成本					
5	31	在产品成本					

注：乙种产品所耗原材料在生产开始时一次投入，原材料费用按完工产品与在产品的数量比例分配。完工产品生产工时为 5 500 小时。

表 6-101　产品成本明细账

产品批号：3503　　　　　　　　投产日期：4 月
产品名称：丙　　　　　　　　批量：30 件　　　　　　完工日期：

月	日	摘　要	原材料/元	生产工时/小时	工资及福利费/元	制造费用/元	合计/元
4	30	本月发生额	7 000	20 000			
5	31	本月发生额	3 500	14 800			

表 6-102　产品成本明细账

产品批号：3504　　　　　　　　　　　　　　　　　　　　投产日期：5 月
产品名称：丁　　　　　　　　批量：20 件　　　　　　　　完工日期：

月	日	摘　　要	原材料/元	生产工时/小时	工资及福利费/元	制造费用/元	合计/元
5	31	本月发生额	1 500	12 500			

要求：

① 编制5月份费用要素分配和结转制造费用的会计分录，并计算、填列基本生产成本二级账和有关产品成本明细账，见表6-98、表6-99、表6-100、表6-101、表6-102。

② 编制5月份结转完工入库产品成本的会计分录。

③ 计算3501批号全部完工甲产品的实际单位成本。

5. 逐步结转分步法

新华企业生产甲产品经过3个基本生产车间加工，第一车间完工产品为A半成品，完工后全部交第二车间继续加工；第二车间完工产品为B半成品，完工后全部交第三车间继续加工；第三车间完工产品为甲产成品。甲产品原材料在生产开始时一次投入，各车间的加工程度比较均衡，月末在产品完工程度均为50%。本月有关成本计算资料如下。

(1) 生产数量资料(见表6-103)。

表6-103 生产数量资料

产品：甲产品　　20××年6月　　单位：件

项　目	第一车间	第二车间	第三车间
月初在产品	100	250	100
本月投入或上步骤转入	600	400	500
本月完工转入下步骤或交库	400	500	380
月末在产品	200	150	220

(2) 生产费用资料(见表6-104)。

表6-104 生产费用资料

产品：甲产品　　20××年6月　　单位：元

项　目	第一车间	第二车间	第三车间
月初在产品成本	110 000	140 000	120 000
其中：直接材料	66 000	——	——
直接人工	14 000	50 000	50 000
制造费用	30 000	90 000	70 000
本月本步骤发生生产费用	660 000	400 000	380 000
其中：直接材料	340 000		
直接人工	140 000	150 000	220 000
制造费用	180 000	250 000	160 000

要求：根据资料采用逐步分步法，计算甲产成品及其A半成品、B半成品成本(月末在产品成本按约当产量法计算)，编制结转完工产品的会计分录，登记产品生产成本明细账(见表6-105、表6-106、表6-107)。

表 6-105　第一车间产品生产成本明细账

产品：A 半成品　　　　20××年 6 月　　　　单位：元

摘　要	直接材料	直接人工	制造费用	合　计
月初在产品成本				
本月本步骤发生费用				
生产费用合计				
本月完工产品数量				
月末在产品约当量				
约当总产量				
分配率				
完工 A 半成品总成本				
月末在产品成本				

表 6-106　第二车间产品生产成本明细账

产品：B 半成品　　　　20××年 6 月　　　　单位：元

摘　要	上步骤转入	本步骤发生		合　计
	A 半成品	直接人工	制造费用	
月初在产品成本				
本月本步骤发生费用				
本月上步骤转入费用				
生产费用合计				
本月完工产品数量				
月末在产品约当量				
约当总产量				
分配率				
完工 B 半成品总成本				
月末在产品成本				

表 6-107　第三车间产品生产成本明细账

产品：甲产成品　　　　20××年 6 月　　　　单位：元

摘　要	上步转入	本步发生		合　计
	B 半成品	直接人工	制造费用	
月初在产品成本				
本月本步骤发生费用				
本月上步骤转入费用				
生产费用合计				
本月完工产品数量				

续表

摘　　要	上步转入	本步发生		合　　计
	B 半成品	直接人工	制造费用	
月末在产品约当量				
约当总产量				
分配率				
完工产品总成本				
月末在产品成本				

(1) 根据上题计算结果，对第三车间所产甲产品总成本中的自制半成品进行成本还原，并填入表 6-108 中。

表 6-108　产品成本还原计算表

产品：甲产品　　　　20××年 6 月　　　　产量：380 件

单位：元

行　次	摘　　要	还原分配率	成　本　项　目					
			B 半成品	A 半成品	直接材料	直接人工	制造费用	合　　计
1	还原前总成本							
2	第二步骤半成品 B 的成本							
3	B 半成品成本还原(即第一次成本还原)							
4	第一步骤半成品 A 的成本							
5	A 半产品成本还原(即第二次成本还原)							
6	还原后总成本							
7	还原后单位成本							

6. 平行结转分步法。

××企业生产的甲产品顺序经过第一、第二、和第三 3 个基本生产车间加工，原材料在第一车间生产开始时一次投入，各车间工资和制造费用发生比较均衡，月末本车间在产品完工程度均为 50%。采用平行结转分步法计算甲产品成本，并且采用约当产量法计算各步骤应计入产成品成本中的份额。10 月份有关资料见表 6-109 及表 6-110。

表 6-109　生产数量资料

产品：甲产品　　　　　　20××年 10 月　　　　　　单位：件

项　　目	第一车间	第二车间	第三车间
月初在产品	100	250	100
本月投入或上步骤转入	600	400	500
本月完工转入下步骤或交库	400	500	380
月末在产品	200	150	220

表 6-110　生产费用资料

产品：甲产品　　　　　　20××年 10 月　　　　　　单位：元

项　　目	第一车间	第二车间	第三车间
月初在产品成本	110 000	140 000	120 000
其中：直接材料	66 000	——	——
直接人工	14 000	50 000	50 000
制造费用	30 000	90 000	70 000
本月本步发生生产费用	660 000	400 000	380 000
其中：直接材料	340 000		
直接人工	140 000	150 000	220 000
制造费用	180 000	250 000	160 000

要求根据资料采用平行结转分步法计算甲产品成本，计入产品生产成本明细账(见表 6-111、表 6-112、表 6-113)，并根据产品成本计算汇总表见表 6-114 编制会计分录。

表 6-111　第一车间产品生产成本明细账

产品：甲产品　　　　　　20××年 10 月　　　　　　单位：元

摘　　要	直接材料	直接人工	制造费用	合　　计
月初在产品成本				
本月发生生产费用				
生产费用合计				
产品约当产量				
分配率				
计入产成品成本份额				
月末在产品成本				

表 6-112　第二车间产品生产成本明细账

产品：甲产品　　20××年 10 月　　单位：元

摘　　要	直接材料	直接人工	制造费用	合　　计
月初在产品成本				
本月发生生产费用				
生产费用合计				
产品约当产量				
分配率				
计入产成品成本份额				
月末在产品成本				

表 6-113　第三车间产品生产成本明细账

产品：甲产品　　20××年 10 月　　单位：元

摘　　要	直接材料	直接人工	制造费用	合　　计
月初在产品成本				
本月发生生产费用				
生产费用合计				
产品约当产量				
分配率				
计入产成品成本份额				
月末在产品成本				

表 6-114　产品成本计算汇总表

产品：甲产品　　20××年 10 月　　单位：元

车　　间	直接材料	直接人工	制造费用	合　　计
第一车间				
第二车间				
第三车间				
完工产品总成本				
完工产品单位成本				

第7章

产品成本计算的辅助方法——分类法、定额法

学习目标

通过本章的学习，学生应了解产品成本计算的两种辅助方法，即分类法和定额法。

学习重点与难点

学习重点	学习难点
分类法	定额法

第 6 章讲解了企业产品成本计算的基本方法。但是，在实际生产中，有的产品的品种规格、种类过于繁多；有的产品的生产比较稳定，为了便于管理就制定了定额资料。这样，在计算产品成本时仅用基本方法计算就比较烦琐，需要结合另外的方法完成产品成本的计算。这另外的方法就是辅助方法——分类法、定额法，也是本章的重点。

7.1 产品成本计算的分类法

7.1.1 分类法概述

1. 分类法的概念

分类法是按照产品类别归集生产费用，在计算出各类产品成本的基础上，再按一定的标准在类别内部各种产品之间分配费用的成本计算方法。

2. 分类法的特点

首先，要根据产品结构、所耗原材料和工艺过程的不同，将产品划分为若干类，按照产品的类别设立产品成本明细账，归集生产费用，计算各类产品成本。然后，按一定的分配标准，计算每类产品内各种产品的成本。

3. 分类法的适用范围

(1) 适用于用同样原材料、经过同样工艺过程生产出来的不同规格的产品。例如，食品厂生产的各种饼干、面包，灯泡厂生产的各种不同类别和瓦数的灯泡，针织厂生产的各种不同类别和规格的针织品，钢铁厂生产的各种型号和规格的生铁、钢锭和钢材等。

(2) 适用于用同一种原材料进行加工而同时生产出几种主要产品。例如，在联产品的成本计算中，原油的炼制就很典型，根据原油的沸点不同就可以分离出一系列的产品——各种汽油、煤油和柴油等。联产品耗用的原材料和生产工艺过程相同，只能归为一类计算成本。

(3) 适用于由于内部结构、所耗原材料质量或工艺技术等客观因素发生变化而造成的不同等级的产品。这些产品应是同一品种不同规格的产品，可以归为一类计算成本。但由于人工操作造成的质量等级不同，单位成本相同的产品就不能采用分类法原理计算该类产品的成本。

(4) 适用于除主要产品之外的零星产品的生产。例如，为协作单位生产或自制少量的零部件等。虽然零星产品所耗材料、生产工艺过程不同，且品种、规格较多，但数量少、费用小。为了简化成本计算，可以把它们归类计算产品的成本。

7.1.2 影响分类法成本计算正确性的因素

(1) 合理划分产品类别、选择适当的类内成本分配标准是影响分类法成本计算的关键。确定产品类别，一般应将产品的结构、生产工艺技术和所耗原材料基本相同或相近的产品归为一类。类距定得过大，会影响成本计算的正确性；类距定得过小，会使成本计算的工作复杂。

(2) 选择类内产品费用分配标准。类内产品费用分配标准有定额消耗量、定额费用、售价，以及产品的重量、体积和长度等。选择分配标准应尽量选择与产品成本的高低关系较大的分配标准。各成本项目可采用同一分配标准，也可采用不同的分配标准，以使分配结果更合理。

7.1.3　分类法的计算程序

(1) 将产品划分为不同的类别，以产品类别作为成本计算对象，设置产品成本明细账，归集生产费用，计算出各类完工产品的总成本。例如，鞋厂按照耗用的不同原材料生产的塑料鞋、布鞋、皮鞋 3 类，然后以产品类别作为成本计算对象设立成本计算单。

(2) 选择合理的分配标准，将各类完工产品总成本在类别内部的各种产品之间进行分配，计算出各种产品的总成本和单位成本。

7.1.4　类内产品成本的分配方法

类内产品成本的分配方法一般有定额比例法、系数法两种。定额比例法原理前已述及，现将系数分配法原理讲解如下。

系数法是将分配标准折算成相对固定的系数，按照系数在类内各种产品之间分配费用，计算产品成本。确定系数时，一般将同类产品中一种产量较大、生产比较稳定或规格折中的产品作为标准产品，把这种产品分配标准额的系数定为“1”，然后计算其他各种产品的分配标准额与标准产品的分配标准的比例，即为类内其他各产品系数。系数一经确定，应相对稳定，不应任意变更。系数法是分类法的简化方式。系数法的计算公式如下：

(1) 将各种产品的实际产量按系数折算为标准产品产量。

$$某产品标准产量(总系数)=该产品实际产量\times该产品系数$$

(2) 计算费用分配率。

$$某类产品某项费用分配率=\frac{该类完工产品的该项费用总额}{该类内各种产品的标准产量之和}$$

(3) 计算类内各种产品成本。

$$\begin{aligned}某种产品应负担的某项费用=&该种产品的标准产量(总系数)\times\\&该类产品的该项费用分配率\end{aligned}$$

【例 7-1】 某农具厂按分类法计算产品成本。该厂生产的甲、乙、丙 3 种产品属于小型铁农具类，其原材料和生产工艺相近。5 月份生产甲产品 4 000 把，乙产品 1 500 把，丙产品 2 400 把；月末在产品，甲产品 160 把，乙产品 240 把。本月该类产品的生产费用为：直接材料费 21 030 元，直接人工费 7 428 元，制造费用 8 240 元；月初在产品成本为：直接材料费 720 元，直接人工费 240 元，制造费用 280 元。各种产品成本的分配方法是：原材料费用按事先确定的耗料系数比例分配；其他费用按工时系数比例分配。耗料系数根据产品的材料消耗定额计算确定，工时系数根据产品的工时定额计算确定。材料消耗定额为：甲产品 1.2 千克，乙产品 1.8 千克，丙产品 0.24 千克，以甲产品为标准产品。工时定额为：甲产品 0.8 小时，乙产品 1.6 小时，丙产品 0.4 小时。各种产品均是一次投料，月末在产品完工程度为 50%。

要求：

(1) 编制系数计算表，确定甲、乙、丙 3 种产品的用料系数和工时系数。

(2) 编制标准产品产量计算表，计算完工产品和月末在产品的标准产品产量(即总系数)。

(3) 编制类别成本计算单，计算类别完工产品成本和月末在产品成本。

(4) 编制产品成本计算表，计算甲、乙、丙完工产品成本。

解：

(1) 系数计算表(表 7-1)。

表 7-1 系数计算表

产品名称	原材料消耗定额/千克	耗料系数	工时消耗定额(系数)	工时系数
甲	1.2	1	0.8	1
乙	1.8	1.5	1.6	2
丙	0.24	0.2	0.4	0.5

乙产品耗料系数：1.8÷1.2＝1.5

乙产品工时系数：1.6÷0.8＝2

丙产品耗料系数：0.24÷1.2＝0.2

丙产品工时系数：0.4÷0.8＝0.5

(2) 标准产品产量计算表(表 7-2)。

表 7-2 标准产品产量计算表

项目	产成品产量/把	原材料				加工费			
		耗料系数	产成品折合标准产量	在产品实际数量	在产品折合标准产量	工时系数	产成品折合标准产量	在产品折合约当产量	在产品折合标准产量
甲产品	4 000	1	4 000	160	160	1	4 000	80	80
乙产品	1 500	1.5	2 250	240	360	2	3 000	120	240
丙产品	2 400	0.2	480			0.5	1 200		
合计			6 730		520		8 200		320
标准产品产量(总系数)		7 250				8 250			

(3) 类别产品成本计算单(表 7-3)。

表 7-3 类别产品成本计算单

产品类别：小型铁农具类　　20××年×月　　单位：元

摘　　要	直接材料	直接人工	制造费用	合　计
月初在产品成本	720	240	280	1 240
本月发生费用	21 030	7 428	8 240	36 698
费用合计	21 750	7 668	8 520	37 938

续表

摘　　要	直 接 材 料	直 接 人 工	制 造 费 用	合　　计
产成品标准产品产量	6 730	8 200	8 200	
在产品标准产品产量	520	320	320	
标准产品产量合计	7 250	8 520	8 520	
费用分配率	3	0.9	1	
完工产品成本	20 190	7 380	8 200	35 770
月末在产品成本	1 560	288	320	2 168

直接材料分配率：21 750÷7 250＝3

直接人工分配率：7 660÷8 520＝0.9

制造费用分配率：8 520÷8 520＝1

(4) 类内各种产成品成本计算表(表 7-4)

表 7-4　类内各种产成品成本计算表

项　　目	产　量	原材料标准产品产量(耗材总系数)	直接材料	工时标准产品产量(工时总系数)	直接人工	制造费用	合　　计
费用分配率			3		0.9	1	
甲产品	4 000	4 000	12 000	4 000	3 600	4 000	19 600
乙产品	1 500	2 250	6 750	3 000	2 700	3 000	12 450
丙产品	2 400	480	1 440	1 200	1 080	1 200	3 720
合计		6 730	20 190	8 200	7 380	8 200	35 770

根据计算结果编制结转完工产品成本入库的会计分录。

借：库存商品——甲产品　　19 600

　　　　　　——乙产品　　12 450

　　　　　　——丙产品　　3 720

　贷：生产成本——基本生产成本(小型铁农具类)　　35 770

7.1.5　分类法的优、缺点

1. 分类法的优点

由于类内各种产品的生产费用均作为间接费用采用适当方法进行分配，在产品品种规格繁多的情况下，将产品进行合理分类，具有合并成本计算对象、简化成本计算的特点。同时，不仅提供各种产品的成本水平信息，还提供各类产品的成本水平信息，从而便于对各类产品成本进行考核和分析。

2. 分类法的缺点

分类法按产品类别归集生产费用，类内各种产品按一定的标准分配成本，分配结果具有一定的假定性。如果产品的分类不合理，就会直接影响到成本计算的准确性。

7.2 产品成本计算的定额法

7.2.1 定额法概述

1. 定额法的概念

定额法是以定额成本为目标成本，及时揭示生产费用脱离定额的差异，加强成本控制，并根据定额成本、脱离定额差异和定额变动差异来计算产品实际成本的一种成本管理和成本计算方法。

2. 定额法的特点

(1) 事先制定产品的各项消耗定额、费用定额和定额成本，作为成本控制的目标和成本计算的基础。

(2) 在发生生产耗费时，将实际费用划分成定额成本与定额差异两部分来归集，分别核算，并分析产生差异的原因，以加强对生产费用的日常控制。

(3) 月终，以产品定额成本为基础，加减所归集和分配的定额成本差异、定额变动差异、材料成本差异，求得产品实际成本。

计算产品实际成本的基本公式如下：

产品实际成本＝产品定额成本±脱离定额差异±材料成本差异±定额变动差异

(4) 定额法不是一种独立的成本计算方法，必须与品种法、分批法、分步法等相结合使用。

3. 定额法的适用范围

定额法是为了加强定额管理和成本控制而采用的一种成本核算与成本管理相结合的方法，与生产类型没有直接关系。无论何种生产类型，只要企业的定额管理制度比较健全，定额管理工作基础较好，产品的生产已经定型，消耗定额比较准确、稳定的企业都可以用定额法。

7.2.2 定额法的运用

1. 定额成本与计划成本

采用定额法计算产品成本的企业，首先必须制定企业的各项消耗定额(材料消耗定额、工时定额)及费用定额，其次根据现行的各项消耗定额、费用定额及其他相关资料制定单位产品的定额成本。产品定额成本的制定过程也是对产品成本进行事前控制的过程。对于规模较大、业务活动较多的企业，除了制定定额成本之外，还制定计划成本。定额成本和计划成本既有相同之处，也有不同之处。

企业制定的定额成本和计划成本都是根据预定的目标事先制定的成本，是以产品生产费用的消耗定额和计划成本为依据来确定成本控制的目标。两者的制定过程都是对产品成本进行事前反映和监督、实行事前控制的过程。

定额成本是根据企业现行消耗定额制定的，是用现行消耗定额计算的预计成本。随着生产技术的进步和劳动生产率的提高，各项消耗定额也在不断地进行修订，定额成本在计划年度内也随着发生变化。而计划成本是根据企业计划期内(主要指计划年度)的平均消耗定额制定的，是用平均消耗定额为依据计算的预计成本，在计划期内通常保持不变。计划成本是企业较长时期的成本控制目标，而定额成本是企业日常产品成本进行控制和考核的依据。

2. 定额法的计算程序

用定额法计算产品成本的基本程序如下所述。

(1) 制定产品定额成本。

采用定额法时，必须先制定单位产品的消耗定额、费用定额，并据以制定单位产品的定额成本。定额成本制定后，要编制出各种产品的定额成本表。

(2) 生产费用发生时，按成本项目将符合定额的费用和脱离定额的差异分别核算，分别编制凭证，并予以汇总。

(3) 按确定的成本计算基本方法，汇集各项费用和定额成本的差异，按一定的标准在完工产品和在产品之间进行分配。

(4) 将本月完工产品的定额成本加减各种差异，调整计算出完工产品的实际成本。其计算公式如下：

产成品实际成本＝产成品定额成本±脱离定额差异±材料成本差异±定额变动差异

7.2.3　定额成本及脱离定额差异的计算

1. 定额成本的计算

定额成本是分成本项目计算的，其计算公式如下：

直接材料费用定额＝产品原材料消耗定额×原材料计划单价

直接工资费用定额＝产品生产工时定额×计划小时工资率

制造费用定额＝产品生产工时定额×计划小时制造费用率

2. 脱离定额差异的计算

计算和分析脱离定额成本的差异是定额成本的核心内容。它包括材料脱离定额差异的计算、直接人工费用脱离定额差异的计算、制造费用脱离定额差异的计算。

(1) 原材料脱离定额差异的计算。

原材料脱离定额差异的计算方法一般有限额法、切割核算法和盘存法等。

① 限额法。

限额法又称差异凭证法，它适用于实行限额领料的企业。

在限额内领料，根据“限额领料单”领用，对于经批准后增加产量而追加的超额用料，也可以根据限额领料单领用。超过定额或者限额的领用及代用材料的领用，全部是脱离定额的超支差异，应填制专用凭证作为差异凭证。为了减少凭证种类，也可以用普通领料单代替，但需要用不同的颜色或加盖专用的戳记，以示区别。对于领用的代用材料、利用废料和材料质量低劣等原因而引起的脱离定额差异，应按技术部门所测定的系数，折算成相当于原规定材料的数量，以便计算确定脱离定额的差异。对于采用代用材料、废料利用，应在有关的限额领料单中注明，并从原定的限额中扣除。

在每批生产任务完成后，若车间有余额，应编制“退料单”来办理退料手续或假退料手续。退料单、限额领料单中的原材料余额反映了脱离定额的节约差异。

需要注意的是，上述定额差异凭证揭示的往往是领料差异，不一定是用料差异。这是因为实际投产数量不一定等于限额领料单所列的投产数量，限额领料单上记载的实际领料数量也不一定就是原材料的实际耗用量。这意味着车间内期初、期末可能有已领未用的材料余额，而且两者的数量常常不等。

② 切割核算法。

切割核算法适用于需要经过切割才能进一步加工的材料定额差异揭示。在企业中，对于一些贵重材料或经常大量使用的且又需要经过在准备车间或下料工段切割后才能进一步进行加工的材料，如板材、棒材等，采用切割核算单来核算用料差异，控制用料。

企业按照切割材料的批别开设材料切割单，在单中应填明发出切割材料的种类、数量、消耗定额、应切割成的毛坯数量；切割完毕后再填写实际切割成的毛坯数量和材料的实际消耗量；然后根据实际切割成的毛坯数量和消耗定额求出材料定额耗量，将此与材料实际消耗量相比较，就可确定脱离定额差异。

材料定额耗量、脱离定额差异及发生差异的原因均应填入材料切割单中，并由主管人员、责任人员签证。

③ 盘存法。

为了控制用料，对于不能采用切割法的原材料，可以按期采用盘存法。其计算程序如下：

A．根据完工产品数量和在产品盘存数量计算出投产产品数量，再乘以原材料消耗定额，计算出原材料定额消耗量。

本期投产数量＝本期完工产品数量＋期末在产品数量－期初在产品数量

原材料定额消耗量＝本期投产数量×原材料消耗定额

B．根据限额领料单、超额领料单、退料单、车间余料盘存单等差异凭证计算材料实际消耗量。

C．将本期投产数量的实际消耗量与定额消耗量相比较，计算出原材料脱离定额差异。

盘存法一般适用于原材料在生产开始时一次投入的产品。若原材料是随着生产的进行而陆续投入的，意味着在产品还要消耗原材料，上述公式中的期初、期末在产品数量就应按原材料消耗定额计算的期初、期末在产品的约当产量。

原材料脱离定额差异的计算公式如下：

原材料脱离定额差异＝原材料计划价格费用－原材料定额费用

＝实际消耗量×材料计划单价－定额消耗量×材料计划单价

＝(实际消耗量－定额消耗量)×材料计划单价

④ 原材料定额费用和脱离定额差异汇总表的编制。

企业计算产品实际成本时，不论采用何种方法计算定额差异，都应定期地按照成本计算对象进行汇总，编制原材料定额费用和脱离定额差异汇总表，据以登记产品生产成本明细账中直接材料项目的有关专栏，并分析产生差异的原因，及时采取措施控制成本。

【例 7-2】 某企业生产产品，列示其 10 月份原材料定额费用和脱离定额差异汇总表，见表 7-5。

表 7-5　原材料定额费用和脱离定额差异汇总表

产品名称：　　　　　　　　　　　　20××年 10 月

原材料类别	计划单价/元	计划价格费用		定额费用		脱离定额差异		差异原因
		实际耗用量/千克	金额/元	实际耗用量/千克	金额/元	耗用量/千克	金额/元	
甲材料	20	5 200	104 000	6 000	120 000	－800	－16 000	(略)
乙材料	10	4 000	40 000	3 800	38 000	＋200	＋2 000	(略)
辅助材料	5	1 200	6 000	1 000	5 000	＋200	＋1 000	(略)
合计			150 000		163 000		－13 000	

领用自制半成品时，定额消耗量、定额费用和脱离定额差异的计算方法与原材料相同。

(2) 直接人工费用脱离定额差异的计算。

人工费用脱离定额差异的核算，因采用工资形式的不同而有所区别。

在计件工资制下，生产工人工资属于直接计入费用，其脱离定额差异的计算与原材料脱离定额差异的计算相似。

$$\text{直接人工定额费用}=\text{约当产量}\times\text{计件单价}$$

$$\text{计件单价}=\frac{\text{计划单位工时人工费用}}{\text{每工时产量定额}}$$

在计时工资制下，生产工人工资属于间接计入费用，其脱离定额差异不能在平时按照产品直接计算，只有在月末实际生产工人工资确定以后，才可按以下公式计算。

$$\begin{aligned}\text{某产品生产工资脱离定额的差异}&=\text{该产品实际工资额}-\text{该产品定额工资额}\\&=\begin{matrix}\text{该产品实际产量的}\\\text{实际生产工时}\end{matrix}\times\begin{matrix}\text{实际单位}\\\text{工时工资}\end{matrix}-\begin{matrix}\text{该产品实际产量}\\\text{的定额生产工时}\end{matrix}\times\begin{matrix}\text{计划单位}\\\text{工时工资}\end{matrix}\end{aligned}$$

其中，

$$\begin{matrix}\text{实际工时工资率}\\\text{(即实际单位工时工资)}\end{matrix}=\frac{\text{某车间实际生产工人的工资总额}}{\text{该车间实际生产工时的总额}}$$

$$\begin{matrix}\text{计划工时工资率}\\\text{(即计划单位工时工资)}\end{matrix}=\frac{\text{某车间计划产量的生产工人工资总额}}{\text{该车间计划产量的定额生产工时}}$$

【例 7-3】 某企业生产甲产品，每工时产量定额为 4 件，本月约当产量为 1 600 件，计划每工时人工费为 3 元，实际人工费为 1 400 元。其直接人工费用脱离定额差异计算如下：

计件单价＝3÷4＝0.75(元/件)

甲产品定额工资＝1 600×0.75＝1 200(元)

甲产品实际工资脱离定额差异＝1 400－1 200＝200(元)

(3) 制造费用脱离定额差异的计算。

相关计算公式如下：

$$\text{计划小时制造费用率}=\frac{\text{计划制造费用总额}}{\text{计划产量的定额生产工时总数}}$$

$$\text{实际小时制造费用率}=\frac{\text{实际制造费用总额}}{\text{实际生产工时总数}}$$

某产品实际制造费用＝该产品的实际生产工时×实际小时的制造费用率

制造费用通常与计时工资一样，属间接计入费用。其脱离定额差异不能在平时按照产品直接计算，只有在月末按照以下公式计算：

$$\text{某产品制造费用脱离定额差异}=\text{该产品实际工时}\times\text{实际小时制造费用率}-\text{该产品实际完成定额工时}\times\text{计划小时制造费用分配率}$$

【例 7-4】 某厂 6 月计划制造费用总额为 840 000 元，计划产量的定额工时总额为 420 000 小时；实际发生制造费用为 820 000 元，实际生产工时为 400 000 元。其中，本月 A 产品的定额工时为 160 000 小时，实际工时为 170 000 小时。A 产品定额制造费用和制造费用脱离定额的差异计算如下：

$$\text{计划小时制造费用率}=\frac{840\,000}{420\,000}=2$$

$$\text{实际小时制造费用率}=\frac{820\,000}{400\,000}=2.05$$

$$\begin{aligned}\text{A 产品制造费用脱离定额差异}&=170\,000\times2.05-160\,000\times2\\&=348\,500-320\,000=28\,500(\text{元})\end{aligned}$$

7.2.4 材料成本差异的分配

在定额法下，原材料的日常核算一般按计划成本进行，原材料脱离定额差异只是以计划单价反映的消耗量上的差异，未包括价格因素。因此，月末计算产品的实际原材料费用时，需计算所耗原材料应分摊的成本差异，即所耗原材料的价格差异。其计算公式如下：

$$\begin{aligned}\text{某产品应分配的原材料成本差异}&=(\text{该产品原材料定额费用}\pm\text{原材料脱离定额差异})\\&\quad\times\text{材料成本差异率}\\&=\text{实际消耗量}\times\text{材料计划单价}\times\text{材料成本差异率}\end{aligned}$$

7.2.5 定额变动差异的计算

定额变动差异是指由于修订消耗定额或生产耗费的计划价格而产生的新旧定额之间的差额。定额成本的修订一般在月初、季初或年初定期进行，但在定额变动的月份，月初在产品的定额成本仍然按照旧的定额计算。因此，需要按新定额计算月初在产品的定额变动差异，用于调整月初在产品的定额成本。

定额变动的计算应分成本项目进行，其计算公式如下：

月初在产品定额变动差异＝(新定额－旧定额)×月初在产品中定额变动的零部件数量

为简化计算工作，可按以下公式计算：

月初在产品定额变动差异＝按旧定额计算的月初在产品费用×(1－定额变动系数)

$$定额变动系数=\frac{按新定额计算的单位产品费用}{按旧定额计算的单位产品费用}$$

【例 7-5】 A 零件从本月 1 日开始实行新的原材料消耗定额，直接人工和制造费用定额不变。单位产品旧的直接材料费用定额为 5 625 元，新的定额为 4 500 元，A 零件月初在产品按旧定额计算的直接材料定额费用为 95 000 元。

$$定额变动系数=\frac{4\,500}{5\,625}=0.8$$

月初在产品定额变动差异＝95 000×(1－0.8)＝19 000(元)

月初在产品定额变动差异通常表现为月初在产品价值的降低，即贬值。此时，应从月初在产品定额费用中扣除该项差异，加入本月产品成本中；反之，月初在产品增值的差异则应加入月初在产品定额费用中，同时从本月产品成本中扣除同等金额。

月初产品定额发生变动差异时，产品实际成本的计算公式应补充成下式：

$$\begin{matrix}产品实际\\成本\end{matrix}=\begin{matrix}按现行定额计算\\的产品定额成本\end{matrix}+\begin{matrix}脱离现行\\定额的差异\end{matrix}+\begin{matrix}原材料或半成品\\成本差异\end{matrix}\pm\begin{matrix}月初在产品\\定额变动差异\end{matrix}$$

对上述计算所得的定额成本、脱离定额差异、定额变动差异及材料成本差异，月末应完工产品和在产品之间按照定额成本比例进行分配。如果各种差异数额不大或者差异虽然较大，但各月在产品数量比较均衡的情况下，月末在产品可按定额成本计价，即不负担差异，差异全部由产成品负担。

本章小结

分类法是先按照产品类别归集生产费用，计算各类产品成本，然后在类内产品之间进行成本分配，计算出类内不同品种(或规格)产品成本的一种辅助方法。其计算程序是：①根据产品结构、所用原材料和工艺过程的不同将产品划分为若干类，按照产品类别设立产品成本明细账，归集产品的生产费用，计算各类产品成本；②选择合理的分配标准，在每类产品的各种产品之间分配费用，计算每类产品内各种产品的成本。

分类法与生产类型无直接关系。凡是产品品种、规格繁多又可以按照一定标准分类的企业或车间，均可以采用分类法计算成本。分类法可以简化成本计算工作，分类掌握产品成本情况。但其计算结果有一定的假定性。因此，在分类法下，恰当地进行产品分类、合理地选定类内产品之间费用的分配标准是一个关键性的问题。

定额法具备以下特点：①事前制定产品的消耗定额、费用定额和定额成本；②在生产费用发生时，将符合定额的费用和发生的差异分别核算，以加强对成本差异的日常核算、分析和控制；③月末，在定额成本的基础上，加减各种成本差异，计算产品的实际成本，为成本的定期考核和分析提供数据。其计算程序是：①制定定额成本；②在生产费用发生时，进行脱离定额的差异的核算；③计算并分配材料成本差异；④在定额变动的月份，对月初在产品进行定额变动差异的核算；⑤在月末，以上述几项数据为依据，在定额成本的基础上，加减各种差异计算产品实际成本。

作为一种成本计算方法和成本管理制度，定额法有利于加强成本控制，便于成本的定期分析，有利于提高成本的定额管理和计划管理工作的水平，并能够较为合理、简便地解决完工产品和月末在产品之间分配费用的问题，但其核算工作量较大。

应用定额法需要具备的条件是：①定额管理制度比较健全，定额管理工作的基础较好；②产品的生产已经定型，消耗定额比较准确、稳定。

思考与练习

1. 复习思考题

(1) 试述分类法的特点。
(2) 试述分类法下成本计算的程序。
(3) 如何计算类内各种产品的成本？
(4) 说明定额法的特点。
(5) 试述定额法的计算过程。
(6) 试述脱离定额差异的计算过程。

2. 练习题

(1) 目的：练习系数法。

资料：某工业企业本年度 6 月份耗用相同原材料同时生产出甲、乙、丙 3 种产品，归为一类(A 类)计算成本，类内各完工产品和在产品之间的费用均按标准产品产量系数进行分配，原材料在生产开始时一次投入。

月初在产品成本和本月生产费用见表 7-6。

表 7-6 月初在产品成本和本月生产费用

单位：元

项 目	直接材料	直接人工	制造费用	合 计
月初在产品成本	23 000	2 318	3 064	28 382
本月生产费用	100 000	52 000	52 900	204 900

标准产品系数见表 7-7。

表 7-7 标准产品系数

产品名称	系 数
甲	0.9
乙	1
丙	1.1

完工产品和在产品数量见表 7-8。

表 7-8 完工产品和在产品数量

产品名称	完工产量/只	在产品	
		数量/只	完 工 率
甲	2 000	1 000	70%
乙	3 000	1 500	40%
丙	1 600	800	50%

要求如下：

① 编制类别产品成本计算单，计算类别完工产品成本和月末在产品成本。

② 编制类内产品成本计算表，计算甲、乙、丙完工产品成本。

(2) 目的：练习原材料脱离定额差异的计算。

资料：某企业生产甲产品，本月期初在产品 60 台，本月完工产量 500 台，期末在产品数量 120 台，原材料在开工时一次投入，单位产品材料消耗定额为 10 千克，材料计划单价为 4 元/千克。本月材料限额领料凭证登记数量为 5 600 千克，材料超限额领料凭证登记数量为 400 千克，期初车间有余料 100 千克，期末车间盘存余料为 300 千克。

要求：计算本月产品的原材料定额费用及脱离定额差异。

(3) 目的：练习人工费脱离定额差异的计算。

资料：某企业生产甲产品，单位产品的工时定额为 4 小时，本月实际完工产品产量为 1 500 件。月末在产品数量为 200 件，完工程度为 80%；月初在产品数量为 100 件，完工程度为 60%。计划工时人工费为 3 元，实际的生产工时为 6 200 小时，实际工时人工费为 3.1 元。

要求：计算甲产品人工费的定额费脱离定额差异。

(4) 目的：练习定额法下完工产品成本及月末在产品成本的计算。

资料：某厂甲产品采用定额法计算成本，本月份有关甲产品原材料费用的资料如下。

① 月初在产品定额费用为 5 000 元，月初在产品脱离定额差异为节约 145 元，月初在产品定额费用调整为降低 100 元。定额变动差异全部由完工产品负担。

② 本月定额费用为 100 000 元，本月脱离定额差异为节约 5 100 元。

③ 本月原材料成本差异率为超支 1%，材料成本差异全部由完工产品负担。

④ 本月完工产品的产量 500 件。甲产品单位成本产品原材料费用定额为 220 元，定额变动系数为 0.9。

要求如下：

① 计算本月完工产品的原材料定额费用。

② 计算月末在产品的原材料费用。

③ 计算完工产品和月末在产品的原材料实际费用(脱离定额差异，按定额费用比例在完工产品和月末在产品之间分配)。

第8章

企业成本报表的编制与分析

学习目标

通过本章学习，学生应该了解成本报表的含义、特点、种类与作用；掌握全部产品生产成本表、主要产品单位成本表、可比产品成本表、制造费用表的编制与分析的方法。

学习重点与难点

学习重点	学习难点
全部产品生产成本表的编制与分析、主要产品单位成本表的编制与分析	成本计划降低额与降低率的计算与因素分析

8.1　成本报表概述

8.1.1　成本报表的概念

企业成本报表是根据产品成本和期间费用核算资料及其他有关资料定期或不定期编制，用以反映企业在一定时期内产品成本水平、构成及其升降变动情况，考核和分析企业在一定时期内成本计划执行情况及其结果的报告文件。正确、及时地编制成本报表是成本会计的一项重要内容。

8.1.2　成本报表的作用

成本报表是服务于企业内部经营管理目的的报表，主要向企业的各级管理部门、企业领导、企业职工及有关部门提供成本信息。成本报表的作用主要有：

(1) 提供企业在一定时期内的产品成本水平及费用支出情况。

(2) 可据以分析成本计划或预算的执行情况、考核成本计划的完成情况，并查明产品成本升降的原因等。

(3) 本期成本报表的成本资料是编制下期成本计划的重要参考依据。

(4) 企业主管部门把所属非独立核算单位的成本报表资料和其他报表资料等结合起来运用，可以有针对性地对其进行指导和监督。

8.1.3　成本报表的种类

企业的成本报表主要用来服务于企业内部经营管理部门，因此，报表的种类、格式和编制时间一般都由企业根据生产经营过程的特点和企业管理的具体要求而定。目前企业应编制的成本报表通常有：①全部产品生产成本表。②主要产品单位成本表。③制造费用明细表。④期间费用明细表。

此外，各企业还可以根据其生产特点和管理要求，对上述成本报表作必要的补充，也可以结合本企业经营决策的实际需要，编制必要的其他内部成本报表。

8.1.4　成本报表的编制要求

为了充分发挥成本报表的作用，必须做到数字准确、内容完整和编报及时。

(1) 数字准确。是指报表的指标必须如实地反映企业成本工作的实际情况，不得以估计数字、计划数字、定额数字代替实际数字，更不允许弄虚作假，篡改数字。因此，企业在编制成本报表前，所有经济业务都要登记入账，要调整不应列入成本的费用，做到先结账，后编表；应认真清查财产物资，做到账实相符；应核对各账簿之间的记录，做到账账相符。报表编制完毕，应检查各个报表中相关指标的数字是否一致，做到表表相符。

(2) 内容完整。是指应编制的成本报表的种类必须齐全；应填列的报告指标和文字说明必须全面；表内项目和表外补充资料，无论根据账簿资料直接填列，还是分析计算填列，都应当完整无缺，不得随意取舍。

(3) 编报及时。是指要求按照规定期限报送成本报表，以便有关方面及时利用成本资料信息进行检查、分析等工作。为此，企业财会部门要提前做好编制报表的准备工作，并且要加强与各有关部门的协作和配合，以便尽可能提前或按期编送各种报表，满足有关各方的需要。

8.2 全部产品生产成本表的编制与分析

8.2.1 全部产品生产成本表的概念和作用

全部产品生产成本表是反映企业在报告期内生产的全部产品(包括可比产品和不可比产品)的总成本及各种主要产品的单位成本和总成本的报表。

根据全部产品生产成本表所提供的资料，可以考核全部产品和主要产品成本计划的执行结果，分析各种可比产品成本降低任务的完成情况。

8.2.2 全部产品生产成本表的结构和内容

全部产品生产成本表将全部产品划分为可比产品和不可比产品两大类，并分别列出它们的单位成本、本月总成本、本年累计总成本。

可比产品是指上年或者以前年度正式生产过，具有较完备成本资料的产品；不可比产品是指上年或以前年度未正式生产过的产品，因而没有成本资料。对于上年试制成功，今年正式投产的产品，也应作为不可比产品。

表 8-1 中列出了某单位可比产品的单位成本、本月总成本和本年累计总成本，又分别列出了上年实际平均数、本年计划数、本月实际数和本年累计实际平均数，这样做便于分析可比产品成本降低任务的完成情况。

表 8-1 中还列出了不可比产品的单位成本、本月总成本和本年总成本，以及全部商品产品的总成本，还同时列出本年计划数、本月实际数和本年累计实际平均数。这样做便于考核不可比产品及全部商品产品成本计划的执行情况。

表 8-1 全部产品生产成本表(产品种类)

编制单位：兴达工厂　　2016 年 12 月　　金额单位：元

产品名称	规格	计量单位	实际产量		单位成本				本月总成本			本年累计总成本		
			本月	本年累计	上年实际平均	本年计划	本月实际	本年累计实际平均	按上年实际平均单位成本计算	按本年计划单位成本计算	本月实际	按上年实际平均单位成本计算	按本年计划单位成本计算	本年实际
			(1)	(2)	(3)	(4)	(5)	(6)	(7)=(1)X(3)	(8)=(1)X(4)	(9)=(1)X(5)	(10)=(2)X(3)	(11)=(2)X(4)	(12)=(2)X(6)
可比产品合计									93 500	85 000	83 300	1 089 000	990 000	950 400
其中：A 产品		件	400	4 600	220	200	196	192	88 000	80 000	78 400	1 012 000	920 000	883 200
B 产品		台	50	700	110	100	98	96	5 500	5 000	4 900	77 000	70 000	67 200
不可比产品合计										31 000	31 400		316 000	317 800
其中：C 产品		台	50	500		500	510	508		25 000	25 500		250 000	254 000
D 产品		台	20	220		300	295	290		6 000	5 900		66 000	63 800

续表

产品名称	规格	计量单位	实际产量		单位成本				本月总成本			本年累计总成本		
			本月	本年累计	上年实际平均	本年计划	本月实际	本年累计实际平均	按上年实际平均单位成本计算	按本年计划单位成本计算	本月实际	按上年实际平均单位成本计算	按本年计划单位成本计算	本年实际
			(1)	(2)	(3)	(4)	(5)	(6)	(7)=(1)X(3)	(8)=(1)X(4)	(9)=(1)X(5)	(10)=(2)X(3)	(11)=(2)X(4)	(12)=(2)X(6)
其他														
全部产品成本合计										116 000	114 700		1 306 000	1 268 200

8.2.3　全部产品生产成本表的编制方法

1. 全部产品生产成本表按产品种类编制

全部产品生产成本表按产品种类编制，表的格式和内容见表 8-1。

补充资料(按本年累计实际数)：

① 可比产品成本降低额为 138 600 元。

② 可比产品成本降低率为 12.73%。

③ 全部产品计划成本降低额为 37 800 元。

④ 全部产品计划成本降低率为 2.89%。

(1)“产品名称”项目应填列主要的“可比产品”和“不可比产品”的名称，主要产品的品种要按规定填写。

(2)“实际产量”项目反映本月和从年初起至本月末止各种主要产品的实际产量。应根据“成本计算单”或“产成品明细账”的记录计算填列。

(3)“单位成本”项目。

①“上年实际平均”反映各种主要可比产品的上年实际平均单位成本。应分别根据上年度本表所列各种可比产品的全年实际平均单位成本填列。

②“本年计划”反映各种主要产品的本年计划单位成本。应根据年度成本计划的有关数字填列。

③“本月实际”反映本月生产的各种产品的实际单位成本。应根据有关产品成本计算单中的资料，按下列公式计算填列：

$$某产品本月实际单位成本=\frac{某产品本月实际总成本}{某产品本月实际产量}$$

④“本年累计实际平均”反映从年初起至本月末止企业生产的各种产品的实际单位成本。应根据成本计算单的有关数字，按下列公式计算填列：

$$某产品本年累计实际平均单位成本=\frac{某产品本年累计实际总成本}{某产品本年累计实际产量}$$

(4)“本月总成本”项目。

①“按上年实际平均单位成本计算”是用本月实际产量乘以上年实际平均单位成本计算填列。

②“按本年计划单位成本计算”是用本月实际产量乘以本年计划单位成本计算填列。

③“本月实际”是根据本月产品成本计算单的资料填列。

(5) “本年累计总成本”项目。

①“按上年实际平均单位成本计算”是用本年累计实际产量乘以上年实际平均单位成本计算填列。

②“按本年计划单位成本计算”是用本年累计实际产量乘以本年计划单位成本计算填列。

③“本年实际”是根据本年成本计算单的资料填列。

本表补充资料中的“可比产品成本降低额”和“可比产品成本降低率”的本年累计实际数，应按下列公式计算填列：

$$\begin{matrix}\text{可比产品}\\\text{成本降低额}\end{matrix}=\begin{matrix}\text{可比产品按上年实际平均单位成本}\\\text{计算的本年累计总成本合计}\end{matrix}-\begin{matrix}\text{可比产品本年实际}\\\text{累计总成本合计}\end{matrix}$$

$$\begin{matrix}\text{可比产品}\\\text{成本降低额}\end{matrix}=\frac{\text{可比产品成本降低额}}{\text{可比产品按上年实际平均单位成本计算的本年累计总成本合计}}\times 100\%$$

可比产品成本降低率的“本年计划数”，应根据年度成本计划填列，可比产品成本的“超支额”和“超支率”，应在“降低额”和“降低率”项目内以“－”号表示。

2. 全部产品生产成本表按成本项目编制

按成本项目反映的产品生产成本表是按成本项目汇总反映企业在报告期内发生的全部生产费用以及产品生产成本合计数的报表。该表一般由生产费用和产品生产成本两部分构成，其格式见表 8-2。

表 8-2 全部产品生产成本表(成本项目)

编制单位：兴达工厂　　　　2016 年 12 月　　　　金额单位：元

项　目	上年实际	本年计划数	本月实际数	本年累计实际数
	(1)	(2)	(3)	(4)
生产费用				
直接材料费用				
直接人工费用				
制造费用				
生产费用合计				
加：在产品、自制半成品期初余额				
减：在产品、自制半成品期末余额				
产品生产成本合计				

表中，第(1)栏上年实际数以本表上年末本年累计实际数填列；第(2)栏本年计划数根据成本计划有关资料填列；第(3)栏本月实际数按成本项目反映的各项生产费用，根据各种产

品成本明细账所记录的本月生产费用合计数，分别汇总填列；第(4)栏本年累计实际数根据第(3)栏加上月本表的本年累计实际数填列。在产品、自制半成品期初、期末余额根据各种产品成本明细账期初、期末余额分别汇总填列。产品生产成本合计等于生产费用合计加上在产品、自制半成品期初余额，减去期末余额。

8.2.4　全部产品生产成本表分析

1. 全部产品生产成本计划完成情况分析

全部产品包括可比产品和不可比产品两大部分。对全部产品成本的分析首先应对全部产品的计划完成情况进行总括的了解与评价，然后对可比产品成本计划降低情况进行分析并找出成本升降的原因。

(1) 按产品种类对全部产品成本计划完成情况进行总括分析。

按产品种类对全部产品成本计划完成情况进行总括分析时，既要对企业全部产品成本计划的完成情况进行总括分析，还应当就每一种产品的成本计划完成情况展开分析，以对每种产品的成本计划完成情况有所了解，进而分析差异产生的原因。

【例 8-1】 兴达工厂生产 A、B、C、D 四种产品，其中 A 和 B 是可比产品，C 和 D 是不可比产品。相关资料见表 8-1。

要求：按产品种类分析产品成本计划的完成情况。

解：从报表的补充资料来看，企业全部产品成本降低额为 37 800 元，降低率为 2.89%，说明该企业全部产品的成本降低额完成了计划，但并不能说明该企业所有的产品都已经完成了成本计划。所以，为全面反映企业各种产品成本的计划完成情况，需按照可比产品、不可比产品和每种产品具体进行分析，编制全部产品成本计划完成分析表。该公司全部产品成本分析表见表 8-3。

表 8-3　全部产品成本分析表(按产品种类别)

金额单位：元

项　目		实际产量		与计划的差异	
		计划成本	实际成本	升降额	升降率
可比产品	A	920 000	883 200	−36 800	−4%
	B	70 000	67 200	−2 800	−4%
	小计	990 000	950 400	−39 600	−4%
不可比产品	C	250 000	254 000	+4 000	+1.6%
	D	66 000	63 800	−2 200	−3.33%
	小计	316 000	317 800	+1 800	+0.57%
全部产品成本合计		1 306 000	1 268 200	−37 800	−2.89%

从表 8-3 可以看出，企业的可比产品全部完成了成本降低计划；不可比产品中，D 产品完成了成本降低计划，但 C 产品发生了超支。这说明该企业并未完成全部产品成本降低计划，需进一步分析 C 产品超支的原因。

按产品类别分析全部产品成本计划完成情况时，需要注意以下两个问题：

① 分析可比产品成本时，不仅要将本年实际成本与按本年实际产量计算的计划成本相比，还要将本年单位计划成本与上年实际平均单位成本进行比较，分析成本计划制订的合理性。

② 分析不可比产品时，如果成本差异额较大，应进一步查明原因，分析是计划制订得不准确，还是初次生产引起的消耗或废品过多；此外，还要注意费用分配的合理性，分析是否存在分配共同费用时故意对可比产品分配较少，以超额完成可比产品成本降低任务的情况。

(2) 按成本项目对全部产品成本计划完成情况进行总括分析。

按成本项目进行产品成本分析，可以了解各成本项目的升降情况，找出企业成本升降的关键因素。按成本项目进行产品成本分析时，需要将全部产品的总成本按成本项目分别比较其实际总成本与计划总成本，以确定各个成本项目的升降额和升降率，并比较分析各成本项目变动对总成本的影响程度。

【例 8-2】 大华工厂生产甲、乙、丙三种产品，各种产品的成本构成情况见表 8-4。

要求：按成本项目分析产品成本计划的完成情况。

解：为了按照成本项目分析产品成本计划的完成情况，需要编制相应的分析表，见表 8-4。

表 8-4 全部产品成本分析表(按成本项目)

金额单位：元

成本项目	全部产品		节约或超支		各项目差异对总成本
	计划成本(1)	实际成本(2)	绝对数(3)	百分数(4)	影响的百分比(5)
直接材料	8 532 000	8 481 000	−51 000	−0.60%	−0.34%
直接人工	3 360 000	3 449 000	+89 000	+2.58%	+0.59%
制造费用	3 132 500	3 248 000	+115 500	+3.55%	+0.77%
合　计	15 024 500	15 178 000	+153 500	+1.01%	+1.01%

表 8-4 中各栏的填写方法为：

$$(1)\ 栏=\sum\left(\begin{matrix}各种产品各成本项目\\的计划单位成本\end{matrix}\times\begin{matrix}该种产品的本年\\累计实际产量\end{matrix}\right)$$

$$(2)\ 栏=\sum\left(\begin{matrix}各种产品各成本项目的\\本年累计实际平均单位成本\end{matrix}\times\begin{matrix}该种产品的本年\\累计实际产量\end{matrix}\right)$$

(3) 栏=(2)栏−(1)栏

(4) 栏=(3)栏÷(1)栏×100%

(5) 栏=(3)栏÷计划成本合计数×100%

由表 8-4 的计算结果可以看出，该企业全部产品实际成本比计划成本超支了 1 535 00 元，超支率为 1.02%，其主要原因是：虽然直接材料有所降低，但是直接人工和制造费用却有所上升。需深入分析直接人工和制造费用上升的原因：若是其构成项目发生了变化，需进一步分析这种变化的合理性；若是其金额发生了超支，需详细分析其超支的原因，以便采取有效措施，增加有利差异，消除不利差异，提高企业的成本管理水平。

2. 可比产品成本降低计划完成情况分析

企业通常在制订成本计划时，往往规定了可比产品成本比上年成本降低的任务，即计划降低额和计划降低率。因此，可比产品成本的分析，首先要计算出实际降低额和实际降低率，以便与计划降低额和计划降低率相比较，从而了解可比产品成本降低任务的完成情况；同时，为了分析可比产品成本降低计划的完成情况，还需要对影响可比产品成本降低计划的完成情况的因素进行分析。

(1) 可比产品成本降低计划的完成情况分析。

可比产品计划降低额、计划降低率、实际降低额和实际降低率的计算公式如下：

$$\text{计划降低额}=\sum\left[\begin{matrix}\text{全部可比产品}\\\text{计划产量}\end{matrix}\times\left(\begin{matrix}\text{上年实际}\\\text{平均单位成本}\end{matrix}-\begin{matrix}\text{本年计划}\\\text{单位成本}\end{matrix}\right)\right]$$

$$\text{计划降低率}=\frac{\text{计划降低额}}{\sum\left(\begin{matrix}\text{全部可比产品}\\\text{计划产量}\end{matrix}\times\begin{matrix}\text{上年实际}\\\text{平均单位成本}\end{matrix}\right)}\times100\%$$

$$\text{实际降低额}=\sum\left[\begin{matrix}\text{全部可比产品}\\\text{实际产量}\end{matrix}\times\left(\begin{matrix}\text{上年实际}\\\text{平均单位成本}\end{matrix}-\begin{matrix}\text{本年计划}\\\text{单位成本}\end{matrix}\right)\right]$$

$$\text{实际降低率}=\frac{\text{实际降低额}}{\sum\left(\begin{matrix}\text{全部可比产品}\\\text{实际产量}\end{matrix}\times\begin{matrix}\text{上年实际平均}\\\text{单位成本}\end{matrix}\right)}$$

【例 8-3】 兴达工厂可比产品 A 和 B 产品本年的计划产量分别为 4 800 件和 750 台，其他资料见表 8-1。

要求：分析可比产品成本降低计划的完成情况。

解： 首先，计算可比产品计划和实际的成本降低额和降低率，见表 8-5。

表 8-5　可比产品成本降低额和降低率

2014 年 12 月　　　　金额单位：元

可比产品	产量		单位成本			总成本(按计划产量计算)		总成本(按实际产量计算)			计划降低指标		实际降低指标	
	计划(件)	实际(件)	上年实际	本年计划	本年实际	按上年实际平均单位成本计算	按本年计划单位成本计算	按上年实际平均单位成本计算	按本年计划单位成本计算	本年实际	降低额	降低率	降低额	降低率
A	4 800	4 600	220	200	192	1 056 000	960 000	1 012 000	920 000	883 200	96 000	9.09%	128 800	12.73%
B	750	700	110	100	96	82 500	75 000	77 000	70 000	67 200	7 500	9.09%	9 800	12.73%
合计						1 138 500	1 035 000	1 089 000	990 000	950 400	103 500	9.09%	138 600	12.73%

其次，计算可比产品成本降低计划的完成情况，见表 8-6。

表 8-6　可比产品成本降低计划的完成情况

项　目	实　际			计　划			差　异		
	A 产品	B 产品	合计	A 产品	B 产品	合计	A 产品	B 产品	合计
降低额/元	128 800	9 800	138 600	96 000	7 500	103 500	32 800	2 300	35 100
降低率	12.73%	12.73%	12.73%	9.09%	9.09%	9.09%	3.64%	3.64%	3.64%

由以上计算可知，可比产品的成本降低额和降低率均超额完成了计划，全部可比产品成本降低额比计划多降低了 35 100 元，成本降低率比计划多降低 3.64%。从分产品的情况来看，A 产品成本降低额比计划多降低了 32 800 元，成本降低率比计划多降低 3.64%；B 产品成本降低额比计划多降低了 2 300 元，成本降低率比计划多降低 3.64%。企业对可比产品成本的控制情况较好，应继续坚持。

(2) 可比产品成本降低计划完成的因素分析。

影响可比产品成本的主要因素有 3 个：产品产量、产品的品种结构和单位产品成本。首先，可比产品的计划降低额是根据各种产品的计划产量确定的，可比产品的实际降低额是根据各种产品的实际产量确定的，在产品品种结构和产品单位成本不变的情况下，产量变动将会使成本降低额发生同比例变动，但由于计算成本降低率的分子和分母会同时发生同比例变动，所以产量变动将不会影响成本降低率的变动。其次，由于各种产品的成本降低程度不同，所以产品品种比重变动将会使成本降低额与成本降低率同时发生变动。成本降低程度大的产品比重增加会使成本降低额和降低率增加，反之则减少。最后，产品单位成本降低会使成本降低额和成本降低率增加，反之会减少。因此，影响成本降低额的因素有 3 个，即产品产量变动、产品品种结构变动和产品单位成本变动；影响成本降低率的因素有两个：产品品种结构变动和产品单位成本变动。对可比产品成本降低计划完成情况进行因素分析时，可选择采用连环替代法或差额计算法。若用 0、1 和 2 分别代表上年数、计划数与实际数，p 和 c 分别代表产品产量和单位成本，则各因素对成本降低计划完成情况的影响可分别计算为：

$$\text{产量变动后的成本降低额}=\sum p_2c_0\times\text{成本计划降低率}$$

$$\text{成本结构变动后的成本降低额}=\sum p_2c_0-\sum p_2c_1$$

$$\text{单位成本变动后的成本降低额}=\sum p_2c_0-\sum p_2c_2$$

因素变动对成本计划降低额的影响等于因素变动后的降低额减去因素变动前的降低额。因素变动对成本计划降低率的影响等于二因素变动后的降低额除以 $\sum p_2c_0$。

【例 8-4】 承例 8-3，分析各因素变动对产品成本计划完成情况的影响。

解： 由影响产品成本计划完成情况的因素可知，其连环替代的顺序应为产品产量、产品品种结构和单位产品成本。

实际指标体系：$\sum p_2c_0-\sum p_2c_2=138\ 600$(元)

基期指标体系：$\sum p_1c_0-\sum p_1c_1=103\ 500$(元)

其中：$\sum p_1c_0=4\ 800\times220+750\times110=1\ 138\ 500$(元)

$\sum p_1c_1=4\ 800\times200+750\times100=1\ 035\ 000$(元)

$\sum p_2c_0=4\ 600\times220+700\times110=1\ 089\ 000$(元)

$$\sum p_2c_1=4\,600\times 200+700\times 100=990\,000(\text{元})$$
$$\sum p_2c_2=4\,600\times 192+700\times 96=950\,400(\text{元})$$

分析对象：138 600－103 500＝35 100(元)

成本降低率的考核指标：138 600÷1 089 000×100%－103 500÷1 138 500×100%＝12.73%－9.09%＝3.64%

在此基础上，进行连环顺序替代，并计算每次替代后的结果。

产量变动的影响：由于产量变动只影响成本降低额，不影响成本降低率，所以，产量变动对成本降低额的影响可用按实际产量乘以上年实际平均单位成本计算的总成本，再乘以计划的成本降低率即可。

产量变动后的成本降低额：1 089 000×9.09%＝99 000(元)

品种结构变动后的成本降低额：1 089 000－990 000＝99 000(元)

品种结构变动后的成本降低率：99 000÷1 089 000×100%＝9.09%

单位成本变动后的成本降低额：1 089 000－950 400＝138 600(元)

单位成本变动后的成本降低率：138 600÷1 089 000×100%＝12.73%

确定各因素对产品成本计划完成情况的影响。

产量变动对成本降低额的影响：99 000－103 500＝－4 500(元)

对成本降低率没有影响。

品种结构变动对成本降低额的影响：99 000－99 000＝0(元)

品种结构变动对成本降低率的影响：9.09%－9.09%＝0%

单位成本变动对成本降低额的影响：138 600－99 000＝39 600(元)

单位成本变动对成本降低率的影响：12.73%－9.09%＝3.64%

最后检验分析结果：－4 500＋0＋39 600＝35 100(元)

0%＋3.64%＝3.64%

由以上 3 个因素的计算结果可以看出，虽然总体上可比产品的成本降低额和降低率均超额完成了计划，但是 3 个影响因素的影响方向却不尽相同，从产量上看，由于 A、B 两种可比产品的产量均未完成计划，导致产品成本降低额比计划少降低了 4 500 元；从成本品种结构上看，A、B 两种产品的品种结构变动未对成本降低额及成本降低率产生影响。从单位成本角度看，由于 A 产品和 B 产品的单位成本均有所下降，导致可比产品成本降低额比计划增加 39 600 元，成本降低率增加 3.64%。因此，建议企业在产品可以顺利销售的情况下，企业可以通过增加产品产量，尤其是增加成本降低程度大的产品产量，来降低可比产品的总成本。

8.3　主要产品单位成本表的编制与分析

8.3.1　主要产品单位成本表的编制

1. 主要产品单位成本表的概念和作用

主要产品单位成本表是反映企业在报告期内生产的各种主要产品单位成本的构成情况

和各项主要技术经济指标执行情况的报表。它是对产品成本表的有关单位成本作进一步补充说明的报表。

利用主要产品单位成本表所提供的资料，可以考核各种主要产品单位成本计划的执行结果，分析各成本项目和消耗定额的变化及其原因，并便于在生产同种产品的企业之间进行成本对比，以利于找出差距，挖掘潜力，降低产品成本。

2. 主要产品单位成本表的结构和内容

主要产品单位成本表的结构可分为上半部和下半部。

(1) 上半部是反映单位产品的成本项目，并分别列出历史先进水平、上年实际平均、本年计划、本月实际和本年累计实际平均的单位成本。

(2) 下半部是反映单位产品的主要技术经济指标，这些指标也分别列出了历史先进水平、上年实际平均、本年计划、本月实际和本年累计实际平均的单位用量。

主要产品单位成本表的格式和内容见表 8-7。

表 8-7 主要产品单位成本表

编制单位：兴达工厂　　2016 年 12 月　　金额单位：元

产品名称	E 产品	本月计划产量	1 850
规格		本月实际产量	2 000
计量单位	台	本年累计计划产量	21 500
销售单价	160 元	本年累计实际产量	22 000

成本项目	行次	历史先进水平 200×年	上年实际平均	本年计划	本月实际	本年累计实际平均
		1	2	3	4	5
直接材料	1	78.80	74.91	71.19	66.80	67.09
直接工资	2	32.40	42.48	42.48	45.00	45.89
制造费用	3	11.80	12.61	12.33	直 1.20	12.02
合计	4	123	130	126	123	125
主要技术经济指标	5	用量	用量	用量	用量	用量
①普通钢材	6	69	73	70	69.6	68.8
②工时	7	10	12	12	12.5	13

3. 主要产品单位成本表的编制方法

主要产品单位成本表应按每种主要产品分别编制。

(1)“本月计划产量”和“本年累计计划产量”项目应根据本月和本年产品产量计划资料填列。

(2)“本月实际产量”和“本年累计实际产量”项目应根据统计提供的产品产量资料或产品入库单填列。

(3)“成本项目”项目应按规定进行填列。

(4)“主要技术经济指标”项目是反映主要产品每一单位产量所消耗的主要原材料、燃料、工时等的数量。

(5)“历史先进水平”是指本企业历史上该种产品成本最低年度的实际平均单位成本和实际单位用量，应根据历史成本资料填列。

(6)“上年实际平均”是指上年实际平均单位成本和单位用量。应根据上年度本表的本年累计实际平均单位成本和单位用量的资料填列。

(7)“本年计划”是指本年计划单位成本和单位用量。应根据年度成本计划中的资料填列。

(8)“本月实际”是指本月实际单位成本和单位用量。应根据本月完工的该种产品成本资料填列。

(9)“本年累计实际平均”是指本年年初至本月末止该种产品的实际平均单位成本和单位用量。应根据年初至本月末止的已完工产品成本计算单等有关资料，采用加权平均法计算后填列，其计算公式如下：

$$某产品的实际平均单位成本=\frac{该产品累计总成本}{该产品累计产量}$$

$$某产品的实际平均单位用量=\frac{该产品累计总用量}{该产品累计产量}$$

表 8-7 对不可比产品，则不填列“历史先进水平”和“上年实际平均”的单位成本和单位用量。

由于表 8-7 是商品产品成本表的补充，所以，该表中按成本项目反映的“上年实际平均”“本年计划”“本月实际”“本年累计实际平均”的单位成本合计，应与商品产品成本表中的各该单位成本的数字分别相等。

8.3.2　制造费用明细表的编制

1. 制造费用明细表的概念和作用

制造费用明细表是反映企业在报告期内发生的各项制造费用的报表。

利用制造费用明细表所提供的资料，可以分析制造费用的构成和各项费用增减变动情况，考核制造费用预算的执行结果，以便进一步采取措施，节约开支，降低费用，从而降低产品的制造成本。

2. 制造费用明细表的结构和内容

制造费用明细表的结构是按规定的制造费用项目，分别反映“本年计划数”“上年同期实际数”和“本年累计实际数”。这样做，便于用本年实际数分别同本年计划数和上年同期实际数进行比较，以便加强对制造费用的管理。

制造费用明细表的格式和内容见表 8-8。

表 8-8　制造费用明细表

编制单位：兴达工厂　　　　2016 年 12 月　　　　金额单位：元

项　目	行次	本年计划数	上年同期实际数	本年累计实际数
职工薪酬	1	100 000	90 000	105 000
折旧费	2	90 000	88 000	86 400

续表

项　　目	行次	本年计划数	上年同期实际数	本年累计实际数
租赁费	3	61 000	57 600	55 400
机物料消耗	4	16 000	17 500	15 500
低值易耗品	5	22 000	23 100	21 800
取暖费	6	52 000	52 800	51 700
水电费	7	48 000	50 500	47 300
办公费	8	30 000	31 400	33 000
差旅费	9	30 000	28 000	27 900
保险费	10	50 000	63 000	49 300
设计制图费	11	19 000	19 200	18 100
试验经验费	12	31 000	33 000	36 700
劳动保护费	13	44 000	41 000	43 200
其他	14	20 000	20 800	21 000
合　计		613 000	615 900	612 300

3. 制造费用明细表的编制方法

(1)“本年计划数”各项数字应根据制造费用的年度计划数填列。

(2)“上年同期实际数”各项数字应根据上年同期本表的“本年累计实际数”填列。如果表内所列项目和上年度的费用项目在名称或内容上不相一致，应对上年度的各项数字按照表内规定的项目进行调整。

(3)“本年累计实际数”各项数字填列自年初起至编报月月末止的累计实际数，应根据“制造费用明细账”的记录计算填列。

8.3.3 主要产品单位成本表分析

对主要产品单位成本表进行分析，可以揭示企业各种主要产品单位成本及其各个成本项目的变动情况，尤其是各项消耗定额的执行情况；确定产品结构、工艺和操作方法的改变，以及有关经济技术指标变动对产品单位成本的影响，查明单位成本升降的具体原因。主要产品单位成本表的分析包括对产品单位成本计划完成情况的分析，产品单位成本项目的分析和经济技术指标变动对成本影响的分析等内容。

主要产品单位成本的基本分析包括对产品单位成本计划完成情况的分析及产品单位成本项目的分析。

1. 产品单位成本计划完成情况的分析

产品单位成本计划完成情况的分析主要采用比较分析法，通过对主要产品单位实际成本与计划、与上年实际等的比较，来说明单位成本的升降情况。

【例 8-5】 大华工厂主要生产 M、N 两种产品，产品单位成本的资料见表 8-9。

要求：对产品单位成本计划的完成情况进行分析。

表 8-9　主要产品单位成本表

2016 年 12 月　　　　金额单位：元

产品名称	计量单位	销售单价	产品产量			直接材料				直接人工				制造费用				产品单位成本			
			本月计划	本月实际	本年累计实际	上年实际平均	本年计划	本月实际	本年累计实际平均	上年实际平均	本年计划	本月实际	本年累计实际平均	上年实际平均	本年计划	本月实际	本年累计实际平均	上年实际平均	本年计划	本月实际	本年累计实际平均
M	件	500	580	600	7 000	240	230	232	236	80	76	72	68	80	76	72	78	400	382	376	382
N	套	300	210	200	2 300	140	129	130	127	55	50	48	48	45	43	44	46	240	222	222	221
…																					

由表 8-9 的资料可以看出，M、N 两种主要产品的单位成本本月实际均低于去年同期的水平；M 产品的本月实际成本也低于计划水平，而 N 产品单位成本与计划水平持平。从本年累计实际平均的单位成本来看，两种产品的单位成本均低于去年同期水平；从各产品单位成本和计划比较的情况来看，M 产品本年累计实际平均单位成本刚刚完成计划，N 产品则完成计划。企业应深入分析产品成本的构成情况及产品中没有完成计划的原因，以便采取措施，深入挖掘降低成本潜力，努力降低主要产品的单位成本。

2. 产品单位成本项目的分析

产品单位成本由直接材料、直接人工和制造费用 3 个项目构成，下面分别展开分析。

(1) 直接材料成本分析。

直接材料在产品成本中往往占有重要地位，在加工制造业中材料费用所占的比重更大，是产品成本项目分析的重点。分析直接材料的变动情况，应首先将其实际成本与上年同期和计划进行比较，分析其成本变动趋势和计划的完成情况，然后进行直接材料费用影响因素的深入分析，找出影响直接材料费用的详细原因。

影响单位成本直接材料项目变动的因素主要是材料的单耗和单价，对直接材料项目进行因素分析实际上是从产品的生产和材料供应两方面入手，寻找降低材料成本的途径，从改进企业生产和材料供应工作上挖掘降低成本的潜力。

【例 8-6】 承例 8-5，假定企业生产产品只消耗 A 和 B 两种材料，M 产品只消耗 A 材料，N 产品消耗两份 A 材料和一份 B 材料。材料的消耗定额、计划单价、本月实际消耗量及实际单价等情况见表 8-10。

要求：分析直接材料成本的计划完成情况及其影响因素。

表 8-10　直接材料成本资料

2016 年××月

材料名称	直接材料用量/千克		直接材料单价/元		直接材料成本/元	
	计划	实际	计划	实际	计划	实际
A 材料	50	51.56	4.6	4.5	230	232
B 材料	14	12.5	1	1.12	14	14

由表 8-9 可以看出，M 产品本月实际和本年累计实际平均的直接材料成本均低于去年

同期的成本水平，但均高于本年计划，需深入挖掘其直接材料成本计划的制订情况，分析是计划制订得不合理，还是材料控制效果较差；N 产品本月实际和本年累计实际平均的材料成本均低于去年同期的成本水平，本年累计的材料成本也低于本年计划，但本月实际的成本水平却高于本年计划，需要深入分析本月实际材料成本超支的原因，提高材料成本的控制水平。

根据表 8-10 可以分析材料成本变动的影响因素。

① M 产品直接材料成本的影响因素。

单耗对材料成本的影响：(51.56－50)×4.6＝＋7.176(元)

单价对材料成本的影响：(4.5－4.6)×51.56＝－5.156(元)

单位产品材料消耗量的增加使得 M 产品单位材料成本增加了 7.176 元，但由于材料单价的降低使 M 产品的单位材料成本降低了 5.156 元，所以二者的共同影响使 M 产品单位材料成本实际比计划增加了 2.02 元。企业需要深入调查是供应部门采购的材料质量有问题，还是生产部门对材料的耗用存在浪费问题。

② N 产品直接材料成本的影响因素。

单耗对材料成本的影响：(51.56－50)×4.6×2＋(12.5－14)×1＝12.85(元)

单价对材料成本的影响：(4.5－4.6)×51.56×2＋(1.12－1)×12.5＝－8.81(元)

分析同上。

(2) 直接人工成本分析。

分析产品单位成本中的人工费用，需按照不同的工资制度和工资费用计入成本的方法来进行。在计件工资制度下，计件单价不变，单位成本中的工资费用一般也不变，除非生产工艺或劳动组织方面有所改变，或者出现了问题；在计时工资制度下，如果企业生产多种产品，产品成本中的工资费用一般是按生产工时比例分配计入的。这时产品单位成本中工资费用的多少，取决于生产单位产品的工时消耗和小时工资率两个因素。生产单位产品消耗的工时越少，成本中分摊的工资费用也就越少，而小时工资率的变动则受计时工资总额和生产工时总数的影响，其变动原因需从这两个因素的总体角度去查明。基于这种原因，分析单位成本中的工资费用，应结合生产技术、工艺和劳动组织等方面的情况，重点查明单位产品生产工时和小时工资率变动的原因。

【例 8-7】 承例 8-5 和例 8-6，假定企业采用计时工资制计算产品成本。丙产品直接人工的计划工时、计划工资率，本月实际工时及实际工资率的情况见表 8-11。

要求：分析直接人工成本的计划完成情况及其影响因素。

表 8-11　直接人工成本资料

20××年××月

产品名称	直接人工工时/小时		直接人工工资率/(元/小时)		直接人工成本/元	
	计划	实际	计划	实际	计划	实际
N 产品	5	4.57	10	10.5	50	48

由表 8-9 可以看出，N 产品无论本月实际的直接人工成本还是本年累计平均的直接人工成本均低于去年同期和计划水平，直接人工成本控制得较好，应继续坚持。通过表 8-11

可以分析直接人工成本不同于计划成本的影响因素。

工时对人工成本的影响：(4.57－5)×10＝－4.3(元)

工资率对人工成本的影响：(10.5－10)×4.57＝2.29(元)

分析结果表明，单位产品工时的下降使得丙产品单位人工成本减少了 4.3 元，但由于人工工资率的提高使得 N 产品的单位人工成本增加了 2.29 元，所以二者的共同影响使得 N 产品单位人工成本实际比计划降低了 2.01 元。单位产品所耗工时的节约，一般是生产工人提高了劳动熟练程度，从而提高了劳动生产率的结果，但也不排除是由于偷工减料造成的，应该查明节约工时以后是否影响了产品的质量；工资率是以生产工资总额除以生产工时总额计算得出的，工资总额控制得好，生产工资总额减少，会使每小时工资费用节约，否则会使每小时工资费用超支。在工资总额固定的情况下，非生产工时控制得好，减少非生产工时，增加生产工时总额会使每小时工资费用节约，否则会使每小时工资费用超支。因此，除了要查明每小时工资费用变动的原因外，还应对生产工时的利用情况进行分析研究。

(3) 制造费用成本分析。

制造费用在多产品生产中通常是间接计入费用，分配标准一般是受益产品所耗用工时。因此，产品单位成本中的制造费用就取决于单位产品工时消耗量和每小时制造费用两个因素。其计算公式为：

单位产品制造费用＝单位产品工时消耗量×小时制造费用额(或小时制造费用率)

根据单位产品制造费用的计算公式，采用差额计算法分析两个因素对制造费用的影响程度时，可按如下公式进行计算：

制造费用效率差异对单位成本的影响＝(单位产品实际工时－单位产品计划工时)
－制造费用计划分配率

制造费用分配率差异对单位成本的影响＝(制造费用实际分配率－制造费用计划分配率)
×单位产品实际工时

【例 8-8】 承例 8-5 至例 8-7，N 产品制造费用的计划和实际情况及耗用工时的情况见表 8-9 和表 8-11。

要求：分析 N 产品制造费用的计划完成情况及其影响因素。由表 8-9 可以看出，N 产品本月实际的制造费用低于上年实际，却高于本年计划；本年累计平均的单位产品中包含的制造费用既高于去年同期，又高于本年计划。可见，N 产品制造费用的计划完成情况非常糟糕，企业需认真分析其原因，包括进行因素分析以及制造费用的构成比率分析，找出重点项目，更好地控制生产过程中间接费用的发生情况，降低产品成本。

通过表 8-9 和表 8-11 可以分析制造费用本月实际不同于计划成本的影响因素。

首先，计算制造费用计划和实际分配率。

制造费用计划分配率：43÷5＝8.6(元/小时)

制造费用实际分配率：44÷4.57＝9.63(元/小时)

其次，分析因素变动对制造费用的影响。

工时对制造费用的影响：(4.57－5)×8.6＝－3.70(元)

分配率对制造费用的影响：(9.63－8.6)×4.57＝4.71(元)

计算结果表明，单位产品工时的下降使得 N 产品单位成本中包含的制造费用减少了 3.70 元，但由于制造费用分配率的提高使 N 产品负担的单位制造费用增加到 4.71 元，所以二者的共同影响使N产品单位制造费用实际成本比计划提高了1.01元。需要深入分析制造费用分配率大幅上升的原因，并积极采取措施予以降低，以更好地控制成本，挖掘降低成本的潜力。

8.4 期间费用报表的编制与分析

8.4.1 期间费用报表的概念和作用

期间费用报表是反映企业在报告期内发生的管理费用、财务费用和销售费用的报表。

利用期间费用报表所提供的资料，可以考核期间费用计划或预算的执行情况，分析各项费用的构成和增减变动情况，以便进一步采取措施，压缩开支，不断降低费用水平。

8.4.2 期间费用报表的结构和内容

期间费用报表一般包括管理费用明细表、财务费用明细表和销售费用明细表。它们的结构基本相同，都是按照规定的费用项目，分别反映“本年计划数”“上年实际数”“本年实际数”，这样反映便于用本年实际数分别同本年计划数和上年实际数进行比较，以便加强对费用的控制和管理。

有关期间费用报表的格式和内容参见表8-12、表8-13和表8-14。

表8-12 管理费用明细表

编制单位：兴达工厂　　2016年度　　金额单位：元

项　目	行次	本年计划数	上年实际数	本年实际数
职工薪酬	1	95 000	92 000	96 000
折旧费	2	70 000	71 000	73 000
办公费	3	56 000	51 000	53 400
修理费	4	30 000	31 000	38 000
差旅费	5	42 000	41 000	46 030
物料消耗	6	12 000	12 000	11 000
劳动保险费	7	10 000	9 900	10 000
待业保险费	8	14 250	13 800	14 400
低值易耗品摊销	9	9 000	9 500	9 300
其他	12	18 000	20 500	15 000
合　计	13	356 250	351 700	366 130

表8-13 财务费用明细表

编制单位：兴达工厂　　2016年度　　金额单位：元

项　目	行次	本年计划数	上年实际数	本年实际数
利息支出	1	110 000	118 000	102 000

续表

项　　目	行次	本年计划数	上年实际数	本年实际数
金融机构手续费	2	22 000	21 800	21 350
汇兑损失	3	4 500	5 700	6 100
其他	4	12 000	15 000	11 420
合　　计	5	148 500	160 500	140 870

表 8-14　销售费用明细表

编制单位：兴达工厂　　2016 年度　　金额单位：元

项　　目	行次	本年计划数	上年实际数	本年实际数
职工薪酬	1	85 000	82 800	83 100
差旅费	2	44 200	43 920	43 400
办公费	3	21 500	20 800	19 700
保险费	4	21 000	19 000	19 500
修理费	5	2 800	2 800	2 890
物料消耗	6	2 200	2 260	3 100
运杂费	7	8 000	8 600	8 550
包装费	8	4 000	5 082	4 600
折旧费	9	6 000	6 800	5 700
⋮				
其他	13	2 000	1 600	2 070
合　　计	14	196 700	193 662	192 620

8.4.3　期间费用报表的编制方法

管理费用明细表、财务费用明细表和销售费用明细表各项目的填列方法为：

(1)“本年计划数”栏各项目数字根据本年度各项费用预算填列。

(2)“上年实际数”栏各项目数字根据上年度本表的“本年实际数”栏相应数字填列。如果表内所列费用项目和上年度的费用项目在名称和内容上不相一致，应对上年度的各项数字按本年度表内项目的规定进行调整。

(3)“本年实际数”栏各项目数字根据本年度“管理费用明细账”“财务费用明细账”和“销售费用明细账”中各项费用的累计数填列。

8.4.4　期间费用报表分析

进行期间费用报表分析，应该包括各种费用计划完成情况分析和各种费用增减变动情况分析两方面内容。

1. 各种费用计划完成情况分析

对各种费用计划完成情况的分析，是根据前述各种费用明细表中的资料，以本年累计实际数与各项费用计划相比较，确定实际脱离计划的差异，发现各种费用的变动趋势，并分析差异产生的原因。

由于各种费用所包括的内容具有不同的经济性质和用途，为了具体分析各种费用的增减变化和计划执行好坏的情况与原因，应按各个费用项目分别进行，对超支或节约数额较大或者费用比重较大的项目，应有重点地进行分析；分析时应注意不能孤立地检查某种费用控制计划的完成情况，以防止一些费用项目的节约掩盖了另一些费用项目的超支；分析时还应注意不同费用项目支出的特点，对具体问题作具体分析，不能简单地将所有超过计划的费用支出都认为是不合理的。例如，对于企业某些适销对路的产品，在超额完成其销量计划，并且其市场占有率不断提高的情况下，相应增加的销售人员的职工薪酬、运输费、包装费和装卸费等项支出就是合理的；反之，也不能将一切费用支出的减少都作为企业工作的成绩。又如，管理费用中的职工教育经费等费用的减少，就不一定都是企业工作的成绩，因为这项费用支出的减少，有可能导致企业劳动生产率和产品质量下降，甚至影响企业的安全生产。

2. 各种费用增减变动情况分析

进行期间费用增减变动情况分析时，首先，需要计算各项费用具体项目的构成情况，以判断各项费用中应重点关注的费用项目。其次，可以根据各种费用明细表中的资料，将本月实际数与上年同期实际数进行对比，揭示本月实际与上年同期实际之间的增减变化，以便从动态上观察、比较各项费用，特别是一些主要的、重点的费用项目的变动情况和变动趋势。在进行分析时应注意前后期费用指标的口径是否一致，如果不一致，应按照基期或报告期的口径进行调整，调整后再进行比较分析。最后，在对管理费用、财务费用和销售费用进行分析时，还应注意对于变动费用项目，应联系业务量的变动，计算相对的节约或超支；对于固定费用项目，可以用实际数与基数相比较，直接确定其绝对差异，即节约或超支；对于某些支出和损失项目，应结合其抵消数进行分析。

总之，通过上述分析，应促使企业不断总结经验，改进企业的生产经营管理，有效控制各种费用支出，最终提高企业的经济效益。

本章小结

企业成本报表是根据日常成本核算资料及其他有关资料定期或不定期编制，用以反映企业产品成本水平、构成及其升降变动情况，考核和分析企业在一定时期内成本计划执行情况及其结果的报告文件。

为了充分发挥企业成本报表在经济管理中的作用，在报表编制时必须做到数字真实、内容完整和编制及时。

企业成本报表的分析是根据成本核算相关数据资料，运用专门的方法诠释企业成本计划的完成情况，查明影响成本计划完成的原因，计算各种因素变动对成本计划完成情况的影响程度，以帮助企业寻找降低成本、挖掘企业潜力的一项工作。本章主要介绍了全部产品生产成本表的编制与分析、可比产品成本降低额和降低率的计算方法、主要产品单位成本表的编制与分析及期间费用表的编制与分析等。

思考与练习

1. 复习思考题

(1) 什么是成本报表？它有哪些特点？成本报表有哪些作用？

(2) 成本报表分析的方法和标准各有哪些？

(3) 如何编制全部产品生产成本表、主要产品单位成本表和费用明细表？

(4) 如何对全部产品生产成本表、主要产品单位成本表进行分析？有哪些分析方法？

2. 计算题

(1) 某公司按产品种类反映的全部产品生产成本报表见表 8-15。

① 请将表中空白的地方填上准确数字。

② 若该公司可比产品 A 和 B 产品本年的计划产量分别为 6 000 件和 2 500 件，要求：分析可比产品成本降低计划的完成情况及其影响因素。

表 8-15　全部产品生产成本表(按产品种类反映)

20××年 12 月　　　　金额单位：元

产品名称	计量单位	实际产量		单位成本				本月总成本		
		本月	本年累计	上年实际平均	本年计划	本月实际	本年累计实际平均	按上年实际平均单位成本计算	按本年计划单位成本*-kg	本月实际
可比产品										
合　计								53 000	46 000	48 100
其中：A	条		4 000	80	70		72	40 000		37 500
B	条	200	3 000			53	52	13 000	11 000	
不可比产品										
合　计									22 000	21 800
其中：C	件	60	400		100	90	110		6 000	5 400
D	件	80	800		200	205	210		16 000	16 400
全部产品成本合计									68 000	69 900

第9章

其他行业成本计算

前几章均是讲解制造业的加工成本计算方法，本章主要对制造加工业以外的其他行业营业成本进行讲解，但限于篇幅字数，仅对市场中占有个数较多商品流通企业、物流业等成本核算进行讲解。

学习目标

通过本章的学习，学生应了解除了制造业以外的其他行业的成本核算。这样能够拓宽学生关于成本核算的知识面，还能够使学生对前面学过的制造业成本核算起到强化巩固的作用。

学习重点与难点

学习重点	学习难点
商品流通企业成本核算、物流成本核算	商品流通企业成本核算、物流成本核算等成本的特点、换算单位及成本核算的基本程序

本章主要讲述制造业以外的其他行业的成本核算。制造业具有完整的生产过程，核算过程中涉及的要素较为全面。它的成本核算的一般程序具有很强的代表性，核算原则也适用于其他行业的成本核算。但由于行业特点的存在，不同行业的成本计算又具有各自不同的特点。本章主要介绍商品流通企业、物流企业等行业的成本核算特点和成本核算的基本程序。

9.1 商品流通企业成本核算

9.1.1 商品流通企业的特点

商品流通企业是指以商品流通活动为主营业务的企业，在经营业务活动的过程中，以商品进行交换，不进行生产活动，没有生产过程和生产环节，其主要业务活动是商品的购进与售出，以商品购进开始，以商品售出告终。我国商品流通企业包括商业、粮食、物资、供销、外贸、医药商业、石油商业、烟草商业、图书发行及从事其他商品流通的企业。

商品流通企业可以分为批发企业和零售企业。批发企业通常以批量购销为主，其业务特点主要是从生产企业大批量采购，然后转销给零售企业、生产企业，以及其他购买量较大的单位，使商品进入零售领域和生产性消费领域。零售企业主要从事单个销售业务，使商品从生产领域最终进入到非生产性消费领域。

商品流通企业经营活动的最大特点是，作为商品生产者与消费者的中介，将社会产品从生产领域转移到消费(包括生产消费)领域，没有产品生产过程，不存在生产资金的消耗。

9.1.2 商品流转的核算方法

商业企业的规模大小各异，经营方式多样，经营品种各不相同。企业根据各自经营的特点和经营管理的需要，采用不同的方法核算商品流转业务。商品流转的核算方法主要有进价核算法和售价核算法两种类型，此两种类型又可分别分为数量金额核算法和金额核算法，见表 9-1。

表 9-1 商品流转的核算方法

商品流转的核算方法	进价核算法	数量进价金额核算法	销售商品成本计算方法：先进先出法、加权平均法、个别计价法(分批认定发)、毛利率法等	适用于批发企业
		进价金额核算法	销售商品成本计算方法：实际进销差价计算法	适用于零售企业的鲜活商品
	售价核算法	数量售价金额核算法	销售商品成本计算方法：综合差价率计算法、分类差价率计算法	适用于小型批发企业和贵重零售商品
		售价金额核算法	销售商品成本计算方法：综合差价率计算法、分类差价率计算法	适用于零售企业的日常工业品

1. 进价核算法

进价核算法是按库存商品的购进价格来反映商品的进、销、存情况的核算方法。这种方法又可以分为数量进价金额核算法和进价金额核算法。

(1) 数量进价金额算法。

数量进价金额核算法是指对库存商品的总分类账户和明细分类账户除了按照进价反映外，同时，明细分类账户还必须反映商品的实物数量。其具体内容如下：

①“库存商品”的总分类和明细分类账按进价记账。总分类账反映库存商品的进价总值，明细分类账反映各种商品的实物数量和进价金额。

②“库存商品”明细账按商品的编号、品名、规格、等级分户，按商品收、付、存分栏记载数量和金额，采用永续盘存制确认库存商品的数量。

③ 根据企业经营管理的需要，在“库存商品”总分类账和明细分类账之间可以按照商品的大类分户设置“库存商品”类科目，记载大类商品的进、销、存金额。

④ 在业务部门和仓库设置商品账，分户的方法与“库存商品”明细账相同，记载商品进销存的数量，不记金额。

⑤ 根据不同商品的特点，采用不同的销货成本计算方法，定期计算和结转商品的进价成本。

数量进价金额核算法的优点是能够全面反映各种商品的进、销、存的数量和金额，便于从数量和金额两个方面进行控制。但是，由于每笔进销货业务都要填制凭证，按商品的品种逐笔登记明细分类账，核算工作量大、手续较繁，一般适用于规模较大、经营金额较多而交易次数不多的大中型批发企业、农副产品收购企业和贸易中心等。

(2) 进价金额核算法。

进价金额核算法又称为“进价记账盘存计销”核算法，是指库存商品的总分类账户和明细分类账户都只反映商品的进价金额、不反映实物数量的一种核算方法。由于这种方法不记实物数量，所以必须通过对库存商品的实地盘点来计算出期末结存金额，才能算出已销商品的销售成本。其具体内容如下：

① 库存商品的总分类账和明细分类账都以进价入账，只记金额、不记数量。

② 库存商品的明细账按商品的大类或者柜组设置，对于需要掌握数量的商品，可设置备查簿。

③ 平时销货的账务处理只核算销售收入，不核算销售成本。

月末采取以存计销的方式，通过实地盘点库存商品，倒挤出商品的销售成本。其计算公式如下。

采用进价金额核算法可以简化核算手续，节约人力、物力。但是，该核算方法由于平时不能反映商品的进、销、存的数量，月末采用盘存计销方法算出商品的销售成本，对商品的损耗或差错事故不能控制。该方法适用于售价变化比较频繁、实物数量不易控制的经营鲜活商品的零售企业。

2. 售价核算法

售价核算法是以库存商品的销售价格来反映商品的进、销、存情况的核算方法。采用这种方法时，必须设置“商品进销差价”账户，核算商品的售价金额与进价金额之间的差额，以便调整库存商品的售价金额，并计算已销商品的进价成本。

(1) 数量售价金额核算法。

数量售价金额核算法是指库存商品总分类账户和明细分类账户除了均按照售价金额反映外，同时，明细分类账户还必须反映商品实物数量的核算方法。其具体内容如下：

① 库存商品的总分类账和明细分类账统一按售价记账。总分类账反映库存商品的售价总额，明细分类账反映各种商品的实物数量和售价总额。

② 库存商品的明细分类账按商品的编号、品名、规格、等级分户，按商品的收、付、存分栏记载数量和金额。

③ 设置“商品进销差价”科目，记载库存商品的售价金额与进价金额之间的差额，定期分摊已销商品的进销差价，计算已销商品的进价成本和库存商品的进价金额。

数量售价金额核算法能够按照商品的品名、规格来反映和监督商品的进、销、存数量和售价金额的变动情况，便于加强对库存商品的管理和控制。但是，由于采用售价记账，每逢商品售价变动，就要盘点库存商品、调整库存商品的金额和差价，核算工作量较大。因此，数量售价金额核算法一般适用于小型批发企业和经营贵重物品的零售企业。

(2) 售价金额核算法。

售价金额核算法又称“售价记账，实物负责制”，是指商业企业在建立实物负责制的基础上，库存商品的总分类账户和明细分类账户都只反映商品的售价金额，不反映商品的实物数量的核算方法。采用这种核算方法，库存商品的明细分类账是按实物负责人或营业柜组设置的，财会部门采用商品的售价金额来控制实物负责人或营业柜组的商品的进、销、存情况。其具体内容如下：

① 建立实物负责制。根据岗位责任制的要求，按商品经营的品种和地点，划分若干柜组，确定实物负责人，对其经营的商品承担全部的责任。

② 库存商品的进、销、存一律按售价入账，只记金额、不记数量。库存商品的总分类账反映售价总金额，明细分类账按实物负责人分设，反映各实物负责人所经营商品的售价金额。在总分类账的控制下，随时反映各实物负责人的经济责任。

③ 设置“商品进销差价”科目。由于“库存商品”科目按售价反映，而商品购进的货款是按进价计算的，所以设置该科目，以反映商品的进价和售价之间的金额。

④ 健全商品的盘点制度。“库存商品”明细分类科目是按售价记账的，没有数量控制，只有盘点才能确定实际数量。因此，必须加强商品的盘点，才能检查库存商品账实是否相符及其实物负责人的经济责任。

⑤ 严格零售商品的价格管理。商品按售价金额核算，如售价变动就会直接影响库存商品的总额，因此，必须加强商品的物价管理。

采用售价金额核算法可以简化核算的手续、减少工作量，是零售企业商品核算的主要方法。其不足之处是由于只记金额、不记数量，库存商品账无法提供商品进、销、存的数量，不利于商品的数量控制。该核算方法适用于一般的零售企业。

9.1.3　商品采购成本的确定

商品的采购成本又可称为商品的进价成本，是指商品初始确认时的入账成本。商品采购成本类似于生产企业采购材料的采购成本，包括买价、相关税费和采购费用。不同商品和不同来源获得的商品，其采购成本的具体构成也不相同。在会计实务中，商品成本的构成主要有以下 4 种情况：

(1) 国内购进用于国内销售和出口的商品，以进货原价(但不包括准予抵扣的进项税)及进货费用为其采购成本。其中，购进商品所发生的进货运费，主要包括购进的商品在达到可销售状态前发生的包装费、运杂费、运输保险费、运输途中合理损耗、入库前的挑选整理费用，以及购进的用于出口的商品到达交货地车站、码头以前支付的各项费用和手续费等。

(2) 企业进口的商品，其采购成本包括进口商品的国外进价、进口环节的有关税金(如进口关税、进口商品的消费税等，但不包括准予抵扣的增值税)及使商品达到目前场所和可销售状态发生的各项采购费用。其中，进口商品交易合同所规定的价格可能是到岸价格(在国际贸易中以卖方将货物装上运输工具并支付启运港至目的港运费为条件的价格，即 Cost Insurance and Freight，CIF)，也可能是离岸价格(在国际贸易中以卖方将货物装上运输工具为条件的价格，即 Free On Board，FOB)。为了统一核算口径，进口商品的国外进价一律以到岸价格为基础。如果对外合同以离岸价格成交的，商品在离开对方口岸后，应由购买方负担的运杂费、保险费、佣金等费用作为购买价格的组成部分计入商品采购成本，商品到达口岸目的港后发生的费用(如港务费、卸船费等)作为采购费用计入商品采购成本。因进口商品而收入的进口佣金应冲减进口商品进价，不易按商品认定的，可以冲减管理费用。

(3) 企业委托其他单位代理进口的商品，其采购成本为实际交付给代理单位的全部价款(但不包括准予抵扣的增值税)及支付的各项采购费用。

(4) 企业收购农副产品，其采购成本一般按扣除准予抵扣的进项税后的买价再加上支付的采购费用来确定。其中，根据我国《增值税暂行条例》的有关规定，一般纳税人向农业生产者购买的免税农业产品，准予按买价和 13%的扣除率计算进项税额，从当期销项税中扣除。

需要说明的是，商品流通企业在采购商品过程中发生的运输费、装卸费、保险费及其他可归属于商品采购成本的进货费用，应计入存货采购成本。在实际工作中，为简化会计核算手续，也可先将此类费用通过“待分摊进货费用”科目进行归集，期末再根据商品存销比例分摊，结存商品负担的进货费用计入存货成本。如果企业采购商品的进货费用金额较小，也可以在发生时直接计入本期损益。

关于商品采购成本的会计处理《财务会计学》中已有讲述。为了集中说明商品流通企业商品成本核算的特点，这里仅就商品销售成本的核算方法进行说明。

9.1.4 商品销售成本的确定

企业销售商品后，应按照一定的方法计算并结转已销商品销售成本，借记“主营业务成本”科目，贷记“库存商品”科目。下面就商品销售成本的核算从批发和零售两个环节讲述。

1. 批发企业商品销售成本的核算

批发企业实行数量进价金额核算时，其计算商品销售成本的方法主要有先进先出法、加权平均法、移动加权平均法、个别计价法、毛利率法等。由于先进先出法、加权平均法、移动加权平均法、个别计价法在财务会计已经讲述，本节仅就毛利率法的具体应用进行简要说明。

(1) 会计科目的设置。

为了正确核算批发商品的销售业务，应设置以下会计科目。

①“主营业务收入”科目。

“主营业务收入”科目是损益类科目，用来核算企业实现的销售收入。接受其他单位委托代销商品的销售收入，也在该科目核算；按合同规定以收取手续费方式代购代销商品的收入，则不在该科目核算。“主营业务收入”科目的贷方登记企业实现的销售收入，借方登记销售退回(无论是属于本年度还是以前年度销售的)；期末应将该科目的余额转入“本年利润”科目，结转后该科目应无余额。“主营业务收入”科目应当按照商品类别或品种设置明细账，进行明细分类核算。

②“财务费用”科目。

“财务费用”科目是损益类科目，用来核算企业销售商品时，按合同规定为了及早收回货款而给予买方的销货折扣，以及因商品品种、质量等原因而给予买方的销货折让。企业发生销货折扣或折让时，按应收账款扣除折扣后或折让后的金额，借记“银行存款”等科目；按折扣或折让后的金额，借记“财务费用”科目；按应收账款的金额，贷记“应收账款”等科目。期末将本科目的余额结转“本年利润”科目，结转后本科目应无余额。

③“主营业务成本”科目。

“主营业务成本”科目是损益类科目，用来核算企业的商品销售成本。结转商品的销售成本，借记“主营业务成本”科目，贷记“库存商品”等有关科目。期末应将本科目的余额转入“本年利润”科目，结转后本科目应无余额。“主营业务成本”科目应按商品类别或品种设置明细账，进行明细分类核算。

批发商品销售成本的结转方式有两种，即逐日逐笔结转和定期结转。逐日逐笔结转是指在每一笔收入实现的同时，按照进价结转成本；定期结转是指销售商品时只在库存商品明细账中注销已销商品的数量，月末或定期按照一定的方法计算已销商品的成本，并进行结转。一般来说，委托代销业务、直运商品销售业务应采用逐日结转方式，除此之外的其他销售业务都采用定期(按月或按季)结转方式。

(2) 批发商品销售的核算。

① 商品销售成本计算方法——毛利率法。

毛利率法就是根据本月实际销售额，按照上季实际毛利率或本季计划毛利率来计算本月销售毛利，从而算出本月主营业务成本。其计算公式如下：

销售净额＝商品销售收入－销售退回与折让

本月销售毛利＝本月销售净额×上季实际或本季计划毛利率

本月主营业务成本＝本月销售收入总额－本月销售毛利

或者

本月主营业务成本＝本月销售收入总额×(1－上季实际或本季计划毛利率)

【例 9-1】 某商场月初纺织品存货 146 000 元，本月购货 850 000 元，销货 1 200 000 元，销售退回与折让合计 10 000 元，上季度该类商品毛利率为 25%，计算本月已销存货和月末存货成本。

本月销售净额＝12 000 000－10 000＝1 190 000(元)

销售毛利＝1 190 000×25%＝2 975 000(元)

销售成本＝1 190 000－2 975 000＝892 500(元)

月末存货成本＝146 000＋850 000－892 500＝103 500(元)

相对来说，采用毛利率法计算商品的销售成本比较简便。但是，在前后期的实际毛利率变化较大的情况下，该法计算的结果便不够准确。

在结转成本时，应根据“主营业务成本计算单”做如下分录。

借：主营业务成本　　892 500

　　贷：库存商品——×××　　892 500

② 商品销售成本核算。

对于同城商品销售，不论采用提货制还是送货制，一般当日即可办理商品交接和货款结算。由于批发商品销售数量较多、品种规格复杂、结算凭证多种多样，为了简化核算手续、加强复核工作，每日营业结束时，企业可以根据当日销货发票和结算凭证填制《销货日报表》(表 9-2)和《收款日报表》。财会部门将两者核对之后据以登账，以确保商品销售核算的正确性。

表 9-2　销货日报表

20××年×月×日

货号	大类	品名	规格	单位	数量	单价	金额	增值税
合计								

【例 9-2】 某商品流通企业批发给本地某零售企业女式服装一批，货款计 50 000 元，增值税为 8 000 元，收到银行承兑的商业汇票一张。该商品流通企业应编制会计分录如下。

借：应收票据——××　　58 000

　　贷：主营业务收入——女式服装　　50 000

　　　　应交税费——应交增值税(销项税额)　　8 000

同时，结转销售成本 38 000 元。应编制会计分录如下。

借：主营业务成本——女式服装　　38 000

　　贷：库存商品——A 商品　　38 000

在实际工作中，由于商品的种类繁多，每日结转商品销售成本的工作量大。为了简化核算手续，商品销售成本一般在期末时结转。

对于异地销售商品，要委托运输单位运往购货单位，支付给运输单位的运费一般是由销货单位垫支、购货单位负担。销货单位垫支的运费通过“应收账款”科目核算，代垫的运费、货款、增值税额一并通过银行向购货单位办理托收。财会部门根据专用发票记账联、发货单及办妥托收手续的回单，确认销售收入实现。

【例 9-3】 某商业企业销售给外地珠玛公司商品一批，货款共计 60 000 元，增值税为 9 600 元，财会部门收到业务部门、运输部门转来的有关专用发票和运费清单，代垫运费 300 元，已经向银行办妥了托收手续。该商业企业应编制会计分录如下。

(1) 支付代垫运费时。

借：应收账款——代垫运费(珠玛公司)	300	
贷：银行存款		300

(2) 办妥托收手续，取得银行回单。

借：应收账款——珠玛公司	69 600	
贷：主营业务收入——文具		60 000
应交税费——应交增值税(销项税额)		9 600

(3) 结转商品销售成本 4 000 元。

借：主营业务成本——文具	38 000	
贷：库存商品		38 000

(4) 收回货税款和代垫运费。

借：银行存款	69 900	
贷：应收账款——珠玛公司		69 900

2. 零售企业的销售成本的核算

零售企业实行数量售价金额核算、售价金额核算、进价金额核算时，月终，为计算出销售商品的实际成本，必须按一定的方法计算已销商品应分摊的进销差价。这些方法有差价率计算法、实际进销差价计算法两种。

(1) 会计科目的设置。

为了正确核算批发商品的销售业务，应除了设置和批发环节一样的“主营业务收入”科目、“主营业务成本”科目外，还需要设置“商品进销差价”会计科目。

“商品进销差价”科目属于资产类，用来核算企业采用售价进行日常核算的商品售价与进价之间的差额。借方反映期末分摊已销商品的进销差价；贷方反映购进、收回商品的售价与进价之间的差额。贷方余额反映库存商品的商品进销差价。

(2) 零售商品销售的核算。

① 商品销售成本计算方法有综合差价率计算法、分柜组差价率计算法、实际进销差价计算法 3 种。

A．综合差价率计算法。

综合差价率是指按企业全部商品的销售及库存比例计算的差价率，其计算公式如下：

$$\text{综合差价率}=\frac{\text{月末“商品进销差价”科目余额(分摊前)}}{\text{月末“库存商品”科目余额}+\text{月末“受托代销商品”科目余额}+\text{月末“主营业务收入”科目贷方发生额}}$$

$$\text{月末结存商品进销差价}=\text{月末结存商品售价}\times\text{差价率}$$

$$\text{本月已销商品应该分摊的进销差价}=\text{本月“主营业务收入”账户的贷方发生额}\times\text{综合差价率}$$

B．分柜组差价率计算法。

$$\text{分类(柜组)差价率}=\frac{\text{某类(柜组)商品月末“商品进销差价”科目余额(分摊前)}}{\text{某类(柜组)商品月末“库存商品”科目余额}+\text{某类(柜组)商品月末“受托代销商品”科目余额}+\text{某类(柜组)商品本月“商品销售收入”科目贷方发生额}}$$

C．实际进销差价计算法。

已销商品成本＝已销商品售价－已销商品应分摊的进销差价

综合差价率计算法、分柜组差价率计算法、实际进销差价计算法这 3 种方法在后面“(3)已销商品进销差价的计算和结转”中具体进行讲解。

② 商品销售成本核算。

零售商品销售核算业务是通过“商品销售收入”“商品销售成本”和“商品进销差价”科目进行的。零售商品销售后，一方面要按商品售价反映商品的销售收入及货款的收取情况，另一方面要结转商品的销售成本。在实行售价金额核算法下，“库存商品”是按照售价登记的，其售价和进价的差额在“商品进销差价”科目中反映。因此，当已经销售的商品在“库存商品”科目中转销后，应该同时转销这部分已销商品的进销差价，从而求得商品的销售成本。但是，由于零售商品的品种繁多，而且每一种商品的进价不一致，逐笔结转商品的进销差价比较困难，所以为了简化核算工作，平时按照售价结转商品的成本，月份终了，再按照一定的方法，计算已经销售的商品的进销差价，把按照售价结转的商品成本调整为已销商品的进价成本。

为了简化零售企业商品销售业务的核算手续，平时在“商品销售收入”科目中反映的是含税的销售收入，期末再将含税的销售收入调整为不含税的销售额。含税的销售收入的调整公式如下：

$$\text{不含税的销售收入}=\frac{\text{含税销售收入}}{1+\text{增值税率}}$$

销项税额＝不含税销售收入×增值税率

【例 9-4】 某体育用品商场为一般纳税人，适用的增值税率为 16%。某日，该体育用品商场 4 个营业柜组的商品销货款(含税)情况见表 9-3。

表 9-3　某日体育用品商场 4 个营业柜组的商品销货款(含税)情况

单位：元

项目 柜别	销售金额	现金收入	信用卡签单	转账支票	现金溢缺
篮球组	3 500	2 400	1 100		
足球组	6 000	5 890	110		
排球组	3 000	3 000			
网球组	1 800	1 800			
合　计	14 300	13 090	1 210		

财务部门根据各柜组交来的内部交款单，编制会计分录如下。

借：库存现金	13 090	
银行存款	1 210	
贷：商品销售收入——篮球组		3 500
——足球组		6 000
——排球组		3 000
——网球组		1 800

将现金集中解存银行，取得解款单回单，应编制会计分录如下。

借：银行存款	13 090	
贷：库存现金		13 090

同时，按照售价结转库存商品成本，应编制会计分录如下。

借：商品销售成本——篮球组	3 500	
——足球组	6 000	
——排球组	3 000	
——网球组	1 800	
贷：库存商品——篮球组		3 500
——足球组		6 000
——排球组		3 000
——网球组		1 800

③ 已销商品进销差价的计算和结转。

实行售价金额核算法的零售商业企业在商品销售之后，应该按照商品的售价金额注销库存商品和结转商品的销售成本。由于平时不计算和结转已经销售商品的进销差价，全部商品的进销差价保留在“商品进销差价”科目上，“商品销售收入”和“商品销售成本”两个科目平时的金额相等，反映不出商品的销售成果。为了正确反映商品的销售成果和库存商品的价值，企业需要定期在已售商品和库存商品之间分摊全部的商品进销差价。已售商品的进销差价就是已售商品实现的毛利。按售价计算的库存商品的余额减去库存商品应该分摊的进销差价便是库存商品的实际成本(进价成本)。

A．综合差价率计算法。

综合差价率是指按企业全部商品的销售及库存比例计算的差价率，其计算公式如下：

$$\text{综合差价率}=\frac{\text{月末“商品进销差价”科目余额(分摊前)}}{\begin{matrix}\text{月末“库存商品”}\\ \text{科目余额}\end{matrix}+\begin{matrix}\text{月末“受托代销}\\ \text{商品”科目余额}\end{matrix}+\begin{matrix}\text{本月“主营业务收入”}\\ \text{科目贷方发生额}\end{matrix}}$$

$$\text{月末结存商品进销差价}=\text{月末结存商品售价}\times\text{差价率}$$

$$\begin{matrix}\text{本月已销商品应该}\\ \text{分摊的进销差价}\end{matrix}=\begin{matrix}\text{本月“主营业务收入”}\\ \text{科目的贷方发生额}\end{matrix}\times\begin{matrix}\text{综　合}\\ \text{差价率}\end{matrix}$$

或者

$$\begin{matrix}\text{本月已销商品应该}\\ \text{分摊的进销差价}\end{matrix}=\begin{matrix}\text{本月“主营业务成本”}\\ \text{科目的借方发生额}\end{matrix}\times\begin{matrix}\text{综　合}\\ \text{差价率}\end{matrix}$$

或者

$$\text{已销商品进销差价}=\text{月末结账前进销差价总额}-\text{月末结存商品进销差价}$$

通过计算已销商品应分摊的进销差价，将“主营业务成本”科目的期末余额调整为本期已销商品的实际成本，“商品进销差价”科目的期末余额则是期末库存商品应分摊的进销差价。

【例 9-5】某零售商场本月末结账前“商品进销差价”科目贷方余额为 80 000 元，月末“库存商品”科目借方余额为 300 000 元；本月“主营业务收入”科目贷方发生额为 500 000 元。该零售商场采用综合差价率计算法计算已销商品进销差价。相关明细资料见表 9-4。

表 9-4　某商场某月相关明细资料

柜　组	月末结账前“商品进销差价”科目贷方余额	月末“库存商品”科目借方余额	本月“主营业务收入”科目贷方发生额
青年柜	40 000	100 000	300 000
儿童柜	30 000	190 000	100 000
老年柜	10 000	10 000	100 000
合　计	80 000	300 000	500 000

根据以上资料，计算已销商品进价成本如下：

$$\text{差价率}=\frac{80\ 000}{300\ 000+500\ 000}\times100\%=10\%$$

月末结存商品进销差价＝300 000×10%＝30 000(元)

已销商品进销差价＝80 000－30 000＝50 000(元)

已销商品进价成本＝500 000－50 000＝450 000(元)

应编制如下会计分录。

借：商品进销差价　　50 000

　　贷：主营业务成本　　50 000

采用综合差价率计算法确定商品的销售成本，其计算手续比较简便，但只适用于商品种类较少、各种商品的进销差价比较接近的企业。

B．分类(或柜组)差价率计算法。

分类(柜组)差价率是指按企业各类商品或各营业柜组的销售及库存比例计算的差价率。在这种计算方式下，“库存商品”“商品进销差价”“商品销售收入”“受托代销商品”等科目均应按商品大类(柜组)设置明细账。其计算公式如下：

$$\text{分类(柜组)差价率}=\frac{\text{某类(柜组)商品月末“商品进销差价”科目余额(分摊前)}}{\text{某类(柜组)商品月末“库存商品”科目余额}+\text{某类(柜组)商品月末“受托代销商品”科目余额}+\text{某类(柜组)商品本月“商品销售收入”科目贷方发生额}}$$

【例 9-6】根据表 9-4 的资料，计算已销商品的进销差价，计算过程如下：

$$\text{青年组分类差价率}=\frac{40\ 000}{100\ 000+300\ 000}\times100\%=10\%$$

$$\text{儿童组分类差价率}=\frac{30\ 000}{190\ 000+100\ 000}\times100\%=10.34\%$$

$$老年组分类差价率=\frac{10\,000}{10\,000+100\,000}\times100\%=0.91\%$$

青年组月末结存商品进销差价＝100 000×10%＝10 000(元)
青年组已销商品进销差价＝40 000－10 000＝30 000(元)
青年组已销商品进价成本＝300 000－30 000＝270 000(元)
儿童组月末结存商品进销差价＝190 000×10.34%＝19 646(元)
儿童组已销商品进销差价＝30 000－19 646＝10 354(元)
儿童组已销商品进价成本＝100 000－10 354＝89 646(元)
老年组月末结存商品进销差价＝10 000×0.91%＝9 100(元)
老年组已销商品进销差价＝10 000－9 100＝900(元)
老年组已销商品进价成本＝100 000－900＝99 100(元)

应编制如下会计分录。

借：商品进销差价——青年组	30 000	
——儿童组	19 646	
——老年组	9 100	
贷：主营业务成本——青年组		30 000
——儿童组		19 646
——老年组		9 100

采用分类(柜组)差价率计算法确定商品的销售成本，其计算结果能够比较准确地反映实际情况，在实际工作中应重点应用此种方法。

C．盘存商品进销差价计算法。

盘存商品进销差价计算法又称实际进销差价计算法，它根据期末盘存商品数量逐项计算盘存商品的进销差价，然后再求得已销商品的进销差价的方法。

我国《企业会计制度》规定，每年年终，应将各商品的进销差价进行一次核实调整，其目的是为了消除采用前述两种方法计算成本与损益所产生的偏差。其计算程序如下：

a. 对年末的库存商品进行实地盘点。

b. 将各种实存商品的数量分别乘以各种商品的零售价和最后单位进价，求得库存商品的售价和进价总金额。

c. 库存商品的售价总金额与进价总金额相减，求得库存商品应分摊的进销差价。

d. 将年末“进销差价”金额(分摊前)减去库存商品应分摊的进销差价，即为最后一个月已销商品应分摊的进销差价。

e. 已销商品成本＝已销商品售价－已销商品应分摊的进销差价。

对于经营贵重商品的营业柜组，为了对贵重商品加强管理，保护其安全，应当单独设置商品数量明细账，记载贵重物品的收、付、存数量，进行数量售价金额核算。对于进价金额核算的零售企业，一般用于鲜活商品的核算上。下面对鲜活商品的核算进行讲解。

3. 鲜活商品的核算

在零售商品流通企业经营的零售商品中，有一部分是鲜活商品，包括鱼虾、肉蛋、瓜果、蔬菜等副食品。这些鲜活商品的质量变化大，损耗量大，需要经常调整售价，及时清选、整理，季节性强，上市时间集中，数量大，不易进行管理。根据这些特点，鲜活商品业务不宜采用售价金额核算法。为了随时调整售价，减少核算手续，对于鲜活商品一般都采用“进价记账，盘存计销”或者“进价记账，售价控制”的进价金额核算法。

(1)“进价记账，盘存计销”的核算法。

“进价记账，盘存计销”是指库存商品总账和明细账只反映商品的进价金额，不反映实物数量的一种核算方法。所以采用“实地盘点，以存计销”的办法倒挤出商品的销售成本，具体内容如下：

① 库存商品的总分类账和明细分类账一律以进价入账，只记金额、不计数量。

② 库存商品的明细账按商品的大类或者柜组设置，对于需要掌握数量的商品，可设置备查簿登记收、付、存的数量。

③ 平时销售的账务处理，只核算销售收入，不核算销售成本。月末通过实际盘点库存商品，采用以存计销的方式，倒挤出商品的销售成本，计算公式如下。

$$\text{本期商品的销售成本}=\text{期初库存商品金额}+\text{本期进货总金额}-\text{期末存货商品进价金额}$$

④ 在销售过程中，商品发生的一般性损溢、等级变化及售价调整等，财会部门不做账务处理。如果发生较大的责任事故损失，则应查明原因。

【例 9-7】 某水果商店鲜果组月初苹果库存金额为 1 200 元，本月一次购入苹果的进价金额为 18 000 元，该月月末盘点库存苹果的金额为 7 500 元。本月销售收入共计 13 000 元，销项税额为 2 210 元。

(1) 购进苹果时，根据商品发票，应编制会计分录如下。

借：材料采购	18 000	
应交税费——应交增值税(进项税额)	2 880	
贷：银行存款		20 880

同时，

借：库存商品——鲜果组	18 000	
贷：材料采购		18 000

(2) 销货时，根据销货报告单和缴款回单，编制会计分录如下。

借：银行存款	15 080	
贷：主营业务收入		13 000
应交税费——应交增值税(销项税额)		2 080

(3) 月末，根据实地盘点的结果，计算结转本月商品的销售成本。

本月商品销售成本＝1 200＋18 000－7 500＝11 700(元)

编制会计分录如下。

借：商品销售成本	11 700	
贷：库存商品——鲜果组		11 700

采用“进价记账，盘存计销”的核算方法，可以随时调整售价，及时销售，减少损耗，简化核算手续。但是采用这种核算方法，平时不能掌握商品的库存情况，不能利用进价金额控制所经营的商品。商品盘点后，无法进行账实核对，不能控制商品的损耗和差错。由于根据实地盘点的结果倒挤出商品的销售成本，容易把商品损耗、工作差错及舞弊等造成

的后果都挤入商品销售成本，不利于发现经营管理中存在的问题。因此，采用该方法，应该在各个环节建立严格的管理制度，加强控制。

(2)“进价记账，售价控制”的核算法。

为了弥补“进价记账，盘存计销”进价金额控制方法的不足，加强鲜活商品的核算和管理，可以采用“进价记账，售价控制”的核算方法，即对鲜活商品，财会部门仍然采用进价记账的方法，但对各实物负责人进行售价控制。其具体内容如下：

① 购进商品时，由业务部门统一验收，按照零售价拨给各个实物负责人；拨货时，应该填制《商品调拨单》。

② 实物负责人按照零售价销售收款，按实收的金额列入商品销售收入。每天营业终了时，盘点剩余商品，填制《鲜活商品核算日报表》，其格式见表 9-5。计算出本日的应销金额，与实收的金额相对比。如有不符，作为分析长短款的根据，查明原因。对于不符的差额，财会部门不做账务处理。

表 9-5　鲜活商品核算日报表

填报单位：　　　　　　　　　　　　　20××年×月×日

商品名称	单位	零售单价	昨日存货		本日进货		本日盘存		本日应销		实际	溢　余		短　缺	
			数量	金额	数量	金额	数量	金额	数量	金额	金额	数量	金额	数量	金额
合计															
备注															

“进价记账，售价控制”的核算方法对于加强控制、保证管理具有重要作用。但是，逐日盘点、日清日结加大了实物负责人的工作量。

以上介绍的“进价记账，盘存计销”和“进价记账，售价控制”的进价金额核算法适用于一般鲜活商品的核算。对于一些质量稳定、商品等级变化不大、无须随时调整售价的鲜活商品，也可以采用售价金额和算法。

③ 大修费用的归集和分配。

借：长期待摊费用

　　贷：银行存款

摊销时有

借：运输支出

　　贷：长期待摊费用

④ 其他费用的归集和分配，如养路费、运输管理费。

借：运输支出——客运

　　　　　　——货运

　　贷：银行存款

⑤ 事故费用的归集和分配。

借：运输支出

　　贷：银行存款

收到赔款时有

借：其他应收款(或银行存款)

  贷：运输支出——客运(事故费用)

      ——货运(事故费用)

9.2 物流成本核算

9.2.1 物流与物流成本概述

1. 物流的概念

物流是指物品从供应地向接收地的实体流动过程。根据实际需要，将运输、储存、装卸、搬运、包装、流通加工、配送、回收、信息处理等基本功能实施有机结合。物流活动是指物流过程中的运输、储存、装卸、搬运、包装、流通加工、配送、回收等功能的具体运作。

2. 物流成本的概念

物流成本是指物流活动中所消耗的物化劳动和活动的货币表现。企业物流成本主要包括运输成本、装卸成本、包装成本和配送成本等。

9.2.2 物流成本管理与核算

物流企业的经济活动是企业一切活动的最终体现，按照现代经济管理的理论，所有经济活动都必然要求进行经济核算、成本计算、费用控制和经济效益业绩考核，而所有这些工作都需要由物流企业会计工作来完成。因此，会计核算贯穿于企业整个物流活动的全过程。由于企业的物流活动包括运输、储存、搬运、包装、流通加工、配送和信息处理等多个环节，也就决定了物流企业会计核算可以分为若干环节。

1. 运输成本的管理与核算

物流企业经营活动的中心环节是运输经营活动过程，运输生产经营活动虽然不产生新的实物形态的产品，而是提供运输劳务、实现货物的位移，但是这种生产经营活动在物流企业的整个经济业务中发挥着重大作用，它联结着生产与再生产、生产与消费，国民经济各部门、各企业，城乡，不同的国家和地区。运输生产过程的特点是它的生产和消费是同时进行的。

(1) 运输成本的构成。

运输是物流企业最重要的功能之一，运费占物流总费用的 50%，是物流企业最为重要的成本。

按照《企业会计准则》的规定，运输成本由直接人工、直接材料、其他直接费用和营运间接费用构成。

① 直接人工。

A．工资。工资是指物流企业按照规定支付给营运车辆司机和助手的标准工资、工资性津贴、补贴及生产性奖金、津贴等。

B．职工福利金。职工福利金是指物流企业按照一定的工资总额计提的职工福利费。

② 直接材料。

物流运输过程的直接材料包括以下几种：

A．燃料。燃料是指营运车辆在运行中所耗用的各种燃料，如汽油、柴油等。它还包括自动倾卸车辆、卸车时耗用的燃料。

B．轮胎。轮胎是指营运车辆所耗用的外胎、内胎、垫胎、轮胎翻新费和零星修补费用等。

③ 其他直接费用。

物流运输过程的其他直接费用由折旧费、修理费、运输管理费、养路费、车辆保险费、行车事故费和其他费用 7 个项目组成。

A．折旧费。折旧费是指营运车辆按规定计提的折旧费。

B．修理费。修理费是指营运车辆进行各级保养和修理所发生的修复旧件费用、工料费和行车耗用的齿轮、机油费用以及车辆大修理费用。对于采用总成互换保修法的企业，修理费还包括保修部门领用的周转总成、卸下总成的价值及卸下总成的修理费。

C．运输管理费。运输管理费是指营运车辆按有关规定向公路运输管理部门交纳的运输管理费。

D．养路费。养路费是指营运车辆按照规定向公路管理部门交纳的营运车辆养路费。

E．车辆保险费。车辆保险费是指营运车辆向保险公司按规定投保而支付的费用。

F．行车事故费是指营运车辆在运行过程中，因行车肇事所发生的事故损失，扣除保险公司赔偿后的事故费用。但是因车站责任发生的货损、货差事故损失及由于不可抗拒的原因而造成的损失不包括在内。

G．其他费用。其他费用是指不包括以上各项的车辆营运费用。它包括行车杂支、篷布绳索费、随车工具费、车辆牌照和检验费、过桥费、高速公路建设费、过渡费、停车住宿费和车船使用税等。

④ 营运间接费用。

营运间接费用是指物流企业所属的基层营运单位，如分公司、车队、车站、车厂等为组织与管理营运过程所发生的，应由各类成本负担的不能直接记入成本计算对象的管理费用和营业费用。营运间接费用包括工资薪酬费、劳动保护费、水电费、取暖费、修理费、办公费、差旅费、保险费、设计制图费、实验检验费等，但是企业行政管理部门发生的费用不包括在营运间接费用中。

(2) 运输成本的核算。

① 燃料。

为了对燃料费用进行归集和分配，应根据燃料领用凭证进行汇总与分配，编制燃料耗用汇总表。但必须注意，在燃料采用满油箱制的情况时，在月初、月末油箱加满油的前提下，车辆当月加油的数量即为当月燃料的实际耗油数；在燃料采用盘存制的情况下，企业应该在月末实地测量车辆油箱的存油数，计算车辆当月实际耗用的燃料数。其计算公式如下：

当月实际耗用数＝月初车存数＋本月领用数－月末车存数

【例 9-8】 长城公司燃料耗用采用盘存制计算，20××年×月根据燃料领料凭证及库存燃料盘点表等有关资料编制燃料(汽油)耗用计算汇总表，见表 9-6。

表 9-6 燃料(汽油)耗用计算汇总表

燃料名称：汽油　　　　　　　　　　　　20××年×月

领用部门	月初车存数量/升	本月领用数量/升	月末车存数量/升	本月耗用数量/升	加权平均单价/元	本月耗用金额/元
一车队	2 100	28 000	2 150	27 950	2.40	67 080
二车队	2 850	24 900	2 000	25 750	2.40	61 800
修理厂		980		980	2.40	2 352
公司本部	80	1 050	80	1 050	2.40	2 520
合　计	5 030	54 930	4 230	55 730	2.40	133 752

根据燃料耗用汇总表，做如下分录。

借：主营业务成本——运输支出(一车队)——燃料　　67 080
　　主营业务成本——运输支出(二车队)——燃料　　61 800
　　辅助营运费用——共同费用　　2 352
　　管理费用　　2 520
　　贷：原材料——燃料　　133 752

② 轮胎费用。

对于物流企业各种车辆领用的轮胎外胎、内胎和垫带，为了方便企业对轮胎费用进行归集和分配，应根据各月的领料单进行汇总，编制轮胎领用汇总表。物流企业对于外胎采用一次摊销法的，在外胎领用时，应根据外胎的领用部门记入“主营业务成本”或“营运间接费用”等相关科目。而物流企业对外胎采用按行驶里程摊提法的，则应根据外胎行驶里程的原始记录和外胎里程摊提率，编制外胎摊提费用计算表，以便于对外胎费用进行归集和分配。

【例 9-9】 长城物流公司 20××年×月份根据领用外胎、内胎和垫带的凭证，编制轮胎领用汇总表表 9-7。

表 9-7 轮胎领用汇总表

20××年×月　　　　　　　　　　　　单位：元

领用单位	外胎		内胎		垫带		合计	
	计划成本	差异(5%)	计划成本	差异(4%)	计划成本	差异(4%)	计划成本	差异
一车队	8 000	400	1 200	48	300	12	9 500	460
二车队	12 000	600	1 800	72	200	8	14 000	680
合计	20 000	1 000	3 000	120	500	20	23 500	1 140

根据轮胎领用汇总表，做如下会计分录。

① 借：主营业务成本——运输支出(一车队)——轮胎　　8 000
　　　主营业务成本——运输支出(二车队)——轮胎　　12 000

贷：原材料——轮胎 20 000

借：主营业务成本——运输支出(一车队)——轮胎 400

主管业务成本——运输支出(二车队)——轮胎 600

贷：材料成本差异 1 000

② 借：主营业务成本——运输支出(一车队)——轮胎 1 500

主营业务成本——运输支出(二车队)——轮胎 2 000

贷：原材料——材料 3 500

借：主营业务成本——运输支出(一车队)——轮胎 60

主管业务成本——运输支出(二车队)——轮胎 80

贷：材料成本差异 140

③ 其他直接费用的归集与分配。

A．修理费用的归集与分配。

物流车辆需要经常对各种车辆进行维修和保养，并定期进行大修理，使其能正常运行，从而确保物流企业经营活动的正常进行。保养和修理作业分别由车队保修班和企业所属的修理厂进行。由车队修理班进行的各级保修和小修理的费用包括车队保修工人的工资及职工福利费、行车耗用的机油和保修车辆耗用的燃料、原料和备用品等，一般可以根据各项凭证汇总，全部直接记入各个成本计算对象的成本。汽车的大修理通常由修理厂进行，营运车辆的维修和保养也可以安排给修理厂。届时，修理费用应在“辅助营运费用”科目归集。属于维修和保养部分的修理费用，期末通过分配后转入“主营业务成本”科目；大修理费用由于受益期限在一年以上，则应先转入“长期待摊费用”科目，然后再按受益期限平均摊销。

B．养路费的归集和分配。

物流企业的车辆在公路上运行，每月应该向公路养路部门交纳养路费。营运车辆按车辆的载重吨位计收，公务车按辆计收。届时借记“主营业务成本”科目，贷记“银行存款”科目。

【例 9-10】 长城物流公司于 20××年×月按规定缴纳车辆养路费 150 000 元，其中一车队 80 000 元，二车队 70 000 元，本月发生公务车保养费 500 元。根据交款凭证，做如下会计分录。

借：主营业务成本——运输支出(一车队) 800 000

主营业务成本——运输支出(二车队) 700 000

管理费用 500

贷：银行存款 150 500

C．运输管理费用的归集和分配。

营运车辆的公路运输管理费，一般按运输收入的规定比例计算交纳。因此，企业交纳的运输管理费用可以根据交款凭证直接计入各类运输成本。

D．车辆保险费用的归集和分配。

物流公司为了增强企业在遭受各种损失，如雷击、洪水、暴风雨、冰雹、火灾和意外事故损失时的应变能力，减轻企业的损失，应该向保险公司投保，以便在遭受损失时，从保险公司取得补偿。

E．行车事故损失费用的归集和分配。

物流企业的营运车辆在营运过程中因为一系列原因，如车辆发生碰撞、翻车、失火、落水、机械故障等造成的车辆损失、物资毁损、人员死亡等行车事故所发生的修理费用、救援和善后费及支付给外单位人员的医药费、抚恤费、丧葬费、生活补助费等支出，在扣除向保险公司收回的赔偿收入及事故对方或过失人的赔偿金额后，记入运输成本内。如果行车事故比较严重复杂、处理时间比较长，可以在发生各项支出时通过“其他应收款——暂付事故赔款”科目核算，然后逐月将已发生事故净损失转入各类运输成本。对于当年不能结案的事故，年终时可以按照估计净损失数预提转入运输成本；在结案的年底，再按预提损失数与实际损失数的差额，调整当年的有关运输成本。

F．其他费用的归集和分配。

物流企业的营运车辆除了会发生上述各项费用外，还会发生其他直接费用，如车队领用随车工具、篷布绳索、司机和助手的劳动保护工具、防滑链等。届时，应该借记“主营业务成本”科目，贷记“低值易耗品”科目，如支付的车辆牌照和检验费、洗车费、轮渡费、过桥费、司机途中住宿费、行车杂费和车船使用税等。届时，应该借记“主营业务成本”科目，贷记“银行存款”或“库存现金”科目。

④ 运输成本明细账的设置与登记。

运输成本是在分类归集运输费用的基础上计算的，其明细账按成本计算对象开设、按成本项目划分专栏进行登记。其具体格式见表9-8。

表9-8　运输成本计算表

长城物流公司　　　　20××年×月　　　　单位：元

项　　目	行次	计划数	本月实际数			本月累计数		
			合　　计	一车队	二车队	合计	一车队	二车队
一、直接人工	1		125 000	60 000	65 000			
二、直接材料	2		38 300	19 400	18 900			
1．燃料	3		28 300	14 400	13 900			
2．轮胎	4		10 000	5 000	5 000			
三、其他直接费用	5		24 000	12 400	11 600			
1．保养修理费	6		1 100	600	500			
2．折旧费	7		3 800	2 000	1 800			
3．养路费	8		600	300	300			
4．其他费用	9		18 500	9 500	9 000			
四、营运间接费用	10		20 000	10 000	10 000			
五、运输总成本			2 073 000	101 800	105 500			
六、周转量/(千吨·千米)			900	500	400			
七、单位成本/(元/千吨·千米)			230.33	203.6	263.75			

⑤ 运输总成本和单位成本。

运输企业所发生的直接人工、直接材料、其他直接费用和营运间接费用等运输费用总额，组成了运输总成本。其计算公式如下：

$$运输单位成本(元/千吨·千米)=\frac{运输总成本}{运输周转量(千吨·千米)}$$

【例 9-11】 长城公司 20××年×月完成的货车运输周转量为一车队 500 千吨·千米，二车队 400 千吨·千米。明细账资料见表 9-9 和表 9-10。

表 9-9　运输支出明细账

明细账户：一车队　　20××年×月　　单位：元

20××年		凭证号	摘　要	直接人工	直接材料		其他直接费用				营运间接费用	合　计
月	日				燃料	轮胎	保养	折旧	养路	其他		
12	31		工资	60 000								60 000
			燃料		14 400							14 400
			轮胎			5 000						5 000
			保修				600					600
			折旧费					2 000				2 000
			养路费						300			300
			其他费							9 500		9 500
			营运间接费用								10 000	10 000
			合　计	60 000	14 400	5 000	600	2 000	300	9 500	10 000	101 800

表 9-10　运输支出明细账

明细账户：二车队　　20××年×月　　单位：元

20××年		凭证号	摘　要	直接人工	直接材料		其他直接费用				营运间接费用	合　计
月	日				燃料	轮胎	保养	折旧	养路	其他		
12	31		工资	65 000								65 000
			燃料		13 900							13 900
			轮胎			5 000						5 000
			保修				500					500
			折旧费					1 800				1 800
			养路费						300			300
			其他费							9 000		9 000
			营运间接费用								10 000	10 000
			合　计	65 000	13 900	5 000	500	1 800	300	9 000	10 000	105 500

2. 装卸成本的管理与核算

物流企业的装卸业务是企业进行生产不可缺少的组成部分。物流企业经营装卸业务时，可以按照机械化作业和人工作业的不同，分别核算成本。以人工作业为主、机械作业为辅的作业活动，可以不单独核算机械装卸成本；以机械作业为主、人工作业为辅的作业活动，也可以不单独核算人工装卸成本。

物流企业的装卸成本项目一般可以分为装卸直接费用和营运间接费用两项。

装卸直接费用指物流企业因装卸货物而发生的直接费用。它包括工资薪酬、燃料费、材料费、轮胎、周转材料摊销、动力及照明费、外付装卸费、折旧费、事故损失、保险费和其他费用。

营运间接费用指各装卸队为组织与管理装卸业务而发生的管理费用和业务费用。

(1) 装卸成本的核算。

① 装卸直接费用的核算。

物流企业装卸货物所发生的装卸直接费用，应根据《工资薪酬费分配表》《耗用其他材料汇总表》《燃料耗用汇总表》《固定资产折旧费用计算表》及各种发票、单据等，直接列入所属的装卸队成本。届时应借记“主营业务成本——装卸支出”科目，贷记“应付职工薪酬”“原材料”“累计折旧”“银行存款”等相关科目。

【例 9-12】 装卸队 20××年×月发生的工资如下：机械装卸队司机及助手的工资 30 000 元，人工装卸队 50 000 元，管理人员工资 20 000 元。

编制如下会计分录。

借：主营业务成本——装卸支出——机械(直接人工)	30 000	
——装卸支出——人工(直接人工)	50 000	
管理费用	20 000	
贷：应付职工薪酬		100 000

【例 9-13】 本月机械装卸队领用燃料 48 000 元，人工装卸队 5 000 元。

编制如下会计分录。

借：主营业务成本——装卸支出——机械(直接人工)	48 000	
——装卸支出——人工(直接人工)	5 000	
贷：原材料——燃料		53 000

② 营运间接费用的核算。

企业装卸队直接开支的管理费和业务费，可在发生和支付时，直接列入装卸成本。当按机械装卸和人工装卸分别计算成本时，可先通过“营运间接费用”科目汇集，月终再按直接费用比例分配计入各类装卸成本。

(2) 装卸总成本和单位成本的计算。

物流企业的装卸总成本是通过“主营业务成本——装卸支出”科目的明细账所登记的各项装卸费用总额确定的。装卸支出明细账的格式与登记方法与运输支出明细账相同。其计算公式如下：

$$\text{装卸业务的单位成本}=\frac{\text{装卸总成本}}{\text{装卸操作量(操作吨)}}\times 1\,000$$

3. 配送成本的管理与核算

作为物流企业重要的作业环节之一的配送，是指在经济合理区域范围内，根据客户的要求，对物品进行拣选、加工、分割、包装、配装等作业，并且按时送达指定地点的物流活动。

物流企业配送是按用户订单或配送协议进行配货，经过科学统筹规划，在用户指定的时间内，将货物送达指定地点的一种供货方式。配送几乎包括所有物流功能要素，是物流活动的一个缩影或在某个小范围内体现物流的全部活动。配送是集收货、分拣、包装、配载、组配及加工等一系列活动的集合。通过配送，物流活动才得以最终实现。严格来讲，对于整个物流活动而言，没有配送环节，就不能成为完整的物流活动。企业的配送活动需要付出代价，即需要配送成本。配送成本是配送过程中所支付的费用总和。配送业务从会计核算来看，实际上包括收货、仓储、配备、分拣加工、输送等物流营运的全过程，所以针对其成本核算应该设置“主营业务成本”科目，并视物流营运情况的需要设置明细账户。

(1) 配送成本的构成。

配送的主体活动是配送运输、分拣、配货及配载，其成本应由以下费用构成。

① 配送运输费用。

A．车辆费用。从事配送运输生产而发生的各项费用，包括工资、燃料、轮胎、修理费、折旧费、养路费、车船使用税等项目。

B．营运间接费用。指营运过程中发生的不能直接计入各成本计算对象的经费。

② 分拣费用。

A．分拣人工费用。从事分拣工作的作业人员的工资、奖金、补贴等费用的总和。

B．分拣设备费用。分拣机械设备的折旧费用及修理费。

③ 配装成本。

A．配装材料费用。配装材料主要有木材、纸、自然纤维和合成纤维、塑料等。

B．配装辅助费用。包括包装标志、标志的印刷，拴挂物费用等的支出。

C．配装人工费用。从事包装工作人员的工资、奖金、补贴等费用。

④ 流通加工费用。

A．流通加工设备费用。

B．流通加工材料费用。

C．在流通加工过程中的人员工资。

(2) 配送成本的核算。

配送成本费用的计算由于涉及多环节的成本计算，对每个环节应当计算各成本计算对象的总成本。配送成本费用总额是由各个环节的成本组成的，其计算公式如下：

配送成本＝配送运输成本＋分拣成本＋配装成本＋流通加工成本

配送成本的核算与运输成本的核算过程基本相同，这里不再赘述。

4. 包装成本的管理与核算

包装与运输、保管、搬运、流通加工等有十分密切的关系，它是物流企业的重要构成要素之一。包装不仅是生产的终点，也是物流的起点。包装的实施过程可能在生产企业，也有可能在物流企业。因此，对物流企业包装环节进行合理的管理和核算是物流企业财务会计的重要内容之一。企业应该加强包装费用的管理和核算，以降低物流成本，进一步提高物流企业的经济效益。包装是指为在流通过程中保护产品、方便运输、促进销售，按照一定的技术方法而采用的容器、材料及辅助物等的总体名称。它也包括为了达到上述目的而采用容器、材料和辅助物的过程中实施一定技术方法的操作活动。

(1) 包装成本的构成。

在物流过程中，大多数商品都必须经过一定的包装后才能在市场进行流转。因此，通常企业为了方便商品的正常流通，都会发生一定的包装费用。据统计，包装成本占流通成本的10%，特别是有些商品，如生活消费品，其包装费用所占比例可以达到40%～50%。

对于物流企业来说，其包装成本主要包括以下几个方面：

① 包装材料成本。物资在实施包装过程中耗费在材料上的费用称为包装材料成本。物流企业包装所采用的包装材料有很多种，由于包装材料的功能不同，包装成本相差也很大。因此，企业为了使包装既达到包装效果，又合理节约包装材料成本，就必须根据各种物资的特性，选择合适的包装材料。

② 包装机械成本。物流企业使用包装机械(或者工具)必然会发生一定的购置费用支出、日常维护保养费支出以及每个会计期间终了计提的折旧费用，所有这些就构成了物流企业的包装机械成本。随着包装机械的广泛使用，包装机械成本会以折旧为主的方式转移到包装成本中去。在包装过程中使用包装机械，不仅可以极大地提高包装的劳动生产率，还可以大幅度地提高包装水平。

③ 包装人工成本。物流企业在包装的实施过程中，工人或者专业工作人员进行的操作是必不可少的。企业对这些人员发放的工资、奖金、津贴、补贴等各项费用支出的总和即构成了包装的人工成本，但是包装的人工成本不包括这些人员的劳动保护费支出。

④ 包装技术成本。物流企业为了使包装的功能能够充分发挥作用、以达到最佳的包装效果，在包装过程中会需要采用一定的技术措施，比如实施缓冲包装、防霉包装、防潮包装等。所有这些技术的设计、实施所支出的费用构成了企业的包装技术成本。

⑤ 包装辅助成本。除了上述费用以外，物流企业有时还会发生一些辅助费用，如包装标记、包装标志的印刷、拴挂物费用的支出等。

(2) 包装成本的核算。

大多数商品都要经过包装才能够进入流通领域，也就需要耗用一定的人力、物力、财力。包装费用可能发生在不同的环节，也可能发生在不同的企业。对包装物进行成本、费用的核算，分别记入“主营业务成本”和“销售费用”科目。

本章小结

由于各行业生产活动的特点不同，决定了其成本核算的特点不同，具体表现在成本核算的对象、成本项目、成本核算期等方面的不同。

商品流通企业以销售的商品为成本核算对象；物流企业以实现物资实体的流动为成本核算对象。在核算过程中，通过设置和运用的科目有：商品流通企业应设置“主营业务成本”等科目来归集费用；物流企业一般设置“主营业务成本”等科目来归集费用。成本核算一般应通过编制成本核算表进行。

在商品流通企业里，库存商品的核算方法有数量金额核算法和金额核算法两大类。数量金额核算法是以实物指标和价值指标同时核算库存商品的增减变动及结存情况；金额核算法仅仅以价值指标来核算库存商品的增减变动及结存情况。这样对库存商品的具体核算就有4种方法：数量进价金额核算法、数量售价金额核算法、进价金额核算法、售价金额核算法。本章仅对这4种方法在商品销售环节发生的销售成本核算的运用进行讲解。

在物流企业里，主要讲述了物流的概念、物流成本的概念、物流成本的核算内容等。

物流是指物品从供应地向接收地的实体流动过程。根据实际需要，将运输、储存、装卸、搬运、包装、流通加工、配送、回收、信息处理等基本功能实施有机结合。物流活动是指物流过程中的运输、储存、装卸、搬运、包装、流通加工、配送、回收等功能的具体动作。

物流成本是指物流活动中所消耗的物化劳动和活动的货币表现。企业物流成本主要包括运输成本、装卸成本、包装成本和配送成本等。

按照《企业会计准则》的规定，运输成本由直接人工、直接材料、其他直接费用和营运间接费用构成。物流企业的直接材料费用主要包括燃料、轮胎等费用，其他直接费用包括折旧费用、修理费用、养路费用、运输管理费用、车辆保险费用、行车事故损失费用等；物流企业的装卸成本一般可以分为装卸直接费用和营运间接费用；包装成本主要由包装材料成本、包装机械成本、包装人工成本、包装技术成本、包装辅助成本等构成。

思考与练习

1. 复习思考题

(1) 商品流转的两个环节是什么？

(2) 什么是数量进价金额核算法？什么是进价金额核算法？试述各方法的优缺点及适用范围。

(3) 什么是数量售价金额核算法？什么是售价金额核算法？试述各方法的优缺点及适用范围。

(4) 商品流通企业、施工企业和房地产开发企业的成本项目分别包括哪些？

(5) 商品流通企业、施工企业、房地产开发企业的成本核算有何特点？

(6) 交通运输企业的成本项目分别包括哪些？

(7) 交通运输企业的成本核算有何特点？

(8) 请大家思考铁路运输企业成本项目和成本核算特点。

(9) 什么是物流？

(10) 物流成本包括哪些内容？

2. 练习题

(1) 练习物流企业装卸成本的计算。

(2) 资料。

某物流企业有机械装卸队和人工装卸队，20××年×月完成机械装卸作业量 130 千操作吨，人工装卸作业量 70 千操作吨，本月发生营运间接费用总额为 24 440 元，采用直接成本为标准进行分配。两个装卸队的直接成本分别为 440 000 元和 460 000 元。

装卸支出明细账

明细账户：机械队　　　　20××年×月　　　　单位：元

20××年		凭证号	摘要	直接人工	直接材料		其他直接费用			营运间接费用	合计
月	日				燃料	轮胎	保养	折旧	其他		
12	31		工资 燃料	29 070	45 000						29 070 45 000

续表

20××年		凭证号	摘　要	直接人工	直接材料		其他直接费用			营运间接费用	合 计
月	日				燃料	轮胎	保养	折旧	其他		
			轮胎			6 000					6 000
			保修				30 000				30 000
			折旧费					35 000			35 000
			其他费						970		970
			营运间接费用								
			合 计	29 070	45 000	6 000	30 000	35 000	970		

装卸支出明细账

明细账户：人工队　　　　　　　　20××年×月

20××年		凭证号	摘　要	直接人工	直接材料		其他直接费用				营运间接费用	合 计
月	日				燃料	轮胎	保养	折旧	养路	其他		
12	31		工资	50 160								50 160
			燃料		5 000							5 000
			轮胎									
			保修				5 500					5 500
			折旧费									
			营运间接费用									
			合 计									

要求：

① 分配营运间接费用，编制分录。

② 登记装卸支出明细账(仅登记分配的营运间接费用)。

③ 编制装卸成本计算表。

第10章

成本预测、成本决策、成本计划、成本控制和成本考核

学习目标

通过本章的学习，学生应掌握成本预测的基本方法，主要包括高低点法、回归分析法、趋势分析法等；掌握成本预测的基本方法；掌握成本决策的基本方法；了解成本计划的制订方法；掌握成本计划编制的基本方法；明确成本控制和成本考核的基本理论；掌握标准成本的制定、标准成本差异的计算和分析的方法；了解成本控制的作用；掌握责任成本的计算和业绩考核方法。

学习重点与难点

学习重点	学习难点
成本预测的基本方法、成本计划编制的基本方法、成本决策的基本方法、责任成本的计算和业绩考核的基本方法	把成本预测、成本计划、成本决策、成本控制、成本考核与实践相结合

考虑到现代成本会计具有成本核算、成本预测、成本决策、成本计划、成本控制、成本分析、成本考核这 7 项职能，本书为了追求这 7 项内容的完整性，就对它们分别进行了简单讲解。

10.1 成 本 预 测

10.1.1 成本预测概述

1. 成本预测的概念

预测是指预先的推断和测定，即对客观世界中各种事物的未来发展变化趋势，以及对人类实践活动的后果，事先所做的分析和估计。成本预测是依据成本与各种技术经济因素的依存关系，结合发展前景及采用的各种相应措施，利用一定的科学方法，对未来的成本水平及其变化趋势做出的科学估计。

成本预测涉及宏观经济和微观经济两个方面的内容，但人们通常讲的成本预测仅指微观经济方面的内容，即企业成本预测方面的内容。企业成本预测主要包括产品结构和生产工艺设计或改革的成本预测及生产过程中成本计划的制订和实施阶段的成本预测两个方面。但由于产品结构和生产工艺设计或改革通常与投资项目成本决策同时进行，所以企业成本预测一般以生产过程中的成本计划制订和实施阶段的产品成本预测为主。

成本预测按其时间范围可分为短期成本预测(月、季、年)和长期成本预测(3 年、5 年、10 年或更长时间)。成本预测的结果具有一定的时效性，客观条件变化时，预测本身也要不断地修改。为了不失时机地提供预测数据，要尽可能地缩短预测时间，使预测数据在事前控制和推动经营目标的实现中起到应有的作用。

2. 成本预测的基本内容

一般来说，成本预测工作包括以下几个方面的内容：①产品设计阶段的成本预测；②计划阶段的成本预测；③在生产预测的基础上进行期中成本预测。

3. 成本预测的意义

成本预测对提高企业的经济效益具有重要的意义，具体表现在以下几个方面：①通过成本预测可以科学地分析比较企业产品的个别成本水平与社会一般成本水平的差距；②通过成本预测可以调查市场动态，充分发挥优势，转换经营机制，增强竞争能力；③通过成本预测可以科学地分析产品成本与企业内部各部门在工作成果与费用开支方面的内在联系，加强成本控制，推进企业进入国内、国际市场；④通过成本预测可以分析和预见各种因素对企业生产经营活动及产品成本形成过程的影响程度，充分利用企业现有的人力、物力、财力，取得预期的经济效益。

4. 成本预测的程序

成本预测的程序一般可概括为以下 6 个步骤：

(1) 确定预测对象和目标。有明确的预测对象和目标，才能有目的地收集资料并选择恰当的预测方法，从而使预测结果符合未来的成本变化趋势。

(2) 收集和分析资料。有效地收集和分析资料是进行成功预测的基础。一般来说，成本预测数据资料的来源主要有 3 种，即现存的会计统计记录、原始数据和已公开发表的数据。对于收集到的各种资料要分析，并进行鉴别、取舍、加工、归纳，最终形成具有稳定结构的系列性资料。

(3) 提出假设，建立数学模型。数学模型是用数学方程式表示的预测对象(在此指成本)与各个因素或相关事件之间数量依存关系的公式。根据经过分析整理的资料研究成本变化的规律，建立相应的成本预测的数学模型。

(4) 选择预测方法进行预测。选择恰当的成本预测方法，确定有关的数值代入数学模型中求得成本预测值。

(5) 分析预测误差，检验假设。对每项预测结果要与实际结果进行比较，以发现和确定误差大小。所有预测报告都应当定期且不断地用最新的数据资料去复核，检验所做假设是否可靠。若发现误差大、假设不可靠，就应变更假设，完善数学模型，改进预测方法；若检验表面误差很小、假设成立，则可进行下一步的工作。

(6) 纠正预测结果。一方面，由于假设的存在，数学模型往往舍去了一些影响因素或事件，所以要运用定性预测方法对定量预测结果进行修正，以保证预测目标的顺利实现。另一方面，由于预测本身需要一定时间，在此期间，若内部和外部发生了不同于过去的影响因素或重大事件，也必须据以调整已有的预测结果。

5. 成本预测的方法

成本预测方法一般可分为定性预测和定量预测两大类。

(1) 定性预测方法。

定性预测是指成本预测人员根据专业知识和实践经验，对产品成本的形成、发展趋势及可能达到的水平所做的分析和推断。也就是说，有熟悉情况和业务的专家根据过去的经验进行分析、判断、提出预测意见，或者通过实地调查的形式来了解成本耗用的实际情况，再通过一定的形式(如座谈会、函询、调查征集意见等)进行综合，作为预测未来的主要依据。这种方法主要是运用在没有历史资料(如新产品成本)或主客观条件有了很大的改变并且不可能根据历史资料来判断的情况。

(2) 定量预测方法。

定量预测方法主要是利用历史成本及成本与影响因素之间的数量关系，运用一定的数学方法进行科学的加工处理，借以充分揭示有关变量之间规律性的联系，以此作为预测的依据。常用的成本定量预测方法有以下 3 种类型：

① 因果关系模型。利用数学方法描述预测目标与影响因素之间的函数关系，也就是建立成本 y 与影响因素 x 之间的某种函数关系 $y=f(x)$。根据收集的统计资料，对函数 $y=f(x)$ 中的参数进行估计和检验，从而得到与统计资料发展趋势大体相符的成本预测模型。常用的模型为一元线性回归分析模型、多元线性回归分析模型、非线性回归分析模型等。

② 时间关系模型。利用数学方法描述预测目标与时间过程之间的演变关系，也就是建立成本 y 与时间变量 t 之间的某种函数关系 $y=f(t)$，通过趋势的外推预测成本。常月的时间关系模型有移动平均模型、趋势外推模型及回归模型。

③ 结构关系模型。通过因素之间相互依存的结构比例变化预测成本的数值。常用的模型是高低点分析模型。

④ 定性分析方法与定量分析方法可以互相补充、结合使用。因为任何数学方法的应用都是以过去的资料为基础来预测未来的，所以，还要对预测期一些有较大影响因素的变化进行修正。

10.1.2 成本预测方法的应用

1. 高低点法

高低点法是以历史成本资料中产量最高和最低两个时期的成本数据为依据，借以推算成本的固定部分和变动部分，用来预测计划期内产量变化条件下的总成本水平，其数学模型如下：

$$y=a+bx$$
$$b=(y_{高}-y_{低})\times(x_{高}-x_{低})$$
$$a=y_{高}-bx_{高}=y_{低}-bx_{低}$$

其中，y 为总成本；x 为产品产量；a 为固定成本总额；b 为单位变动成本；$y_{高}$ 为高点产量的成本；$y_{低}$ 为低点产量的成本；$x_{高}$ 为高点产量；$x_{低}$ 为低点产量。

采用高低点法有 3 个步骤：一是通过最高和最低两个时期的产量变动差额与成本变动差额的比较确定单位产品的变动成本；二是根据所求得的单位产品变动成本计算固定成本总额；三是已知变动成本、固定成本总额和计划期的产品产量，预测该产品计划期的总成本数额。

采用高低点法的前提是：企业产品成本的变动趋势较为稳定。如果企业各期成本的变动幅度较大，采用此法可能会造成较大的误差。

2. 回归分析法

回归分析法也称回归直线法，它是研究变量之间相互关系的一种数理统计方法。它是先从变量的资料中找出变量之间的内在关系，加以模型化，形成经验公式，即回归方程。运用这个方程，根据自变量的变化来预测变量的数值。

回归分析法按照回归方程所含变量的多少可分为一元回归分析、二元回归分析和多元回归分析；按照回归线的性质可分为线性回归分析和非线性回归分析。在经济预测中，常用的是一元线性回归分析，即处理一个自变量 x 和一个因变量 y 之间线性关系的方法。

其数学模型为

$$y=a+bx$$

其中，y 为因变量；x 为自变量；b 为常数(回归直线的斜率)。

在实际工作中，以成本总额为因变量 y，以业务量为自变量 x，并假定成本变化趋势可以近似地用一条直线 $y=a+bx$ 来描述。从数学观点看，全部观测数据点与该直线的误差平方和最小的直线为最合理的成本直线。数学上把误差平方和最小的直线称为“回归直线”。

直线方程 $y=a+bx$ 中的两个常数 a 和 b 可以用下列公式来计算：

$$a=\frac{\sum y-b\sum x}{N}$$

$$b=\frac{n\sum xy-\sum x}{\sum V}$$

3. 趋势预测分析法

趋势预测法是根据积累的历史资料，分析有关指标过去的发展过程及规律性，并且估计这种规律性在将来仍然起作用。据此预测有关指标在将来一定时期的数值。趋势预测分析法主要有加权平均法、指数平滑法和移动平均趋势法。

(1) 加权平均法。

当企业具备比较详细的成本资料，并且已经详知固定成本总额和单位变动成本的资料时，可利用加权平均法来预测企业未来期的产品总成本。其计算公式如下：

$$y=\frac{\sum af \div \sum f}{\sum bf \div \sum f}x$$

其中，y 为预测未来期总成本；a 为固定成本总额；b 为单位变动成本；f 代表权数；x 代表产量。

(2) 移动平均趋势法。

移动平均趋势法就是将过去的历史资料移动平均，并且假定预测期的有关指标与它相连续时期的数值最为接近，以此为基础，运用一定的数学方法来预测未来时期成本值和变化趋势。

【例 10-1】 某企业 2007 年全年 12 个月的成本资料见表 10-1，要求按移动平均趋势法预测该企业 2008 年 1 月份的成本。

表 10-1 某企业 2007 年成本资料

单位：万元

月　份	总 成 本	5 期移动平均	变化趋势	3 期趋势移动平均值
1	100			
2	110			
3	130	126		
4	150	130	4	
5	140	140	10	7.33
6	120	148	8	8.67
7	160	156	8	10.67
8	170	172	16	13.33
9	190	188	16	14
10	220	198	10	
11	200			
12	260			

表 10-1 中数据的计算过程如下：

首先，按连续 5 个月的成本计算出 5 期成本的平均值，例如，3 月份的 5 期成本平均值等于 1、2、3、4、5 月成本之和除以 5，即(100＋110＋130＋150＋140)÷5＝126，其余的依次类推计算。

其次，计算出相邻两期平均值的变动趋势，例如，4 月份所对应的变动趋势值为 4 月份的 5 期平均值减去 3 月份的 5 期平均值，即为 130－126＝4，其余的依次类推计算。

最后，求出连续 3 期变动趋势值，例如，5 月份所对应的 3 期变动趋势值为 4、5、6 月所对应的变动趋势值之平均值，即为(4＋10＋8)÷3＝7.33，其余的计算同理。

在完成上述计算后，就可预测 2005 年 1 月份的成本，可以看到离 2005 年 1 月份最近的 3 期平均趋势值为 14 万，在 2004 年 9 月份，其间相隔 4 个月。故该厂 2005 年 1 月份的成本预测值为 188＋14×4＝244(万元)。

10.2 成本决策

10.2.1 成本决策的程序

成本决策是在取得大量有关信息资料的基础上，借助一定的手段、方法进行计算和判断，比较各种可行方案的不同成本，从中选定一个技术先进、经济合理的最佳方案的过程。成本决策的程序可分为以下几步。

1. 提出决策的目标

成本预测是对成本发展趋势的预见，回答未来成本发展趋势可能是什么情况的问题。成本决策是对成本管理方案的选择，回答“怎么办”的问题。其中，首先要明确对什么问题“怎么办”，即首先必须明确对什么进行决策和达到什么目标。

2. 提出决策的备选方案

通过收集大量与问题(或目标)有关的技术经济资料，采用科学的方法制定可供选择的多种方案。

3. 决策分析和评价

对备选方案进行分析和研究，以技术和经济两方面论证备选方案所能达到的成本水平和经济效益，为决策的实施提供依据。

4. 进行成本决策

成本决策是在备选方案中选出最优方案，做出最优化的决策并按照最优方案实施生产和经营。

10.2.2 成本决策中的成本

1. 付现成本与沉没成本

付现成本是指那些由于某项未来决策所引起的、需要在将来运用现金支付的成本。当企业在经营决策中如果碰到本身的货币资金比较拮据，而筹措资金又有困难时，对付现成本的考虑往往比对总成本的考虑更为重视，并会选择付现成本最小的方案来代替总成本最低的方案。

例如，宏大公司计划生产甲产品，需要购进电解铜 20 吨，但在计划期间该公司的货币资金十分缺乏，并预计在短期内无应收账款可以收回，而银行贷款利率高达 15%以上。在这种情况下，有以下两种采购方案可供选择。

第一方案：甲公司可提供全部 20 吨电解铜，开价每吨 3 200 元，共计 64 000 元，但货款必须立即全部付现。

第二方案：乙公司提供全部电解铜，开价每吨 3 500 元，共计 70 000 元。货款只需先付现 4 000 元，即可取得全部材料，其余分 12 个月偿清，每月付 5 500 元。

根据上述情况，宏大公司的管理当局决定选择第二方案是比较合理的。因为该方案所需支付的总成本虽较第一方案要多 6 000 元(70 000 元－64 000 元)，但近期的付现成本则远较第一方案的低。这样，第二方案多支付的总成本可以从利用电解铜及早投入生产所取得的销售收入中得到补偿。

沉没成本是指那些由于过去的决策所引起并已经支付过款项的成本。它实质上与“历史成本”是同义语。这类成本是无法由现在或将来的任何决策所能变更的成本，因此在决策时不需考虑。

例如，某公司 7 年前购置一台机床原价 60 000 元，历年的累计折旧为 39 200 元。现由于科学技术的进步，这台机床已经完全过时，需要处理。在这种情况下，该机床的账面折余价值 20 800 元就属于沉没成本。

2. 差量成本与边际成本

差量成本是指一个备选方案的预期成本与另一备选方案的预期成本之间的差额数，也可称作差别成本或差额成本。不同方案的经济效益一般可通过差量成本的计算明显地反映出来。因此，计算不同方案的差量成本有助于进行决策分析，确定最优方案。

例如，某公司的甲零件若自制，其预期的单位成本(包括直接材料、直接人工和制造费用)为 48 元；如向市场采购，预期单位购价为 52 元。那么自制方案较外购方案优越，因为它有 4 元的差量成本。

边际成本是指成本对应于产量无限小变化的部分。在实际活动中，产量无限小变化，最小只能小到一个单位。边际成本的实际计量就是产量每增加一个单位所引起的成本变动。在决策分析中，边际成本可用来判断增减产量在经济上是否合算。当企业的生产能力有富裕时，任何增加产量的销售单价只要略高于单位边际成本，就能增加企业的利润。

3. 机会成本与估算成本

机会成本是指在决策中，选择某个方案而放弃其他方案所丧失的潜在利益。由于每项资产往往会有多种使用的机会，用在某一方面时，就不能同时用在另一方面。在某一方面的所得正是因为放弃另一方面的机会而产生的。因此，在决策中，必须把已放弃的方案可能获得的潜在收益作为被选用方案的机会成本，这样才能正确判断被选方案是否真正最优。尽管机会成本不构成企业的实际支出，也无须记入账簿中，但它终究是正确进行决策分析必须认真加以考虑的现实因素。忽视了机会成本，往往会造成决策的失误。

估算成本是指与某项经济活动有关联，需要通过估计和推算才能确定的机会成本。由于一般的机会成本比较容易计量，所以一眼可以看出；而估算成本则需要进行比较复杂的估计、推算，故属于机会成本的特种形态。例如，企业用货币资金购进商品，它的成本通常只包括购价、运输费用、仓储费等；但货币资金如投放到其他方面，就可产生利息。因此，无论其资金是自有的还是外借的，都应把利息视同机会成本进行估算。

4. 专属成本与共同成本

专属成本是指可以明确归属于某种、某批产品或某个部门的成本。例如，专门为生产某种零件、某批产品而专用的机床的折旧费用、保险费等。

共同成本是指那些需由几种、几批产品或有关部门共同分担的成本。例如，企业管理人员工资、车间的照明费用及需由各联产品共同负担的联合成本等都属于共同成本。

5. 可避免成本与不可避免成本

可避免成本是指通过管理当局的决策行动可改变其数额的成本。例如，某企业需要的A 零件可采用自制也可外购，自制时需要发生直接材料、直接人工和制造费用，而外购时需要发生外购成本。当管理当局决定放弃自制采用外购时，那么自制的直接材料、直接人工等成本就不会发生，因而属于可避免成本。

不可避免成本是指通过管理当局的行动很难改变其数额的成本。例如，企业有一台固定资产，既可用于生产 A 产品，也可用于生产 B 产品。对于管理当局来说，如果不用该固定资产生产 A 产品或是 B 产品，所用固定资产的折旧费仍是不可避免要发生的。

6. 相关成本与非相关成本

相关成本是指与决策有关联的成本，也就是在决策分析时必须认真加以考虑的各种形式的未来成本，如差量成本、机会成本、估算成本、可避免成本等。

非相关成本是指过去已经发生或虽未发生但对未来决策没有影响的成本。也就是在决策分析时可予舍弃、无需加以考虑的成本，如不可避免成本、沉没成本等。

10.2.3 成本决策的方法

1. 差量成本法

在成本会计中，不同备选方案的成本优劣通常能够通过其“差量成本”比较出来，从而可以确定最优的成本方案。

【例 10-2】 某产品由甲、乙、丙 3 个部件装配而成，装配费用为 5 000 元，这 3 种部件均可选用自制、外购、委托加工等方式。其有关资料如下：如果自制，总成本为 30 000 元，其中，甲部件为 12 000 元，乙部件为 9 750 元，丙部件为 8 250 元；如果外购，总成本为 28 500 元，其中，甲部件为 12 750 元，乙部件为 9 750 元，丙部件为 6 000 元；如果委托加工，总成本为 31 500 元，其中，甲部件为 13 500 元，乙部件为 9 300 元，丙部件为 8 700 元。试根据上述资料做出成本决策。

根据以上资料做出的决策见表 10-2。

表 10-2　差量分析表

单位：元

部件名称	备选方案成本			决　策	
	自　制	外　购	委托加工	最优方案	成　本
甲部件	12 000	12 750	13 500	自制	12 000
乙部件	9 750	9 750	9 300	委托加工	9 300
丙部件	8 250	6 000	8 700	外购	6 000
合　计	30 000	28 500	31 500	合　计	27 300

最优方案＝12 000＋9 300＋6 000＝27 300(元)

产品决策成本＝最优方案部件成本＋装配成本＝27 300＋5 000＝32 300(元)

由表 10-2 可知，其产品 3 种部件应分别采用甲自制、乙委托加工、丙外购为宜，再加上装配成本，即为该产品最优方案的决策成本。运用这种成本决策方法必须具备明确、肯定的成本决策条件。

2. *决策表法*

决策表法就是将各种自然状态所分别采取的不同方案以表格的形式列示，然后从中选取最优成本方案的决策方法。常用的有“大中取小法”。

大中取小法是根据支出情况进行决策的，即在计算各种方案支出的基础上，确定每个行动方案的支出时应根据稳健性原则，以各种方案的最大支出为选择对象，从最大支出中选取最小者作为行动方案的成本决策方法。

【例 10-3】 某企业在火车站储存石灰 1 000 包，每包 30 元，共计 30 000 元，存放 30 天后运走。如果露天存放，则遇到下雨损失 70%，下大雨损失 90%；如果租赁篷布每天租金 250 元，则遇到下小雨损失 10%，下大雨损失 30%；如果用临时厂棚，需投资 15 000 元，下小雨不受损失，下大雨损失 10%。当地 30 天内天气情况不明，试问企业应当如何决策？

在分析计算支出(损失)值时，要考虑两个方面的问题：一是该备选方案的支出，二是该备选方案可能带来的损失。据此编制决策表，见表 10-3。

表 10-3　决策表

单位：元

备选方案	支出价值			最大支出(损失)
	不下雨	下小雨	下大雨	
露天存放		21 000	27 000	27 000
租赁篷布	7 500	10 500	16 500	16 500
临时厂棚	15 000	15 000	18 000	18 000
最大支出中最小值				16 500
最优方案				租赁篷布

在这种决策表法中，是以“最不利”的情况作为必然出现的自然情况来对待的；在具

体的决策上，却是从“最不利”的情况中选取支出(损失)最小的“最有利”的方案。因此，决策表法是一种稳健的成本决策方法。

运用这种方法是在未来自然状态的概率都为未知的情况下进行的，所以要特别慎重。

3. 最优生产批量的成本决策

在成批生产的企业里，经常会遇到究竟每批生产多少数量、全年分几批生产最为经济的问题。对这类问题分析决策，主要应考虑两个成本因素，即调整准备成本和储存成本。至于制造费用、直接材料、直接人工成本，则与此决策无关，无须在决策时加以考虑。

调整准备成本是指在每批产品投产前，因进行一些调整准备工作(如调整机器、清理现场、准备工卡模具、布置生产线、下达派工单、领取原材料等)而发生的成本。这种成本与每批数量的多少没有直接的联系，但与生产批数成正比，具有固定成本的性质。

储存成本是指单位产品(或零部件)在储存过程中所发生的费用(如仓储费、搬运费、保险费、占用资金的利息费、仓库房屋的折旧费、通风费用等)。

成批生产的全年产量一般是固定的，每批的产量越大，全年生产的批量就越小；反之，批量越小，全年的批数就越多。而与最优生产批量有关的成本就是每批投产前的调整准备成本和随储存量变动而变动的平均储存成本。这两类成本是相互矛盾的，因为调整准备成本与批量无关，但与批数成正比。若要降低全年的调整准备成本，则应减少批数；但是减少批数就要增大批量，从而提高了全年的平均储存成本。

最优生产批量的决策就是要确定一个适当的生产批量，使其全年的调整准备成本与全年平均储存成本之和为最低。因此，最优生产批量也可称为经济生产批量。

最优生产批量的计算公式如下：

$$Q^2=\frac{2AS}{C\times(1-d\div p)}$$

其中，Q 为每批产量；A 为全年总产量；p 为生产周期内每日产量；d 为每日领用量；S 为每批投产的调整准备成本；C 为单位产品全年平均储存成本。

【例 10-4】某机械厂全年需用甲零件 36 000 个，专门生产甲零件的设备每天能生产 150 个，每天一般领用 120 个。每批调整准备成本为 200 元，单位零件全年的平均储存成本为 1 元。要求计算最优生产批量。

将本例有关的数据代入上述计算公式，得

$$Q^2=\frac{2\times 36\,000\times 200}{1\times(1-120\div 150)}$$

所以

$$Q=8\,485.28(件)$$

4. 零部件是自制还是外购的成本决策

企业在生产经营活动中经常遇到零部件是自制还是外购的成本决策问题。由于自制或外购决策所依据的情况各异，决策所用的分析方法也不尽相同。现就外购不减少固定成本、自制增加固定成本和外购时有租金收入 3 种情况，通过实例来研究其成本决策。

(1) 外购不减少固定成本。

【例 10-5】 某公司每年需用某种铸件 4 000 吨，自制时每吨成本为 800 元，其中，单位变动成本为 600 元，单位固定成本为 200 元；而外购价格只有 700 元。该公司某设备若不用于自制该铸件，也别无他用，要求做出该铸件是自制还是外购的成本决策。

因为单位变动成本 600 元小于 700 元，所以自制比较有利。如果改为外购，原来这部分铸件负担的固定成本照样发生，每年将使公司损失掉 400 000 元[(700－600)×4 000＝400 000(元)]。

(2) 自制增加固定成本。

【例 10-6】 某公司需用某种零件 400 个，一直依靠外购，购买价格为每个 10 元。现公司有不能移作他用的剩余生产能力可以用于生产这种零件，每年将增加固定成本 600 元。自制的单位变动成本为 7 元。要求做出是自制还是外购的成本决策。

设 x 为年零件需要量，则

外购成本＝$10x$

自制成本＝$600+7x$

计算两种成本相等时的年需要量，也即成本分界点：$10x=600+7x$，$x=200$(个)，如图 10.1 所示。

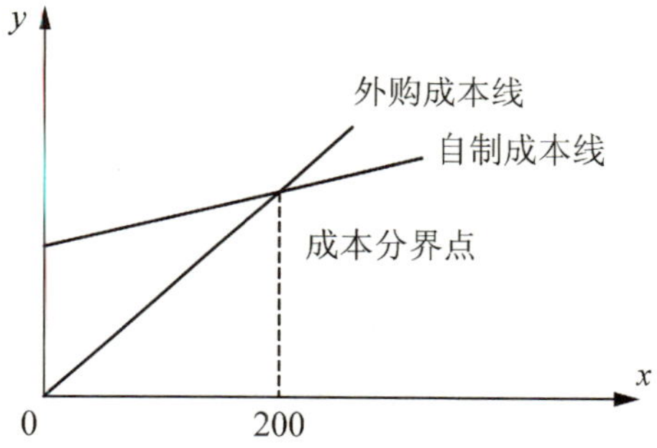

图 10.1　计算成本分界点图

所以，在 200 个以内，应该外购；超过 200 个后，应该自制。本例年需要量为 350 个，所以应该自制。

(3) 外购时有租金收入。

【例 10-7】某公司每年需用某种零件 1 000 只，自制单位变动成本为 4 元，外购价格为 6 元，外购时出租设备的租金收入为 2 500 元。要求做出是自制还是外购的成本决策。

根据上述资料编制差量分析表，见表 10-4。

表 10-4　差量分析表

单位：元

项　　目	自 制 成 本	外 购 成 本
外购成本 6×1 000		6 000
自制变动成本 4×1 000	4 000	
机会成本(外购租金收入)	2 500	
合计	6 500	6 000
差量成本	500	

由表 10-4 中不难看出，该项成本决策以外购有利。

5. 半成品是进一步加工还是直接出售的成本决策

在某些企业里，经常会面临是出售已经部分完成的半成品，还是进一步加工后再出售完工产品的选择问题。这类问题的决策可采用差量成本法。但应注意的是，半成品在进一步加工前所发生的成本，不论是变动成本还是固定成本，在决策分析中均属于无关成本，不必加以考虑。问题的关键在于，分析研究半成品进一步加工后所增加的收入是否超过所追加的成本。如果前者大于后者，则以进一步加工的方案较优；反之，则以出售半成品的方案为较优。

【例 10-8】 某公司每年生产甲产品 2 000 件，每件单位变动成本 4 元，售价为 6 元。如果把甲产品进一步加工为乙产品，售价可提高到 10 元，但需追加单位变动成本 3 元，不需要增加任何固定成本。试做出是直接出售还是进一步加工的成本决策。

采用差量成本法进行分析，步骤如下：

(1) 差量收入＝(10－6)×2 000＝8 000(元)。

(2) 差量成本＝3×2 000＝6 000(元)。

(3) 8 000－6 000＞0，说明进一步加工是合算的。

6. 不同工艺进行加工的成本决策

企业的同一种产品或零件，按不同的工艺方案进行加工生产，其成本往往相差较大。采用先进的工艺方案，产量与质量当然会大大提高，但它需要使用高级的专用设备，单位变动成本较低，而固定成本则较高。采用一般的工艺方案，往往只需用普通的简易设备，单位变动成本可能较高，但固定成本较低。由此可见，不同工艺方案的选择必须和产品加工的批量和大小联系起来进行分析研究，只有这样，才能做出比较正确的决策。

【例 10-9】 某企业决定生产甲产品，现将该产品的加工任务交给某生产部门。经调查，该部门有 A、B、C 这 3 种型号的生产设备都可加工甲产品，有关资料见表 10-5。要求做出某产品应由哪种型号的设备进行加工的成本决策。

表 10-5 产品有关资料

单位：元

摘　　要	每次调整准备费	每件产品加工费
A 型机床	50	2
B 型机床	100	1.2
C 型机床	300	0.4

假设采用 A、B、C 型机床加工的成本分别为 Y_a、Y_b、Y_c. 又设甲产品每批的需要量为 X，则

$$\begin{cases} Y_a=50+2X \\ Y_b=100+1.2X \\ Y_c=300+0.4X \end{cases}$$

解该方程，得：X=62.5(件)或 156.25(件)或 250(件)。

以上计算结果表明：甲产品的加工批量若在 62.5 件以下，用 A 型机床加工较为有利；加工批量若在 62.5 件以上、250 件以下，则用 B 型机床加工较为有利；加工批量若在 250 件以上，则用 C 型机床加工较为有利。

7. 产品组合成本决策

如何将有限的生产资源充分加以利用并在各种产品之间做有利分配，是企业成本决策的一项重要内容。企业在生产中经常会遇到设备能力、原材料来源、动力供应、熟练劳动力等方面的限制，最优的产品组合就成为需要研究的主要课题。

【例 10-10】 某厂生产甲、乙两种产品一批，产量分别为 150 件和 200 件；所用原材料 A、B 为两种规格的金属板，A 金属板每张 27 元，可裁制甲产品两件和乙产品 4 件；B 金属板每张 45 元，可裁制甲、乙产品各 5 件。根据上述资料，做出使这批产品材料成本最低的成本决策。

设领用 A 规格的金属板 x 张，B 规格的金属板 y 张，则可制成甲产品$(2x+5y)$件，乙产品$(4x+5y)$件。这批产品的材料成本为$(27x+45y)$元。

现在既要保证完成生产任务，又要使材料成本最低，那么，在下列方程组所示的条件下，求 x、y 的值，使材料成本 $C_{min}=27x+45y$ 为最小。

$$\begin{cases} 2x+5y\geqslant 150 \\ 4x+5y\geqslant 200 \\ x>10 \\ y>10 \end{cases}$$

将有关资料绘入图 10.2 的平面直角坐标上。即将组成约束条件的前两个方程化为等式，在平面直角坐标系中做直线 L_1 和 L_2，使

$$L_1\text{：}2x+5y=150$$

$$L_2\text{：}4x+5y=200$$

则 L_1 和 L_2 的交点 D 的坐标为：$x=25$、$y=20$，即为满足约束条件下的最低材料成本。

$$C_{min}=27\times 25+45\times 20=1\ 575(\text{元})$$

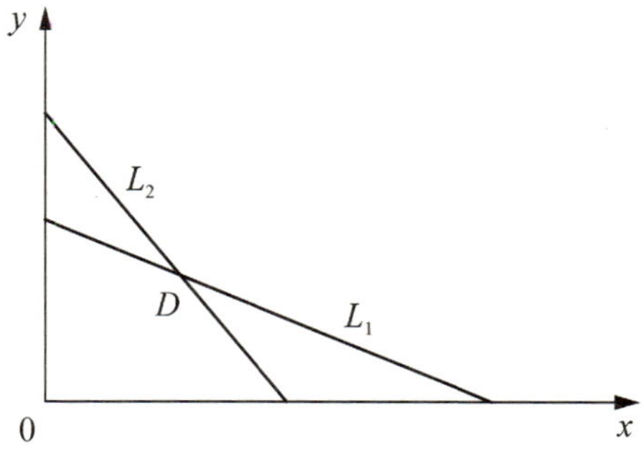

图 10.2　最低材料成本图

10.3 成本计划

10.3.1 成本计划的编制程序

成本计划是以货币的形式规定企业在一定时期内为完成生产任务所应达到的成本水平。它的内容主要包括费用预算、主要产品单位成本计划、全部商品产品成本计划等。

成本计划编制是一项综合性工作，涉及企业生产经营许多方面，又具有较强的技术性。因此，编制成本计划必须按一定程序进行。

1. 搜集和整理资料

搜集和整理资料是编制成本计划的基础工作，应搜集的资料主要包括以下几个方面：

(1) 可比产品上期成本计划执行情况及其分析资料。

(2) 计划期的各种直接材料、直接人工消耗定额和工时定额。

(3) 企业降低成本的要求及企业测算的目标成本。

(4) 与成本计划有关的其他生产经营计划资料。

(5) 同类企业、同类产品成本水平。

2. 预计分析上年成本计划执行情况

编制当期成本计划之前，在预计和分析上年成本计划执行情况的基础上，总结经验、发现问题、找出差距，发动职工提出降低成本的措施。

3. 进行成本降低指标的试算平衡

在对上年成本执行情况进行分析的基础上，根据各项成本降低措施，测算计划期成本可能降低的数据和幅度，再结合计划期内各种因素的变化和准备采取的各种增产节约措施，进行修订、测算和平衡。

4. 正式编制成本计划

在成本降低指标试算平衡后，财务部门可以在其他部门的配合下，正式编制企业的成本计划，并经企业领导批准后，组织实施。

10.3.2 成本计划的编制

编制成本计划的方法因各企业的情况而异，主要分为两种：一种是直接计算法，它是根据各项消耗定额、费用预算等资料，按照成本组成项目，采用一定的成本计算方法，详细计算各种产品的计划成本，然后汇总编制产品成本计划。这种方法适用于企业的各项消耗定额和计划资料较齐全的情况。另一种是因素测算法，它是根据各项增产节约措施计划，通过分析测算出各项增产节约因素的效果及其对降低成本的影响，然后据以调节上年成本，编制成本计划。这种方法在企业各项资料和各项消耗定额不齐全的情况下采用。

1. 直接计算法编制成本计划

直接计算法按企业核算分级方式又可分为集中编制和分级编制逐级汇总上报两种。

(1) 集中编制成本计划。

小型企业一般实行一级成本核算，可由财会部门按一级核算的要求直接编制企业成本计划。财务部门首先根据各项消耗定额及有关资料直接编制单位产品成本计划，然后编制商业产品成本计划。

① 单位产品成本计划的编制。对单位产品成本计划进行编制，是通过按成本项目分项，具体结合各项资料及定额成本编制。各成本项目内容的计划数相加，即为单位产品计划成本。

② 商品产品成本计划的编制。商品产品成本计划是根据单位产品成本计划和生产计划计算编制的，是在计算可比产品与不可比产品单位成本的基础上，进行其各种产品的总成本及可比产品成本的降低额和降低率的计算。

(2) 分级编制逐级汇总上报成本计划。

大中型企业一般实行分级核算，在编制成本计划时，一般由各车间根据财务部门下达的控制数字编制车间成本计划，再由财务部门汇总编制全厂的成本计划。

① 车间成本计划的编制。车间成本计划包括辅助生产车间成本计划和基本生产车间成本计划两种。

A．辅助生产车间成本计划的编制。

辅助生产费用预算的编制是为了适应编制全厂制造费用预算的需要，各项费用一般按成本项目编制，同时还需要按费用要素来反映。对于有消耗定额的费用项目，可按计划期的计划产量、单位产品(劳务)消耗定额和计划单位计算，如原材料、燃料、动力等直接材料费用及直接人工费用。辅助生产车间的制造费用是综合性费用，内容比较复杂。如果没有消耗定额和开支标准，可根据上年资料和计划年度节约费用的要求进行计算；如果有规定开支标准，则按有关标准计算编制。辅助生产车间耗用其他辅助生产车间提供的劳务或产品，其数额可以根据计划耗用量和内部结算价格计算确定。

辅助生产车间费用预算编制完后，应把全部费用分配给各有关受益单位。分配方法是：先计算辅助生产车间所提供的产品或劳务的计划单位成本，再根据各受益单位的基本生产车间、部门需要的计划产品或劳务数量，计算各受益单位应分配的辅助生产车间的辅助生产费用。

B．基本生产车间成本计划的编制。

各基本生产车间在编制成本计划时，应先将直接费用按产品类别编制直接费用计划，再将制造费用按费用项目编制制造费用预算，并按一定的标准(如定额工时、直接工资等)在各产品之间进行分配，最后编制车间产品成本计划。

直接费用计划的编制。对可比产品耗用的直接材料费用(包括原材料、辅助材料、配件、外购半成品、燃料、动力等)，应根据各项消耗定额及厂内计划价格，结合计划期生产任务量进行编制。不可比产品则可根据其他企业同种产品或本企业相近似的老产品的单位消耗定额，结合本计划年度产量和计划单价进行编制。直接工资应按计划期劳动定额及工资率或固定计价工资，并结合计划期生产任务进行计算编制。

车间制造费用预算的编制。基本生产车间制造费用预算包括两部分：一是辅助生产车间分配过来的制造费用，二是基本生产车间发生的制造费用。各基本生产车间制造费用预算的编制方法与辅助生产车间费用预算的编制方法基本相同，即按明细项目和计算费用的各种方法确定制造费用计划数。上述两部分制造费用合起来便是应分配给各种产品的制造费用，分配一般是按照计划工时或生产工人工资进行。

根据基本生产车间直接费用计划和制造费用预算数可确定基本生产车间产品成本计划数，通过编制《基本生产车间产品成本计划表》来反映。

② 全厂成本计划的编制。全厂成本计划是在各车间成本计划编制的基础上编制的，由企业财务部门负责编制，包括主要产品单位成本计划、全部商品产品成本计划。

主要产品单位成本计划根据各基本生产车间成本计划，分产品和成本项目加以汇总编制。

全部商品产品成本计划的编制通常有两种方法：一是按照《主要产品单位成本计划表》的内容按成本项目进行编制，可以反映企业产品成本的构成及各成本项目的增减变动情况；二是按产品类别进行编制，可以反映各种产品成本计划数及可比产品较上年成本的升降情况。

2. 因素测算法编制成本计划

因素测算法也称“概算法”，它是根据企业各项增产节约措施计划，通过分析测算出各项增产节约措施对成本降低幅度的影响程度及其相应的经济效果，再据以调整上年实际(或预计)成本，编制成本计划。

因素测算法的步骤如下：

(1) 提出降低产品成本计划的要求。财务部门根据企业确定的成本指标或目标成本向各车间和部门提出降低产品成本的计划要求，各车间和部门向所属各基层单位(班组、工段)提出要求，以保证实现降低产品成本的要求。

(2) 编制基层单位降低成本的计划。各车间和部门根据有关部门和班组提出的增产节约措施制定本单位的措施计划。

(3) 编制全厂产品的成本计划。财务部门根据各基层单位上报的增产节约方案、企业上年度产品实际成本资料和本期的计划节约额，分成本项目调整计划，确定计划年度分成本项目的计划总成本、单位成本，同时确定可比产品成本计划降低额和降低率，汇总编制全厂的产品成本计划。

10.3.3 费用预算的编制

在市场经济中，企业为了在竞争中求得生存和发展，必须实行以销定产，费用预算的编制要依据预测销售量，结合产品库存提出生产任务，由生产部门编制生产计划。费用预算可采用不同的预算方法编制，常用的主要方法有固定预算、弹性预算、滚动预算和零基预算 4 种。

(1) 固定预算。也称静态预算，是指按照预算期内可能实现的一种经营活动水平编制的预算。

(2) 弹性预算。也称变动预算，是指按照可预见的多种生产经营活动水平分别确定相应数据的预算。它一般根据业务量的大小，列出几个不同水平的费用预算。

(3) 滚动预算。也称连续预算，是指采用滚动方式编制的连续若干期的预算。其特点是在编制连续若干期预算时，随着一个时期的过去，把已执行过的预算去掉，然后根据其执行情况的分析、环境的变化和经营方针的调整对原预算进行修订，并向前延伸，将下一期新的预算补上，使编制的预算仍保持原有的期数。

(4) 零基预算。是指以零为基础的预算的简称。其基本思想是，对预算期间的任何一项预算开支项目，不考虑其在以往会计期间所发生的费用项目或费用额，而是一切以零为起点去考虑各个开支项目在预算期内的必要性和数额多少。

10.4　成 本 控 制

10.4.1　成本控制的基本程序

成本控制有广义和狭义之分。狭义的成本控制指的是“日常成本控制”，即在成本形成过程中，按预定的成本目标，对生产耗费进行严格的计量、监督和指导，并对发生的偏差及时分析原因，加以纠正和控制，所以狭义的成本控制仅指成本的过程控制。广义的成本控制除了日常成本控制外，还包括事前成本控制和事后成本控制。

成本控制的基本程序如下：

(1) 制定成本控制标准。制定成本控制标准是成本控制的起点。成本的控制标准一般按直接材料费、直接人工费和制造费用分别制定。每一项控制标准的制定都要考虑到数量和单价两个基本要素。

(2) 执行成本控制标准。根据成本指标审核费用开支和资源的消耗，监督成本的形成过程。

(3) 确定成本差异。将实际发生的费用与制定的标准进行比较，分析成本差异的程度和性质，确定成本差异的形成原因和责任归属。差异的计算与分析通常分为直接材料、直接人工和制造费用 3 个项目进行。对例外情况应及时上报，并做进一步分析，找出出现差异的原因和责任者，从而进行处理。

(4) 成本反馈。成本控制中，成本差异的情况要及时反馈到有关部门，便于挖掘潜力，提出降低成本的措施或修订成本标准的建议。

10.4.2　成本控制的方法

这里所讲的成本控制方法是指对日常生产成本的控制方法，并不是指广义的成本控制方法。

日常生产成本控制方法有两种：一是用定额法进行成本控制，二是采用标准成本法进行成本控制。定额法在前面已经讲述过，这里仅对标准成本法做一简单阐述。

1. 标准成本的类型

标准成本是根据历史成本资料，通过一定的经济技术分析所预先确定的制造(生产)某种产品的成本水平。标准成本按其制定的标准不同，通常可分为以下几种。

(1) 理想标准成本。

理想标准成本是以现有生产技术和经营管理处于最佳状态为基础所确定的标准成本。所谓最佳状态，是指最好的生产条件与最好的生产组织。最好的生产条件包括最好的生产设备、最低的原料价格、最经济的消耗、最合理的工资、最高的产量与销量；最好的生产组织是指生产中无任何浪费，无废料、废品，无停工、损坏等。这种标准不考虑现实可能性，一般难以达到，在实际工作中也很少采用。

(2) 基本标准成本。

基本标准成本是以某一时期正常的耗用水平、正常的价格和正常的生产经营能力利用程度制定的标准成本，即根据以往一段时期实际成本的平均值，剔除其生产经营活动中的异常因素，并考虑今后的变动趋势而制定的标准成本。这是一种经过努力可以达到的成本，而且在生产技术和经营管理条件没有较大变动的情况下，可以不必修订而继续使用。

(3) 现实标准成本。

现实标准成本是在现有生产技术条件下和有效经营管理的基础上制定的标准成本。在制定这种标准成本时，把生产经营中一般不可避免的损耗和低效率等情况也计算在内。这意味着它的实现并非轻而易举，也不是高不可攀的。它既有严格的要求，同时经过努力又是可以达到的，也称为可达到的标准成本。由于这种标准成本包括管理当局认为一时还不能避免的某些低效、失误和超量，所以它最切实可行，最接近实际成本。

2. 标准成本的制定

产品的生产成本包括产品在生产中耗用的直接材料、直接人工和制造费用三大部分。与此相适应，制定标准成本也按直接材料、直接人工和制造费用三大项目分别进行，其基本形式是以“数量”标准乘以“价格”标准求得的。其基本公式如下：

$$\text{标准成本}=\text{标准消耗量}\times\text{标准价格}$$

其中，“消耗量”标准是由工程技术部门研究确定的，“价格”标准是由会计部门会同采购、人事等责任部门研究确定的。

(1) 直接材料标准成本的制定。

直接材料的标准成本等于产品的各种材料耗用量标准和各种材料价格标准的乘积之和。其中，直接材料耗用量标准的确定以正常生产条件下形成产品实体的材料数量与在正常范围内允许发生的损耗及不可避免的废品所耗费的材料数量为依据；直接材料价格标准是指取得某种材料所应支付的单位材料价格，包括买价和采购费用。直接材料标准成本计算如下：

$$\frac{\text{某产品直接}}{\text{材料标准成本}}=\frac{\text{直接材料}}{\text{标准数量}}\times\frac{\text{直接材料}}{\text{标准价格}}$$

(2) 直接人工标准成本的制定。

在计件工资的形式下，直接人工的标准成本就是计件单价。在计时工资的形式下，直接人工的标准成本等于产品单位工作时间耗用量标准与工资率标准的乘积。其中，直接人工数量标准是在现有生产技术条件下生产单位需用的工作时间，包括工艺过程的时间与必要的间歇和停工时间以及不可避免的废品损失时间；直接人工价格标准是指按现行的工资标准确定的每一单位工作时间的工资率。直接人工标准成本计算公式如下：

$$\frac{\text{某产品直接}}{\text{人工标准成本}}=\frac{\text{直接人工}}{\text{标准数量}}\times\frac{\text{标准}}{\text{工资率}}$$

(3) 制造费用标准成本的制定。

制造费用标准成本等于生产单位产品的直接人工小时数乘以制造费用分配率标准。其中，生产单位产品的直接人工小时为数量标准；制造费用分配率标准为价格标准，它取决于生产量标准和制造费用预算。生产量是指企业在充分利用现有生产能力的情况下可能达到的最高生产量。因多数企业不止生产一种产品、计量单位不统一，所以生产量标准通常是用直接人工工时标准来表示的。制造费用预算额又分为固定性制造费用预算和变动性制造费用预算两部分。相关计算公式如下：

$$\begin{matrix}\text{固定性制造费}\\ \text{用标准分配率}\end{matrix}=\frac{\text{固定性制造费用预算}}{\text{标准工时}}$$

$$\begin{matrix}\text{变动性制造费}\\ \text{用标准分配率}\end{matrix}=\frac{\text{变动性制造费用预算}}{\text{标准工时}}$$

$$\begin{matrix}\text{单位产品固定性}\\ \text{制造费用标准成本}\end{matrix}=\begin{matrix}\text{固定性制造费}\\ \text{用标准分配率}\end{matrix}\times\begin{matrix}\text{单位产品}\\ \text{标准工时}\end{matrix}$$

$$\begin{matrix}\text{单位产品变动性}\\ \text{制造费用标准成本}\end{matrix}=\begin{matrix}\text{变动性制造费}\\ \text{用标准分配率}\end{matrix}\times\begin{matrix}\text{单位产品}\\ \text{标准工时}\end{matrix}$$

制造费用标准成本的计算可列表进行，其基本格式见表 10-6。

表 10-6　制造费用标准成本计算表

项　　目	固 定 部 分	变 动 部 分	合　　计
制造费用预算额/元	5 000	10 500	15 500
标准加工总工时/小时	10 000		
制造费用分配率/(元/小时)	0.50	1.05	1.55
单位产品标准工时/小时	6		
单位产品制造费用标准成本/元	3	6.3	9.3

(4) 单位产品标准成本的制定。

单位产品的标准成本是在直接材料标准成本、直接人工标准成本、制造费用标准成本的基础上汇总而成的，计算公式如下：

$$\begin{matrix}\text{单位产品}\\ \text{标准成本}\end{matrix}=\begin{matrix}\text{直接材料}\\ \text{标准成本}\end{matrix}+\begin{matrix}\text{直接人工}\\ \text{标准成本}\end{matrix}+\begin{matrix}\text{制造费用}\\ \text{标准成本}\end{matrix}$$

【例 10-11】 某企业计划期生产量标准为 10 000 小时，直接人工工资总额为 8 000 元，制造费用总额为 10 000 元(其中，变动费用预算总额为 4 500 元)。假定制造每件产品的直接人工的定额工时为 40 小时，直接材料的消耗定额为 20 千克，每千克标准单价为 10 元，则甲产品的标准成本计算见表 10-7。

表 10-7　标准成本计算表

产品名称：甲产品

成 本 项 目	标 准 单 价	标 准 数 量	标 准 成 本
直接材料	10 元/千克	20 千克	200 元
直接人工	0.8 元/小时	40 小时	32 元

续表

成本项目		标准单价	标准数量	标准成本
制造费用	变动费用	0.45 元/工时	40 工时	18 元
	固定费用	0.55 元/工时	40 工时	22 元
标准单位成本				272 元

工资标准单价＝8 000÷10 000＝0.8(元/小时)

变动费用标准单价＝4 500÷10 000＝0.45(元/小时)

固定费用标准单价＝5 500÷10 000＝0.55(元/小时)

3. 标准成本差异的计算与分析

在标准成本制度下，对成本的事中控制是通过成本差异的计算和分析来进行的。在实际生产经营活动过程中，由于受各种因素的影响，实际成本与标准成本往往不同，会产生差异，即实际成本与标准成本之间的差额，又称标准成本差异。实际成本高于标准成本的差异为超支差异，叫做逆差，也称为不利差异，用正数表示；实际成本低于标准成本的差异为节约差异，叫做顺差，也称为有利差异，用负数表示。由于成本是根据消耗的数量与价格两个基本因素计算而成的，所以差异的分析也要从消耗数量与价格两个因素入手。

(1) 直接材料成本差异的计算与分析。

直接材料成本差异是指产品的直接材料实际成本与标准成本之间的差额。

直接材料成本差异＝直接材料实际成本－直接材料标准成本

＝实际用量×实际价格－标准用量×标准价格

其中，标准用量为实际产量乘以单位产品材料耗用量标准。

由于直接材料成本是材料价格与材料用量之积，所以，直接材料成本差异是由材料价格差异和材料用量差异构成的。

① 直接材料数量差异。

直接材料数量差异是直接材料实际耗用量同标准耗用量之间的差异，计算公式如下：

直接材料数量差异＝(实际用量－标准用量)×标准价格

② 直接材料价格差异。

直接材料价格差异是指直接材料的实际价格同标准价格之间的差异，计算公式如下：

直接材料价格差异＝(实际价格－标准价格)×实际用量

材料数量差异形成的原因主要有：A. 产品设计和工艺的变更；B. 工人技术操作水平和责任心的变化；C. 材料质量的变化；D. 废、次品数量的变化；E 加工设备的变化；等等。

材料价格差异形成的原因主要有：A. 供应单位和供应价格发生变动；B. 材料运输方式和运输线路发生变动；C. 材料采购批量发生变动；D. 材料质量发生变化；E. 未能及时订货；等等。

对于产生的差异，要进一步落实责任归属。材料的数量差异主要由生产部门负责。但如因材料质量低劣而增加了废品，或因材料的规格不符合要求而大材小用等原因而引起材料数量的超支差异，应由采购部门负责；因材料仓储保管不善造成材料的损坏变质，则应由仓储部门负责。一般而言，材料的价格差异应由采购部门负责。但因市场供求变动引起材料供应价格的变动超出了采购部门的控制范围，或因生产上的临时需要而进行小批量采购或紧急采购，但不能享受折扣或由改变运输方式而引起价格的超支差异，不应由采购部门负责，而应由造成这种临时需要的生产部门负责。

(2) 直接人工成本差异的计算与分析。

直接人工成本差异是指产品的直接人工实际成本与标准成本之间的差额。

直接人工成本差异＝实际工资－标准工资

＝实际工时×实际工资率－标准工时×标准工资率

其中，标准工时为单位产品工时耗用量标准乘以产品的实际产量。

直接人工成本是直接人工工资率与直接人工工时耗量之积。因此，直接人工成本差异包括直接人工工资率差异和直接人工效率差异两部分。

① 直接人工效率差异。

直接人工效率差异是直接人工实际工作时数同其标准工作时数之间的差异，计算公式如下：

直接人工效率差异＝(实际工时－标准工时)×标准工资率

② 直接人工工资率差异。

直接人工工资率差异是直接人工实际工资率与标准工资率之间的差异，计算公式如下：

直接人工工资率差异＝(实际工资率－标准工资率)×实际工时

产生人工效率差异的原因主要有：A．企业劳动组织和人员配备情况；B．工人的技术熟练程度和责任感；C．机器设备的运转情况；D．工具配备情况；E．动力供应情况；F．材料的质量、规格和供应的及时性；等等。

产生人工工资率差异的原因有许多方面，但主要有：A．企业工资的调整、工资等级的变更；B．奖金和津贴的变更；C．对工人安排、使用的变化；D．工人的技术等级与工作要求的技术等级的变化；等等。

根据差异产生的具体原因，最后应落实差异的责任归属。人工效率差异基本上应由生产部门负责，也可能有一部分应由其他部门负责。工资率差异通常由负责安排工人工作的劳动人事部门或生产部门负责。

(3) 制造费用差异的计算与分析。

制造费用差异是制造费用的实际发生额与标准发生额之间的差额。制造费用一部分与当期生产量发生联系，而大部分则与企业的生产规模发生联系。因此，对其差异要按变动性制造费用与固定性制造费用进行计算与分析。

① 变动性制造费用差异的计算与分析。

变动性制造费用包含效率差异与耗用差异两部分，计算公式如下：

$$\begin{array}{l}\text{变动性制造}\\\text{费用耗用差异}\end{array}=\begin{array}{l}\text{变动性制造费}\\\text{用实际发生额}\end{array}-\begin{array}{l}\text{按实际工时计算的变}\\\text{动性制造费用预算数}\end{array}$$

$$=\left(\begin{array}{l}\text{变动性制造费用}\\\text{的实际分配率}\end{array}-\begin{array}{l}\text{变动性制造费}\\\text{用的标准分配率}\end{array}\right)\times\text{实际工时}$$

$$\begin{array}{l}\text{变动性制造}\\\text{费用效率差异}\end{array}=\begin{array}{l}\text{按实际工时计算的变}\\\text{动性制造费用预算数}\end{array}-\begin{array}{l}\text{按标准工时计算的变}\\\text{动性制造费用预算数}\end{array}$$

$$=(\text{实际工时}-\text{标准工时})\times\text{变动性制造费用标准分配率}$$

变动性制造费用总额由变动性制造费用耗用差异、变动性制造费用效率差异两者构成。

【例 10-12】 企业生产某产品，某期间的变动性制造费用预算数为 12 500 元，标准总工时为 12 500 小时，本期实际产量为 5 000 件，实际耗用工时为 10 000 小时，实际发生的变动性制造费用为 14 000 元。

变动制造费用总差异＝14 000－12 500＝1 500(元)

变动性制造费用耗用差异＝(1.4－1)×10 000＝4 000(元)

变动性制造费用效率差异＝(10 000－12 500)×1＝－2 500(元)

② 固定性制造费用差异。

由于固定性制造费用数额大小与一定的生产规模相联系，故对固定性制造费用差异的分析通常分为 3 种，即耗用差异、效率差异、生产能力利用差异。其中，生产能力利用差异是指实际工作工时与预算工时之间的差异造成的固定制造费用的差异。实际工时与预算工时之间的差异实质上反映了实际生产能力利用程度与预算规定的水平的差异。相关计算公式如下：

固定性制造费用耗用差异＝固定性制造费用实际发生额－固定性制造费用预算额

固定性制造费用效率差异＝按实际工时计算的标准固定性制造费用－按标准工时计算的标准固定性制造费用

固定性制造费用生产能力利用差异＝标准固定性制造费用预算数－按实际工时计算的标准固定性制造费用

固定性制造费用总差异由固定性制造费用耗用差异、固定性制造费用效率差异、固定性制造费用生产能力利用差异构成。

【例 10-13】 企业生产甲产品，本期实际产量为 2 000 件，标准工时为 12 500 小时，实际耗用工时为 13 000 小时，正常生产能力为 15 000 小时，则该企业本期固定性制造费用预算及实际发生额见表 10-8。

表 10-8 固定性制造费用预算及实际发生额

单位：元

项目		金额
预算数	管理人员工资及福利	5 000
	固定资产折旧	10 000
	其他费用	3 000
合计		18 000
实际数	管理人员工资及福利	5 500
	固定资产折旧	11 000
	其他费用	3 000
合计		19 500

固定性制造费用的差异分析如下：

固定性制造费用标准分配率＝18 000÷15 000＝1.2

固定性制造费用耗用差异＝19 500－18 000＝1 500(元)

固定性制造费用效率差异＝13 000×1.2－12 500×1.2＝600(元)

固定性制造费用生产能力利用差异＝18 000－13 000×1.2＝2 400(元)

固定性制造费用总差异＝1 500＋600＋2 400＝4 500(元)

固定性制造费用的耗费差异产生的原因主要有：工资率等资源价格的变动，资源数量比预算数量的增减变化，广告费、职工培训等费用因管理上的新决策而发生变动。固定性制造费用的效率差异的形成原因与直接人工效率差异的原因相同。固定性制造费用的能力利用差异主要是产品定价过高、材料供应不足等原因影响了产销量而造成的。不论哪一种差异，均应具体情况具体分析，才能正确地落实责任归属。

10.5 成 本 考 核

成本考核是指在财务报告期结束时，通过把报告期成本完成数额与计划指标、定额指标、预算指标进行对比，来评价成本管理工作成绩及成本管理水平的一项工作。成本考核是成本管理的最后一个环节，也是检验成本管理目标是否达到的一个重要环节。

对成本进行考核，通常是将成本指标分解落实到各个责任部门后，以责任成本的形式对成本进行考核，以此来贯彻经济责任制，明确各级管理人员的成本目标。

通过责任成本来落实企业经济责任制，要具备两个前提：一是企业的日常决策要不断下放，从而达到决策的有效性，真正做到企业以分权管理的现代模式来运作；二是设立各责任中心，使各责任部门在享有充分的经营决策权的同时，责、权、利能够有机地统一，让各责任部门责任人的业绩与利益机制联系起来，从而调动全体管理人员和职工的工作热情和责任感，促进企业不断降低产品成本，提高经济效益。

10.5.1 责任成本

1. 责任成本的特点

责任成本是按照谁负责谁承担的原则，以责任单位为计算对象而归集的成本，它所反映的是责任单位与各种生产耗费的关系。这种责任单位承担着与其经营决策权相适应的经济责任，也称为“责任中心”。

责任成本的特点是同产品成本相比较而体现出来的，归纳起来有如下几点：

(1) 责任成本是根据企业内部责任原则来核算的，产品成本是按统一核算原则进行核算的。

(2) 责任成本的核算对象是成本责任单位，产品成本的核算对象是产品。

(3) 责任成本核算的目的是为了与厂部、车间、班组及供应、销售、分支公司的经济责任挂钩，从而对这些部门的工作进行考核，而产品成本核算是为了计算利润、定价。

(4) 责任成本主要核算可控费用，而产品成本核算全部费用。

2. 责任成本的内容

责任成本的内容取决于企业的生产特点。不同的企业有各自的生产特点，因而不同企业的责任中心的责任成本不相同。但责任成本的内容主要包括以下几方面：

(1) 技术部门的责任成本包含由于产品工艺问题而造成的损失、浪费和产品设计不合理在生产中造成的损失、浪费及其他原因造成的损失等。

(2) 供应部门的责任成本包括扣除客观因素后，材料采购的成本差异；因材料(物资)供应不上或质量问题造成的停工或废品损失；因超储积压而发生的材料损失及超储费用等。

(3) 生产部门的责任成本包括按内部转移价格计算的材料费用、生产工人工资、扣除客观因素(如采用加速折旧法)后的各项制造费用、自身原因造成的各项损失等。

(4) 销售部门的责任成本包括因销售组织问题而增加的坏账损失、因销售合同问题而发生的销售纠纷费用、因销售不及时而造成产品积压所发生的费用等。

3. 责任成本的计算

责任成本是成本考核的一种成本形式，它是由各责任中心可直接控制和调节的“可控成本”组成的。在计算责任成本前还必须将成本划分为“可控成本”与“不可控成本”。确定可控成本的条件有：一是可以预计；二是可以控制的成本；三是可以计量的成本，否则均为不可控成本。属于某成本中心的各项可控成本之和即构成该中心的责任成本。某责任单位的责任成本计算公式如下：

$$\begin{matrix}\text{某责任单位}\\\text{的责任成本}\end{matrix}=\begin{matrix}\text{该责任单位}\\\text{的生产成本}\end{matrix}-\begin{matrix}\text{该单位的不}\\\text{可控制成本}\end{matrix}+\begin{matrix}\text{其他单位转来}\\\text{的责任成本}\end{matrix}$$

责任成本考核一般采用逐级汇总的做法，通常按班组、车间、厂部逐级汇总。先由班组汇总到车间，再汇总到厂部，计算出全厂责任成本。班组的责任成本由班组长负责，每月编制班组的实绩报告交送车间主任，实绩报告中要列举该班组可控成本的实际数、预算数；车间责任成本由车间主任负责，每月编制本车间的实绩报告交给企业厂长，实绩报告中要汇总本车间所属各班组的责任成本，再加上直接属于车间的可控成本，如车间管理人员工资、固定资产的折旧费用等，并列举车间可控成本的实际数、预算数；企业的责任成本由企业厂长负责，每月编制一份全厂的实绩报告，汇总本厂所属各车间的责任成本，再加上企业的可控间接成本，并列举该厂可控间接成本的实际数、预算数。各层次责任成本计算公式如下：

班组责任成本＝可控直接材料成本＋可控直接人工成本＋可控制造费用成本

车间责任成本＝各班组责任成本＋车间可控间接成本

企业责任成本＝各车间的责任成本之和＋企业的可控间接成本

责任成本计算用表列示，其格式见表 10-9。

表 10-9　责任成本计算

单位：元

成本中心		预　算	实　际	差　异
甲班组责任成本	实绩报告			
	直接材料	4 500	4 700	＋200
	直接人工	2 000	2 100	＋100
	制造费用	1 600	1 500	－100
	合　计	8 100	8 300	＋200

续表

成本中心		预　算	实　际	差　异
车间责任成本	实绩报告 甲班组责任成本 乙班组责任成本 A 车间可控成本	 8 100 8 000 2 000	 8 300 7 800 2 200	 +200 −200 +200
	合　计	18 100	18 300	+200
胜利企业责任成本	实绩报告 A 车间责任成本 B 车间责任成本 胜利企业可控成本	 18 100 19 800 4 500	 18 300 21 000 5 000	 +200 +1 200 +500
	成　本	42 400	44 300	−1 900

10.5.2 责任成本考核

责任成本考核的目的是为了促进各责任中心控制和降低各种耗费，借以控制和降低各种产品的生产成本。责任成本考核工作通常分为如下 3 步。

1. 编制和修订责任成本预算

责任成本预算是各责任中心业绩控制和考核的重要依据。它通常按预定的生产量、生产消耗标准和成本标准运用弹性预算方法编制各责任中心的预算责任成本。按预定的业务量标准编制好责任成本预算后，还需要按实际的业务量进行调整。

2. 确定成本考核指标

用于成本考核的指标有两种：一种是目标成本节约额，另一种是目标成本节约率。

目标成本节约额＝预算成本－实际成本

目标成本节约率＝目标成本节约额÷目标成本×100%

当预算成本大于实际成本时，表示目标成本的节约；反之，则表示目标成本超支。

【例 10-14】 企业生产 A、B、C 这 3 种产品，每种产品需经过甲、乙、丙 3 个生产部门加工。2004 年×月份整个企业在生产过程中发生直接材料消耗 180 000 元，直接人工费用 80 000 元，制造费用 100 000 元。根据料、工、费耗用的原始凭证及有关的分配表计算各责任中心和各产品该月成本，见表 10-10。

表 10-10 责任成本和产品成本计算表

单位：元

成本项目	合　计	责任成本			产品成本		
		甲	乙	丙	A	B	C
直接材料	180 000	90 000	50 000	40 000	43 000	77 000	60 000
直接人工	80 000	30 000	20 000	30 000	20 000	30 000	30 000
制造费用	100 000	40 000	30 000	30 000	30 000	40 000	30 000
总成本	360 000	160 000	100 000	100 000	93 000	147 000	120 000

如果甲、乙、丙3个责任中心的责任成本预算分别为150 000元、80 000元和110 000元，则甲、乙、丙3个责任中心的目标成本节约额如下：

目标成本节约额(甲)＝150 000－160 000＝－10 000(元)

目标成本节约额(乙)＝80 000－100 000＝－20 000(元)

目标成本节约额(丙)＝110 000－100 000＝10 000(元)

目标成本节约率(甲)＝－10 000÷150 000×100%＝－6.7%

目标成本节约率(乙)＝－20 000÷80 000×100%＝－25%

目标成本节约率(丙)＝10 000÷110 000×100%＝9.1%

3. 业绩评价

评价一个责任中心的业绩，要同时考核目标成本节约额和节约率两个指标。综合考核各个方面因素的影响，合理、公正地进行业绩评价。

本章小结

成本预测是根据企业现有的经济、技术条件和今后的发展前景，通过对影响成本变动的有关因素进行分析测算，预计企业在未来一定期间内的成本水平和成本趋势。

成本预测的方法一般分为定性预测和定量预测。定性预测是根据经验对产品成本的形成、发展趋势、可能达到的成本水平所做的分析和推断；定量预测是根据过去的历史资料，运用一定的数学方法进行科学的加工处理，借以充分揭示有关变量之间的规律性的联系。

本章主要讲述定量预测方法，包括高低点法、回归分析法、趋势预测分析法。高低点法是以历史成本资料中产量最高和最低两个时期的成本数据为依据预测计划期内产量变化条件下的总成本水平，其前提是企业产品成本的变动趋势较为稳定。若各期成本变动较大，此方法会造成较大的误差。回归分析法是研究变量之间相互关系的一种数理统计分析方法。趋势预测分析法是分析过去的发展趋势，据此预测未来。趋势预测的方法有加权平均法和移动平均法等。

成本决策是企业经营决策的重要组成部分。成本决策是在成本预测的基础上，根据内部潜力制定优化成本的多种可行性方案，运用决策理论和方法，对多种方案进行比较分析，从中选择最优方案的过程。成本决策的目的不同，应用的具体方法也不同。常用的方法有差量成本法、决策表法等。差量成本法是根据不同方案成本之间的差额来确定最优方案的方法；决策表法是将各种自然状态所分别采取的不同方案以表格的形式列示，然后从中选取最优成本方案的决策方法。常用的有“大中取小法”。

成本计划是以货币的形式规定企业在一定时期内完成生产任务所需耗费的生产费用额。它是企业成本管理的重要内容，也是编制企业有关生产经营计划的基础。编制成本计划的方法通常有直接计算法和因素测算法。直接计算法按企业核算的分级方式又可分为集中编制和分级编制逐级汇总两种。小型企业一般采用集中编制法，大中型企业一般采用分级编制逐级汇总的方法。

成本控制是对整个生产经营过程中各项费用的发生进行限制，使之能够按预定的目标或计划进行的一种管理活动。成本控制有广义和狭义之分。狭义的成本控制指的是“日常成本控制”，即在成本形成的过程中，按预定的成本目标，对生产耗费进行严格的计量、监督和指导，并对发生的偏差及时分析原因，加以纠正和控制，所以狭义的成本控制仅指成本的过程控制。广义的成本控制除了“日常成本控制”外，还包括“事前成本控制”和“事后成本控制”。

成本控制的程序有：一是制定成本控制标准，二是执行成本控制标准，三是确定成本差异，四是成本反馈。日常生产成本控制的方法通常有标准成本控制和定额法。本章介绍的是标准成本控制，内容主要包括标准成本的制定以及差异的计算与分析。在分析时，通常分别按直接材料、直接人工和制造费用等产品成本项目进行。

成本考核是在财务报告期结束时，通过把报告期成本完成数额与计划指标、定额指标、预算指标进行对比来评价成本管理工作成绩的一项工作，它是成本管理的最后一个环节，也是检验成本管理目标是否达到的一个重要环节。对成本进行考核，通常是采用将成套指标分解落实到每一个责任部门后(即责任中心)，以责任成本的形式对每一个责任中心进行成本考核。

思考与练习

1. 复习思考题

(1) 什么是成本预测，其程序怎样？

(2) 成本预测的方法有哪些？

(3) 什么是成本决策，其程序怎样？

(4) 什么是成本计划?简述编制成本计划的程序。

(5) 成本计划的编制方法分几种？

(6) 什么是零基预算？编制零基预算有何意义？

(7) 狭义成本控制与广义成本控制有什么区别？怎样才能充分发挥成本控制的作用？

(8) 简述成本控制应遵循的程序。

(9) 什么是责任成本，其内容有哪些？

(10) 责任成本如何计算？

(11) 如何进行成本考核？

2. 思考及讨论题

(1) 在一次成本控制专项座谈会中，有一位管理人员提出“材料价格应由采购部门负责，材料用量差异应由生产部门负责”，你认为这种成本控制的方法对吗？请说明你的理由。

(2) 某机床厂专门制造镗床，其中某项零件过去都是自制，全年需要量为 6 400 个。现在有某外商愿意提供该项零件，索价每个 25 元。公司要求财会部门就此项零件编制最近一年的实际成本表，以便决定取舍。成本表的数据列示如下：

成本项目	金额/元
直接材料	9
直接人工	7
变动性制造费用	4
固定性制造费用	
其中：专属固定费用	3
共同固定费用	5
单位成本	28

要求：

① 假定某机床厂停止生产该项零件，生产该零件的有关生产设备别无他用。那么该厂应否向外商购入该项零件？请用数据加以说明。

② 假定该厂停止生产该项零件，其有关生产设备可用于生产另一新产品，每年可提供毛利 15 800 元(毛利是指收入减去变动费用，包括直接材料、直接人工和变动制造费用)。那么，北京机床厂应否向外商购人该项零件？请说明理由。

③ 假定某公司每年需要甲种零件，由一台设备分批生产，有关资料如下：

摘　要	甲零件
全年需要量	36000 个
每批调整准备成本	200 元
每个零件全年平均储存成本	3 元
每日产量	300 个
每日领用量	100 个

要求：

① 确定甲零件的最优生产批量。

② 推导出计算甲零件全年调整准备成本和储存成本最低的计算公式，确定甲零件全年的最低成本。

(4) 某厂对各项产品均建立标准成本制度。该厂在本会计年度共生产男式衬衫 4 800 件，其标准总成本 88 704 元，实际总成本为 89 280 元，二者的差异为 576 元，该企业固定制造费用不存在差异。有关资料见下表：

成本项目	数量	价格	标准成本	实际成本
直接材料			8.4 元	8.8 元
标准	4 米	2.1 元/米		
实际	4.4 米	2 元/米		
直接人工				
标准	1.6 工时	4.5 元/工时	7.2 元	6.79 元
实际	1.4 工时	4.85 元/工时		
变动制造费用				
标准	1.6 工时	1.8 元/工时	2.88 元	3.01 元
实际	1.4 工时	2.15 元/工时		

要求：分析上述成本差异产生的原因，并说明各影响因素产生的影响大小。

参 考 文 献

[1] 于富生，王俊生，黎文珠. 成本会计学[M]. 北京：中国人民大学出版社，2006.

[2] 强永革. 成本会计[M]. 上海：立信会计出版社，2005.

[3] 罗飞. 成本会计[M]. 北京：高等教育出版社，2000.

[4] 于彩玲. 成本会计实务[M]. 厦门：厦门大学出版社，2007.

[5] 陈东领，张新美. 成本会计学[M]. 北京：北京交通大学出版社，2007.

[6] 胡萍珊. 轻松做物流企业会计[M]. 广州：广东经济出版社，2006.

[7] 严玉康，沈涛. 物流企业会计[M]. 上海：立信会计出版社，2005.

[8] 黄毅勤，刘志翔. 成本会计学[M]. 北京：首都经济贸易大学出版社，2006.

[9] 李惠. 成本会计教程[M]. 上海：立信会计出版社，2005.

[10] 陈守文. 成本会计[M]. 沈阳：辽宁人民出版社，2002.

[11] 刘喜顺. 成本会计[M]. 大连：东北财经大学出版社，2002.

[12] 张维宾. 成本会计[M]. 上海：立信会计出版社，2002.

[13] 宋胜菊. 新编成本会计[M]. 上海：立信会计出版社，1997.

[14] 郭茂祥. 成本会计[M]. 大连：东北财经大学出版社，1997.

[15] 盛文俊. 工程成本会计学[M]. 重庆：重庆大学出版社，2002.

[16] 张志. 成本会计[M]. 北京：中国商业出版社，1999.

[17] 全国会计专业技术资格考试领导小组办公室. 成本会计[M]. 北京：中国物价出版社，1998.

[18] 贺南轩. 成本会计学[M]. 北京：北京经济学院出版社，1994.